退職・解雇・雇止め
適正な対応と実務

弁護士 浅井 隆／小山博章 著
特定社会保険労務士 森本茂樹

労務行政

はしがき

　本書のテーマである退職（解雇、雇止め、それら以外の退職）をめぐる適正な対応については、すでに多くの実務書が出版されています。その中で、本書を発刊する意義として私どもが考えたのは、企業側で長年労働事件・労働紛争への対応を経験してきたことを踏まえた実践的なアドバイスをまとめることです。つまり、実務に精通しているが故に、どのようなことが実務上事件・紛争になりやすいか、それにどう対応するのがベストかが分かっていますので、そこにフォーカスした実務対応を助言することです。

　加えて私どもは、常々、労働法を、労働者を雇用する以上守らなければならない法といった受け身でとらえるのではなく、もっと積極的にかつ戦略的に使うべきと考えています。そして、労働条件のあらゆる面で、もっと積極的にかつ戦略的に人事労務管理を制度設計し、運営すべきとも考えています。本書のテーマは解雇、雇止め、（その他の）退職の適正な対応と実務ですが、この「適正」の中に、上記の積極的で戦略的な意味を盛り込んで、内容を取りまとめました。

　例えば、一般的に希望退職の募集は、人員削減のためだけという受け身でとらえられることが少なくありませんが、本書では、「従業員の戦力・非戦力の選別」といったメリットに重点を当てた、積極的で戦略的な制度設計の提案を行っています。

　同様に、早期退職制度についても、組織構成と人員数のミスマッチを防ぐ工夫の一つとして位置づけ、制度設計のポイントを論じています。

　その他にも、有期労働契約の更新においては、将来行う可能性がある雇止めの有効性を高めるだけではなく、労働者の納得感を得て、そもそも紛争が起こらないようにする観点からの積極的で戦略的な対応策を提案しています。

　本書が、読者の皆さまのそれぞれ担う人事労務管理の仕事に、少しでもお役に立てることを願うとともに、積極的で戦略的な発想を私どもと共有していただけることを願っています。

　最後になりましたが、本書に多大なご尽力をいただきました編集部の石川了氏、田中加代子氏に深く感謝申し上げます。

　平成28年12月

弁護士　　　　　浅井　　隆
弁護士　　　　　小山　博章
特定社会保険労務士　森本　茂樹

目次

第1章 退職全般 ……………………………………………………… 13

1. 労働契約における「退職」……………………………………… 14
2. 退職の種類 ……………………………………………………… 14
   - [1] 合意退職 ………………………………………………… 15
   - [2] 辞職 ……………………………………………………… 15
   - [3-1] 解雇（普通解雇・懲戒解雇）……………………… 16
   - [3-2] 雇止め ………………………………………………… 17
   - [4-1] 自然退職（定年）…………………………………… 17
   - [4-2] 私傷病休職期間満了による退職 …………………… 18
   - [4-3] その他～一定期間以上欠勤し、連絡が取れない場合の自然退職 … 19
3. 法令による規制 ………………………………………………… 19

   Q&A
   - Q1：業務の引き継ぎを行わない従業員 ………………… 21
   - Q2：退職予定日の設定・変更、年休の取得 …………… 23
   - Q3：死亡退職者への対応 ………………………………… 28
   - Q4：私物への対応 ………………………………………… 30
   - Q5：退職後の秘密保持義務 ……………………………… 33
   - Q6：退職後の競業避止義務 ……………………………… 38
   - Q7：同僚の引き抜きへの対応 …………………………… 43
   - Q8：退職者の情報管理 …………………………………… 45

   書式
   - 書式1-1：入社時誓約書 ………………………………… 47
   - 書式1-2：退職時誓約書 ………………………………… 48
   - 書式1-3：退社時注意書 ………………………………… 49

第2章 自主退職（辞職・合意退職） … 51

1. 辞職 …………………………………………………………… 52
2. 合意退職 ……………………………………………………… 52
3. 辞職と合意退職の区別 ……………………………………… 53
4. 撤回可能な時期と退職の意思表示の有効要件 …………… 53
5. 退職強要の紛争 ……………………………………………… 55

Q&A
- Q1：退職の意思表示の方法・主体 ………………………… 56
- Q2：退職の意思表示が無効となるケース ………………… 58
- Q3：自主退職（辞職・合意退職）の設計 ………………… 62
- Q4：退職願や退職届の撤回 ………………………………… 64
- Q5：懲戒処分前の退職申し出への対応 …………………… 66
- Q6：使用者は退職者が申し出た退職日を変更することができるか … 68
- Q7：退職勧奨の限界 ………………………………………… 70
- Q8：留学費用の返還の可否 ………………………………… 72
- Q9：従業員の突然の退職への対応 ………………………… 76

書式
- 書式2-1：退職届 ……………………………………………… 78
- 書式2-2：退職願 ……………………………………………… 79
- 書式2-3：承諾（通知）書 …………………………………… 80

第3章 早期退職制度・希望退職の募集 … 83

1. 早期退職制度 ………………………………………………… 84
2. 希望退職の募集 ……………………………………………… 85
   - [1] 法的性格 ……………………………………………… 85
   - [2] メリット・デメリット ……………………………… 86
   - [3] 設計――成功のポイント …………………………… 88
   - [4] 実施スケジュール …………………………………… 88

[5] 準備 ··· 89
　　[6] 実施 ··· 96
　Q&A
　　Q1：余剰人員削減の方法 ··· 97
　　Q2：早期退職制度の設計 ··· 99
　　Q3：希望退職の募集における対象者の範囲の設計 ············· 102
　　Q4：希望退職の募集における退職加算金の設計 ················ 105
　　Q5：すでに退職届を提出している従業員への希望退職の適否 ······ 111
　　Q6：応募者が募集人数に達しないときの対応 ···················· 112
　　Q7：賞与の取り扱い ·· 116
　　Q8：年次有給休暇の取り扱い ····································· 120
　　Q9：希望退職の募集における面接 ································ 123
　書式
　　書式3-1：早期退職制度の参考例 ································· 125
　　書式3-2：希望退職募集の社内発表用文書 ······················· 126
　　書式3-3：希望退職募集実施要領 ································· 128
　　書式3-4：退職加算金計算書 ······································· 131
　　書式3-5：面接カード ·· 133
　　書式3-6：誓約書 ··· 134

第4章 普通解雇 ·· 135

1 解雇の種類と特徴 ·· 136

1. 解雇の種類 ·· 136
2. 普通解雇 ·· 136
3. 懲戒解雇 ·· 137
4. 整理解雇 ·· 137
　　[1] 整理解雇 ··· 137
　　[2] いわゆる整理解雇の「4要件」(4要素) ······················ 138

5. 採用内定取り消し ……………………………………………………… 139
- [1] 採用内定の法的意味 …………………………………………… 139
- [2] 採用内定取り消し ……………………………………………… 140

6. 本採用拒否 ……………………………………………………………… 141
- [1] 試用期間の法的意味 …………………………………………… 141
- [2] 本採用拒否の意義 ……………………………………………… 141

2 | 解雇をめぐる留意事項 …………………………………………… 144

1. 法律による解雇制限 …………………………………………………… 144
- [1] 解雇理由の制限（具体的な解雇禁止事由）………………… 144
- [2] 実務上の留意点 ………………………………………………… 145
- [3] 解雇時期の制限 ………………………………………………… 145

2. 解雇権濫用法理による解雇制限 …………………………………… 147
- [1] 解雇権濫用法理の実定法化 …………………………………… 147
- [2] 解雇事由 ………………………………………………………… 147
- [3] 実務対応のポイント …………………………………………… 148

3. 解雇同意約款、解雇協議約款 ……………………………………… 149
- [1] 解雇同意約款、解雇協議約款の意義 ………………………… 149
- [2] 解雇同意約款、解雇協議約款違反とはならない場合 ……… 150

4. 解雇予告制度 …………………………………………………………… 152
- [1] 労基法20条1項 ………………………………………………… 152
- [2] 解雇予告 ………………………………………………………… 152
- [3] 解雇予告手当 …………………………………………………… 154
- [4] 適用除外者 ……………………………………………………… 155
- [5] 労基法20条違反（解雇予告せず、または予告手当の支払いをしない即時解雇）の効果 ………………………………………… 156

5. 解雇予告の除外認定制度 ……………………………………………… 157
- [1] 解雇予告の除外認定制度の意義 ……………………………… 157
- [2] 除外認定制度に関する実務上の留意点 ……………………… 159
- [3] 労基法20条違反（除外認定を受けない即時解雇）の効果 … 160

6. 退職証明書・解雇理由証明書を交付する際の注意点 …………… 160
   [1] 退職証明書・解雇理由証明書 ………………………………………… 160
   [2] 記載内容 ……………………………………………………………… 161
   [3] 退職証明書・解雇理由証明書の交付時期 …………………………… 162
   [4] 労基法22条違反の効果 ……………………………………………… 162
   [5] 実務上の留意点 ……………………………………………………… 162

Q&A
   Q1：能力不足を理由とする解雇 …………………………………………… 164
   Q2：勤怠不良を理由とする解雇 …………………………………………… 170
   Q3：ユニオン・ショップ協定に基づく解雇 ……………………………… 173
   Q4：整理解雇の4要件（4要素） ………………………………………… 175
   Q5：採用内定取り消しが認められる場合 ………………………………… 179
   Q6：入社前研修の不参加を理由とする採用内定取り消しの可否 ……… 184
   Q7：採用内定と採用内々定の違い ………………………………………… 186

書式
   書式4-1：指導書 …………………………………………………………… 190
   書式4-2：解雇予告通知書 ………………………………………………… 191
   書式4-3：解雇通知書 ……………………………………………………… 192
   書式4-4：解雇予告通知書（手当併用型） ……………………………… 193
   書式4-5：解雇予告除外認定申請書 ……………………………………… 194
   書式4-6：退職証明書 ……………………………………………………… 195
   書式4-7：解雇理由証明書 ………………………………………………… 196
   書式4-8：経営状況悪化に関する説明文書 ……………………………… 197
   書式4-9：人員整理計画に関する説明会の実施告知文 ………………… 198
   書式4-10：労働組合宛ての協議要請文書 ……………………………… 199
   書式4-11：採用内々定通知書 …………………………………………… 200
   書式4-12：採用内定通知書 ……………………………………………… 201
   書式4-13：採用内定時の誓約書 ………………………………………… 203
   書式4-14：採用内定取消通知書 ………………………………………… 204
   書式4-15：本採用拒否通知書 …………………………………………… 205

第5章 懲戒解雇 ……………………………………………… 207

1 懲戒処分総論 ……………………………………………… 208

1. 懲戒処分の意義 ……………………………………………… 208
2. 根拠規定 ……………………………………………………… 208
　[1] 根拠規定の要否 ………………………………………… 208
　[2] 懲戒処分に関する規定の内容 ………………………… 209
3. 懲戒処分に関する諸原則 ………………………………… 213
[1] 相当性 ……………………………………………………… 214
　[2] 二重処罰禁止の原則（一時不再理の法理）………… 214
　[3] 不遡及の原則 …………………………………………… 214
　[4] 平等原則 ………………………………………………… 215

2 懲戒制度の運用 …………………………………………… 216

1. 事前の注意・警告、軽い懲戒処分の重要性 …………… 216
2. 手続きの相当性 …………………………………………… 217
　[1] 懲戒手続き ……………………………………………… 217
　[2] 弁明の機会の付与 ……………………………………… 218

Q&A
　Q1：懲戒事由ごとの考慮要素および重視要素 ………… 222
　Q2：長期間経過後の懲戒解雇の可否 …………………… 226
　Q3：懲戒事由の追加主張の可否 ………………………… 229
　Q4：懲戒解雇の普通解雇への転換および予備的解雇の可否 ……… 230
　Q5：退職金の不支給・返還の可否 ……………………… 231
　Q6：社内公表の可否 ……………………………………… 233

書式
　書式5-1：懲戒処分基準（内規）………………………… 236
　書式5-2：懲戒処分に関する社内通達 …………………… 238
　書式5-3：警告書 …………………………………………… 239
　書式5-4：弁明の機会の付与に関する通知書 …………… 240

書式5-5：懲戒処分を不問にした趣旨ではない旨の通告書 241
書式5-6：懲戒処分通知書 242
書式5-7：懲戒処分の社内公表文 243

第6章 雇止め 245

1 有期労働契約の意義 246

1. 意義 246
2. 契約期間 246

2 有期労働契約の更新拒絶（雇止め）について ... 249

1. 雇止めと有期労働契約における解雇 249
2. 雇止め法理 249
   - [1] 改正労契法19条の制定経緯 249
   - [2] 労契法19条の要件の整理 250
3. 労契法19条の要件〜対象となる労働契約該当性〜 250
   - [1] 概説 250
   - [2] 労契法19条1号・2号該当性に関する判断要素 252
   - [3] 雇止めに関する紛争の類型化 254
4. 労契法19条の要件〜労働者からの申し込み〜 258
   - [1] 労働者からの申し込み 258
   - [2]「申し込み」について 258
   - [3]「遅滞なく」について 259
5. 雇止めの留意点 259

Q&A
Q1：契約を更新する際の注意点 261
Q2：不更新条項を定め、雇止めすることは可能か 263
Q3：契約更新の上限条項を定め、更新を拒む（雇止めする）ことはできるか 266

Q4：契約更新時に賃金等の労働条件を切り下げられるか。また、合意に至らなかった場合、雇止めができるか（変更解約告知）…… 268
Q5：無期転換権発生を阻止することのみを目的とする雇止めは有効か… 270
Q6：定年後再雇用者の勤務実績に応じた契約更新の拒否 …………………… 275

[書式]
書式6-1：契約更新に関するご連絡 …………………………………… 277
書式6-2：有期労働契約書（不更新条項）……………………………… 278
書式6-3：退職届 ……………………………………………………… 278
書式6-4：不更新条項を入れる際の従業員説明会の説明資料 ………… 279
書式6-5：有期労働契約書（更新上限規定）…………………………… 281

第7章 私傷病休職期間満了による退職・解雇 …………… 283

1. 休職とは ……………………………………………………………… 284
　[1] 休職の意義 ……………………………………………………… 284
　[2] 類似の概念 ……………………………………………………… 284

2. 休職の種類 …………………………………………………………… 285
　[1] 私傷病休職 ……………………………………………………… 285
　[2] 公職就任休職 …………………………………………………… 285
　[3] 起訴休職 ………………………………………………………… 285
　[4] 組合専従休職 …………………………………………………… 286
　[5] 私事休職 ………………………………………………………… 286
　[6] 出向休職 ………………………………………………………… 287
　[7] 企業が必要と認めた場合の休職 ……………………………… 287

3. 私傷病休職 …………………………………………………………… 287
　[1] 私傷病休職制度の目的 ………………………………………… 287
　[2] 対象者 …………………………………………………………… 288
　[3] 休職事由 ………………………………………………………… 288
　[4] 休職期間 ………………………………………………………… 288
　[5] 休職期間満了による退職・解雇 ……………………………… 289
　[6] 復職 ……………………………………………………………… 289

Q&A
- Q1：復職が見込めない従業員を、私傷病休職制度を適用せずに解雇することはできるか 295
- Q2：断続的に欠勤する労働者への対応はどうすべきか 296
- Q3：復職と休職を繰り返す従業員を解雇することはできるか 298

第8章 雇用保険・健康保険・厚生年金保険に関する事項 301

1. はじめに 302
2. 雇用保険の目的および概要 302
[1] 雇用保険の目的 302
[2] 雇用保険の制度概要 302
3. 健康保険・厚生年金保険の目的と給付の概要 303
[1] 健康保険の目的と給付の概要 303
[2] 厚生年金保険の目的と給付の概要 303
[3] 問題となりやすい事項 304

Q&A
- Q1：基本手当の受給資格と受給期間 305
- Q2：基本手当の受給に係る待期期間、給付制限期間と所定給付日数 308
- Q3：ハローワークにおける離職理由の確認および判定と離職理由に関する異議申し立てへの対応 310
- Q4：自己都合で退職する者の離職理由を会社都合にすることの問題点 316
- Q5：早期退職に関する制度を実施する場合の雇用保険上の注意点 319
- Q6：休職期間満了後に退職する従業員の未払いとなっている被保険者負担分社会保険料について 322
- Q7：解雇に関する係争中の者に対する健康保険・厚生年金保険の資格喪失について 326

第1章

退職全般

1 労働契約における「退職」

　労働契約（雇用契約）は、労働者と使用者との間で、労働者が労務を提供し、使用者がそれに対し賃金を支払うことをそれぞれ約束することで成立します（労働契約法（以下、労契法）2条、労働基準法（以下、労基法）9条、10条、11条）。

　このように労働契約は、契約の一方当事者である労働者（という生身の人間）が自ら労務を提供することが本質的な内容となるので、その生身の人間の存在なしには続きません。したがって、労働契約では、契約の終了、つまり退職がいつか必ず発生します。労働契約が永遠に続くことはないのです。そのため、労基法は、就業規則を作成する際、労務の提供と賃金の各項目（同法89条1号、2号）に加え、退職の項目を必ず記載しなければならない（絶対的必要記載事項、同条3号）としています。

2 退職の種類

　労働契約は上記のとおり、労働者と使用者との合意によって成立するので、終了も双方の合意（合意退職）によって成立します。ただ、それだけだと終了事由としては不十分なので、法は、合意退職以外にも労働契約が終了するやむを得ない場合を類型化し、一定の要件の下に定めています（退職の種類）。

　それは、次のとおりです。
①合意退職
②辞職
③解雇（普通解雇・懲戒解雇）、雇止め
④自然退職（定年、休職期間満了等）

　第2章以下で詳しく説明しますので、ここでは、ごく簡単に説明

します。ただ、第２章以下で取り上げない類型（定年等の退職類型）については、少し詳しく説明します。

[1] 合意退職

　合意退職は、労働者と使用者の合意で将来に向けて労働契約を解消することです。労使間の有効な「合意」があることが要件になります。通常は、労働者からの「退職願」が提出され、使用者が承諾することで成立します。これは、私的自治の原則（私人＝市民は自らの意思によってのみ自らを拘束される、自らの意思によらなければ拘束されるいわれはないという、近代市民国家の私法の大原則）、契約自由の原則（私人は、契約によって自ら拘束する関係をつくることができるという、私的自治の原則の内容の一つ）からは、当然の帰結です。

　合意退職には、双方の有効な「合意」が必要なほか、何ら規制はありません。合意退職は「解雇」ではないので、解雇予告の30日（労基法20条）や労災の場合の解雇制限（同法19条）も適用されません。労災で療養中の労働者との間に有効な「合意」があれば、合意退職は成立します。また、30日の予告も不要で、例えば、合意した日に即時に（合意）退職することも有効です。

　この合意退職を応用したものに、第３章で解説する早期退職制度、希望退職の募集があります。

[2] 辞職

　辞職は、労働者の一方的意思表示によって将来に向けて労働契約を解消することです。労働者の有効な退職に向けた意思表示が要件になります。通常は、労働者からの「退職届」が提出され（＝労働者の一方的意思表示）、これを使用者が受理する（意思表示が到達する）ことで、成立します。

ただ、期間の定めのない労働契約では、2週間の経過（民法627条1項）が必要です。なぜなら、期間の定めがない以上、労働者は、契約の拘束から自由に離脱することが認められるとしても、突然辞められては使用者の利益を害する可能性が高いからです。もっとも、民法の規定は、契約自由の原則の下、任意規定（契約当事者の自由意思がはっきりしないときの補充規定）なので、双方の合意で別にルールを定めることも可能です。労働契約では、この双方の合意の一つとして、就業規則が利用されます。つまり、就業規則は合理的なものである限り個別の労働契約（労使の合意）の内容になりますので（労契法7条）、この就業規則によって辞職に必要な予告を30日や1カ月と定めることも可能です（なお、この点については第2章で解説します）。

他方、有期労働契約では、期間途中の辞職は「やむを得ない事由」がない限りできません（民法628条）。それを認めては、期間を定めた意味がなくなるからです。もっとも、契約自由の原則の下、期間途中で辞職することを労使間で認めれば、それは尊重されます。多くの企業の有期労働契約においては、正社員（期間の定めのない労働契約）と同様に、有期労働者の辞職の自由も認めています。おそらくこれは、働く気力のなくなった有期労働者を期間中つなぎとめても、よい働きは期待できないからだと思われます。

[3-1] 解雇（普通解雇・懲戒解雇）

解雇は、使用者の一方的意思表示によって、将来に向けて労働契約を解消することです。

労働契約は、ある程度の期間継続することを予定して展開しているので、労働者からすれば、使用者の一方的意思表示でその期待が覆されると、大きな不利益を被る可能性があります。特に年功型賃金制度では、定年までのトータルな雇用期間で労働に見合う賃金が

支給される体系になっているので、なおさらです。

　そのため解雇は、前記 **[2]** の辞職よりはるかに厳格な規制（要件）の下に認められるものです。つまり、解雇の効力が発生する期間と解雇ができる場合の2方面から規制がされています。ただ、説明に多くのページを要しますので、第4章、第5章で詳しく触れることとします。

　なお、解雇は通常、普通解雇と懲戒解雇の二つに分類されます。普通解雇は、「懲戒」としてなされるもの以外の解雇です。懲戒解雇は、「懲戒」としてなされる解雇です。この二つの解雇は有効要件が異なり、懲戒解雇のほうが厳格なので、この区別をしっかりすることがとても重要です。

[3-2] 雇止め

　雇止めとは、有期労働契約において、契約期間満了時に（有期）労働者が更新を望んでいても、使用者が（一方的に）更新しないとして期間満了で労働契約を終了させるものです。

　私法の大原則は前述のとおり私的自治なので、使用者が更新を望まない以上、必ずしも更新する必要はないのですが、労働者が期間をまたいで継続することを（客観的に）期待して展開している有期労働契約では、これを尊重し、私的自治の原則をその限りで修正し、有期労働者を保護しています（労契法19条）。

　この継続することへの期待も、分析すると類型化できるので、詳細は第6章にて説明することとします。

[4-1] 自然退職（定年）

　自然退職とは、一定の事由が発生したとき、自動的（自然）に退職する、という類型です。

　労働契約はある程度の期間継続することを予定して展開している

ので、それを超えて、やむを得ないことがあった場合に限り、自然退職が認められます。

自然退職には、「定年」や「私傷病休職期間満了」、その他の種類があります。

定年とは、労働者が一定の年齢に達したときに労働契約が終了する制度です。この定年の制度は、定年到達前の退職が特に制限されていない（有期労働契約であれば、民法628条の「やむを得ない事由」が必要）こと等からして、労働契約の期間の定めとは異なる、労働契約終了事由に関する特殊の定め、と考えられています（昭26.8.9　基収3388）。生身の人間なら、老齢になるにしたがって体力も気力も能力も相対的に落ちていきますし、若い労働者を使いたいと使用者が考えるのもやむを得ません。そこで、労働契約において、一定の年齢（定年年齢）でいったん区切りをつけることを、法は認めたのです。

もっとも、定年に達したときに労働契約が自動的に終了する設計にしないと、定年到達が解雇事由の一つとされ解雇権濫用法理の適用を受けることになりかねないので（昭22.7.29　基収2649）、その設計には注意する必要があります。

そして、高年齢者等の雇用の安定等に関する法律（以下、高齢法）により、定年年齢は、原則60歳以上でなければなりません（同法8条）。その上、65歳までの①定年延長、②継続雇用制度、③定年廃止のいずれかの措置を講ずることが義務づけられています（同法9条1項）。

[4-2] 私傷病休職期間満了による退職

私傷病休職とは、休職期間が満了しても、病気・けがの回復が思わしくなく復職できる状態でなければ退職をしてもらう、というものです。就労できない状態なら、いかに労働法が労働者保護に軸足があったとしても、やむを得ません。詳細は、第7章で説明します。

[4-3] その他～一定期間以上欠勤し、連絡が取れない場合の自然退職

　最近の企業では、連絡の取れない長期の無断欠勤者に対応するため、就業規則の退職事由に、例えば「2週間以上欠勤して連絡が取れないとき」と規定したりします。この規定により、その欠勤者を自然退職とするのです。

　長期の無断欠勤者には普通解雇または懲戒解雇が可能ですが、解雇は労働者にその通知が到達しないと効力が生じません（民法97条）。無断欠勤者が企業に届け出た住所に不在であったり1人暮らしの場合は、解雇通知が労働者に到達しにくく、いつまでたっても解雇の効力が生じない事態となることから、その対応として、このような制度が考えられたのです。

　したがって、この退職事由の実質は、長期の無断欠勤者に対する解雇であり、解雇権濫用法理が類推適用される問題です。よって、自然退職の要件としての欠勤期間が短期の場合は、その退職扱いは、権利の濫用あるいは信義則違反として無効となり得ます。前記の例の「2週間」はそうなるリスクがあるか判断が難しいですが、慎重を期するなら、1カ月といった、誰が見ても解雇もやむなしという程度の期間を設定したほうが妥当です。なぜなら、この退職事由は、解雇ができない場合の補充的手段だからです。

3 法令による規制

　各退職への法令による規制の内容は、詳しくは各章で説明をしますが、以下、概括的な説明をします。

　解雇については、労基法で、予告期間は最低30日（同法20条）、業務上負傷・疾病による療養期間等の解雇制限（同法19条）、労契法で、解雇権の行使について権利濫用法理による規制（同法16条）があります。

そして、懲戒解雇については、やはり懲戒権の行使について権利濫用法理による規制（労契法15条）があります。

さらに、雇用の分野における男女の均等な機会及び待遇の確保等に関する法律（以下、均等法）は、退職の勧奨・定年・解雇につき、性別を理由とする差別的取り扱いを禁止（同法6条4号）しています。これに違反した退職の勧奨・定年・解雇は、強行法規違反として無効となり、また不法行為（民法709条）に基づく損害賠償請求の問題となり得ます。また、均等法では、女性労働者の婚姻・妊娠・出産・産休取得等への不利益な取り扱いにつき規制しています（同法9条）。

労働組合法は、組合員であることを理由に不利益に取り扱ったり、組合活動に支障を生ぜしめる退職勧奨・解雇は不当労働行為（同法7条1号、3号）としますので、こういった退職勧奨・解雇は公序良俗違反で無効（民法90条）となり、場合によっては不法行為（同法709条）が成立し、損害賠償請求の問題となります。

> 【用語の使い方】
> ここで、本書での基本的な用語の使い方について説明します。
> 「労働者」と「従業員」という言葉がありますが、「労働者」は労働契約の一方当事者としての一般的用語として、「従業員」は組織の中の労働者のイメージで使います。
> 次に、「使用者」と「企業」、「会社」という言葉がありますが、「使用者」は労働契約の他方当事者（労働者の相手方）としての一般的用語として、「企業」は組織全体または組織の中で従業員に対する使用者のイメージで使います。「会社」は、その使用者が会社（営利法人）の場合です。

 業務の引き継ぎを行わない従業員

退職にあたって、業務の引き継ぎを行わない従業員がいます。どうしたらいいでしょうか。

 業務の引き継ぎを就業規則上の義務とし、退職金不支給事由の一つに入れて担保します。それでも行わないときは、損害賠償もあり得ることを警告して履行させるのがよいでしょう。

解説

1.業務引き継ぎの法的性格

　業務引き継ぎそれ自体が業務の一つですから、業務の引き継ぎを行うよう業務命令を発令すれば、退職する従業員はこれに従わなければなりません。それをしなければ、職務専念義務違反で、懲戒処分の対象となります。

2.退職時点での問題

　ただ、いったん退職を決めた労働者は、上記1.の懲戒など、いまさら怖くはありません。残存年次有給休暇（以下、残存年休）がたくさんあれば、それを取得することで、年次有給休暇（以下、年休）の自由利用を盾に対抗したりします。

3.有効な手段

　そこで、実践的で有効な手段を、以下、順に挙げます。

①業務の引き継ぎを就業規則上の義務とする

　就業規則に必ず、「退職者は、退職日までに使用者が指定した業

務の引き継ぎを行い、使用者が確認するまでそれを履行しなければならない」と明記します。よく見かけるのは、この退職時の業務引き継ぎ義務の規定の不備です。これが不備だと、上記**1.**のとおり、個別に業務命令を発しなければなりません。ところが、就業規則上の義務となっていれば、退職する従業員は引き継ぎを行わないわけにはいかなくなります。

②退職金不支給事由の一つに入れて担保する

退職金制度のある企業では、業務引き継ぎを退職金不支給事由の一つに入れ、もし、引き継ぎ義務の不履行が「長年の功を減殺するほどの背信性」があれば減額できるようにして(**東京貨物社(退職金)事件** 東京地裁 平12.12.18判決 労判807号32頁、**東芝(退職金残金請求)事件** 東京地裁 平14.11.5 判決 労判844号58頁、**日本リーバ事件** 東京地裁 平14.12.20判決 労判845号44頁、**東京貨物社(解雇・退職金)事件** 東京地裁 平15.5.6 判決 労判857号64頁、**山本泰事件** 大阪地裁 平15.5.9 判決 労判852号88頁、**トヨタ車体事件** 名古屋地裁 平15.9.30判決 労判871号168頁、**小田急電鉄(退職金請求)事件** 東京高裁 平15.12.11判決 労判867号5頁、**日音(退職金)事件** 東京地裁 平18.1.25判決 労判912号63頁等)、その履行を担保します。

③残存年休取得との関係

残存年休は退職者(労働者)の当然の権利なので、これを、業務引き継ぎ義務があるから認めないとすることはできません。時季変更権を行使するにしても、労働者は退職するので取得できる別の時季がなく、行使できません。

このような場合はむしろ、残存年休を認めないという対応ではなく、「それは自由にどうぞ。しかし、業務引き継ぎ義務はやってもらいます。これをしなかったら、退職金の支給に影響するし、場合によっては、損害賠償請求することになります」と、強く注意する

④損害賠償請求も考える

そして実際、残存年休を取得したことで業務引き継ぎ義務が不履行となったら、それによる損害が算定できれば、損害賠償請求することも考えます。

多くの従業員が見ていますので、甘い労務管理をしては、将来に問題を残します。つまり、退職するとき、皆同じような行動を取るようになります。したがって、しっかり上記①～④を行う必要があります。

Q2 退職予定日の設定・変更、年休の取得

退職予定日（退職日と同義、以下同じ）の設定やいったん設定した退職予定日を変更する場合は、どのようにすればよいのでしょうか。退職者の年休取得に対しては、どのように対応すればよいのでしょうか。

退職予定日の設定・変更は、退職の種類ごとに意味合いが違うため、退職の種類ごとにその方法を〔解説〕で確認します。年休の取得については、基本的にはどの退職でも同じですが、留意すべき事項が異なります。

解説

1.退職予定日の設定

退職予定日は、退職の種類ごとに意味合いが違うので、退職の種類ごとに説明します。

①合意退職の場合

合意退職では、労使双方が合意して退職予定日を設定します。そして、いったん設定しても業務引き継ぎ等で変更する必要が生じたら、合意して変更することは、私的自治の原則、契約自由の原則か

ら当然にできます。

ただ、退職予定日を明確にすることで紛争を予防するため、設定合意ないし変更合意は文書で行うことをお勧めします。

②辞職の場合

民法、就業規則、あるいは（個別の）雇用契約書の定める予告期間を遵守する限り、労働者は退職予定日を一方的に設定できます。

例えば現在が7月31日で、就業規則に1カ月の予告が必要との定めがある場合、この就業規則の予告期間を遵守するとすれば、8月31日以降に退職日を設定できます。10月末日をもって退職する、という辞職も可能です。

他方、いったん自ら設定した退職予定日を変更するには、使用者の了解が必要です。法的に説明すると、次のとおりです。辞職の意思表示は単独行為（契約の一方の当事者からの意思表示）なので、前記の例で言うと、7月31日にした「10月末日をもって退職する」旨の意思表示は、使用者が受理（到達）した時点で効力を生じます。よって、それを例えば、「12月末日の退職に変更したい」ときは、この意思表示を撤回して、あらためて辞職の意思表示をする必要があります。

しかし、いったん効力が生じたものを一方当事者だけで撤回できては、法的安全性を害します。ということで、いったん効力が生じた後に撤回するには、他方当事者の同意が必要とされます。よって、「10月末日をもって退職する」旨の辞職の意思表示について、使用者が受理したことで成立し効力が生じた後に撤回するときは、これを使用者に了解（同意）してもらい、あらためて「12月末日をもって退職する」旨の辞職の意思表示をする、ということです。

もっとも、労働者が撤回の同意を求めれば、使用者に理由を問われ、「2カ月遅くして12月末日に退職したい」と説明すると、使用者から「それなら今からだいぶ先のことなので、いいですよ」と言

われたとしたら、それ自体が「12月末日をもって退職することが労使の合意」として成立した、と判断される余地もあります。しかし、書面として、「10月末日をもって退職する」旨の退職届が労働者に戻され、使用者の下には「12月末日をもって退職する」旨の（差し替えられた）退職届だけが残ったとしたら、それを法的に評価すれば、撤回後、あらためて辞職の意思表示をしたとされるでしょう。なお、この例ではどちらと判断されても、それによって実際上の差異は生じません。

③解雇の場合

労基法、就業規則、あるいは（個別の）雇用契約の定める予告期間を遵守する限り、使用者は、退職予定日を一方的に設定できます。

例えば、②の例のように、現在が7月31日で、就業規則は労基法と同様30日予告期間の定めとし、（個別の）雇用契約書には別に定めがなければ、8月30日（初日不算入なので、8月1日より計算するとその30日の経過は、30日の24時経過時点）以降の退職日を設定できます。

よって、7月31日に、「10月末日限りで解雇する」という予告をするのも可能です（筆者はこれを応用して、整理解雇のときなどには、解雇権濫用法理の適用において裁判所が使用者に肯定的な評価をしてくれるよう、わざと予告期間を長くとって、使用者が被解雇者の再就職活動等の事情も考え予告期間を長めにとる等配慮した、という事実をつくります（**フェイス事件**　東京地裁　平23.8.17判決　労経速2123号27頁））。

他方、使用者がいったん自ら設定した退職予定日を変更するには、前記②の場合と同様（単独行為なので）、効力がすでに発生（確定）している解雇の意思表示を撤回して、あらためて解雇通知を出す必要があります。この場合も撤回には、理論上、労働者の同意が必要です。

ただ、上記の辞職の例を解雇に置き換えて考えると、労働者は、

退職が2カ月延びること自体は(労働者にとっても)有利なので、「10月末日限りで解雇」の意思表示の撤回に同意すると思われます。

しかし、労働者が仮に同意しなかったら、「10月末日限りで解雇」が有効である限り、後の「12月末日限りで解雇」の意思表示は、効力を生じないでしょう。「10月末日限りで解雇」が、例えば解雇権の濫用であるとして無効となれば、「12月末日限りで解雇」の意思表示は、おそらく予備的解雇の意思表示、と合理的に解釈されると考えます。

なお、雇止めでは、退職日は雇用期間満了日となり、「設定」も「変更」もしないので省略します。

④自然退職

定年退職の場合の定年年齢は、60歳を下回る設定は高齢法で無効(同法8条、同条違反は当事者間でも無効とする効力があると解されています)ですが、逆に、60歳到達後の誕生日月の末日や年度末など長く設定するのは、まったくもって有効です。

その他の自然退職事由は、質問にある問題は想定し得ないので省略します。

2.退職の際の年休の取得

この問題も、退職の種類ごとに説明します。

①合意退職の場合

労使双方で設定しあるいは変更した退職日までに、労働者がどのように残存年休を取得するかは、労働者の時季指定権の行使の問題です。

退職者が残存年休を取得しきれなくても、使用者は買い取る義務はありません。逆に、退職者が残存年休をすべて取得しきる中で、使用者が時季変更権を行使することはできません。なぜなら、退職者には、変更して年休を取得する時季がないからです。

なお、業務引き継ぎとの関係は、Q1で説明したとおりです。

②辞職の場合

退職する労働者が、設定（または変更）した退職日までどのように残存年休を取得するかは、労働者の時季指定権の行使の問題です。つまり、上記①と同じです。

③解雇の場合

解雇の場合も、上記①②と同様です。労働者は、残存年休が30日を超えた日数あるのに、30日予告の解雇がされてまだ年休に残日数があっても、使用者への損害賠償等の請求はできません。

他方、例えば長期の予告期間（例えば3カ月など）をおいて解雇の意思表示がされ、かつ、併せて勤務も免除されたとすると、この勤務免除によって労働日の労働義務が消滅するので、残存年休を取得することなく、退職日まで給与が（全額）支給されます。しかし、退職者がその上に残存年休を買い取れと請求しても、使用者に買い取り義務はありません。

④雇止めの場合

③と同様に考えればよいです。

⑤自然退職の場合

定年退職日までの年休の問題は、上記①～④と同様です。

（私傷病）休職期間満了退職のときも、年休は2年間有効なので、その企業の当該従業員に対する休職期間の設定が2年以内のときは、年休がいまだ残っている、という事態が生じ得ます（通常は私傷病休職に入る前に、労働者は年休から取得していきますが、それをしない労働者もいます。これを、使用者が勝手にこの労働者の年休権を行使（取得）したことにするのは、労基法39条違反になります。おせっかいは違法なので、注意してください。ただ、労働者に気づかせる程度、あるいは年休取得を促す程度ならよいでしょう）。この場合も、私傷病休職が（解雇事由の一つではなく）自然退職事

由として設計されているのなら、休職期間満了時に退職となるので、その後の残存年休は取得できません。なぜなら、退職によって雇用関係はもはやないので、年休の取得もあり得ないからです。使用者に買い取り義務もありません。

死亡退職者への対応

死亡退職の場合、未払い賃金や退職金の支払いは、どのような点に注意して、どのようにすればよいでしょうか。

未払い賃金(賞与も含む)は、既発生の債権で相続財産ですが、退職金は、退職金制度(規程)によって異なりますので、当該企業の制度を確認する必要があります。その他の給付も、その制度によって決まります。

解説

従業員の死亡によって退職となり労働契約は終了しますが、退職に伴いよく問題となるのは、未払い賃金と退職金です。従業員本人は生存しておらず、遺族に支払う話になるので、その対応をはっきりさせる必要があります。未払い賃金と退職金とでは対応が違うので、以下、分けて説明します。

1.未払い賃金

未払い賃金(支払う賞与がある場合は、賞与も)は、死亡した従業員が生存中働いていたことへの対価です。死亡時には既発生の権利であり、ただ支給日が到来していなかっただけ、ということです。

よって、未払い賃金は相続財産になります。支払う先の遺族は、相続人です。相続人以外の遺族に支払ってはいけません。相続人であることを戸籍謄本等で証明してもらって支払うことが、原則にな

ります。

　その必要書類を提出しない場合は、受給資格をいまだ証明していないわけなので、支払わなくてよいですし、場合によっては、債権者不確知で民法494条の供託をすることで、いつまでも債務を負った状態を解消します。

　例外として、相続人が配偶者と子どもだけで特にもめることはないと見込めるときは、配偶者を相続人代表（法定相続人は配偶者と子ども。子どもが未成年であれば、親が法定代理人であり、一方の親が死亡していれば、もう一方の親だけが単独の法定代理人となります）として支給することでもよいでしょう。ただし、書面に残しておくことが、紛争予防になります。

2.退職金

　退職金は、退職して初めて発生する権利であるとともに、任意の制度（企業によっては、退職金制度のないところもあります）なので、退職金が前記1.と同様、相続財産となるのか、遺族固有の財産となるのかは、当該企業（使用者）の退職金制度（規程）次第、ということになります。

　前者、つまり相続財産なら、前記1.と同様の対応をします。ただ、未払い賃金と異なり、退職金は高額となることが多いでしょうから、受給者（＝相続人）の確定を丁寧に行う必要があります。加えて、金銭債権なので、単独相続でなければ複数の相続人に分割債権として取得されるので（この点は、前記1.の未払い賃金も同じですが、金額の大きさがまったく違います）、金額の計算を間違えないようにする必要があります。

　後者、つまり遺族固有の財産となる場合には、その受給資格のある本人かをしっかり確認して、支払うことになります。

　なお、前者か後者かの判断は、まさに法的判断であり、多くの裁

判例があるとおり紛争になりやすいので、顧問弁護士、特に労働法に精通した弁護士によく確認しながら進めるのがよいでしょう。

3. その他

共済金等の給付は、各規約の定めに従って対応すればよいでしょう。

 私物への対応

解雇した従業員がいるのですが、解雇を納得せずに争う様子で、実際、弁護士を立てて解雇は不当だと主張しています。机やロッカーに私物が残っていますが、どのようにしたらよいですか。

 私物は従業員の所有物なので勝手に処分できませんが、会社からの貸与物と一緒に日常使われているので、その区別が必要です。紛争の状況に応じて、私物と会社貸与物を区別・整理する必要があります。

解説

1. 紛争となり得るケース

円満退職する従業員と、私物に関し紛争となることはまずありません。

円満退職ではない従業員とは、私物に関し紛争となることがよくあるので注意が必要です。

2. 通常の紛争原因

労働者は長い職業生活の中で会社に私物を持ち込み、ロッカー、机の中や上に置いて、普段使っています。歯ブラシ、タオル、お気に入りの筆記用具等……、これらは会社から貸与された物と物理的に同じ場所に保管され、利用されています。

そういった中で、使用者が従業員の意に反して退職させたり、上司との関係が悪化して休職し始めたりというとき、それまで同じ場所に保管され、利用されていた会社貸与物と混然一体となった私物につき、時が経過して「会社が紛失した」などと従業員に言われ、紛争になることがあります。

3.実務上の留意点と対応

解雇したり休職などで私物の所有者（当該従業員）が長期不在となったときは、私物については、次のいずれかの対応を取るのが紛争の予防となります。

①現状をできるだけ変更しないこと

長期不在中（または解雇）の当該従業員の机・ロッカーは、できることならそのままの状態にして、触らないのがベターです。もっとも、スペースの問題があるので、その机・ロッカーを使いたいというときは、明らかに会社の物を除き、ダンボール箱等に移して一定の場所に保管します。移す際に写真を撮る、場合によっては物品のリスト表を作成しておく、といったことをします。

②引き渡しの方法

そして、紛争が解決したときは、上記①で保管していた私物を従業員に返還することとなります。ただ、会社貸与物と一緒になっていたりするので、引き渡しの際に、大事な物が紛失した等の紛争にならないよう注意する必要があります。

引き渡しには、幾つかの方法があります。一番手堅いほうから順に説明します。

(i)引き渡しは、本人に来社してもらい、会社側の責任者も立ち会って、会社の物と私物とを区別します。

上記①の現状そのままの状態ならばその机・ロッカーで、ダンボール箱等に移していたらそのダンボール箱の保管場所で、双方

立ち会い、公（会社所有物）私の区別をします。

　筆者の経験から留意点をさらに述べますと、会社側の誰が立ち会うかで、当該従業員ともめたりします。上司だと嫌がられ、人事担当者だと警戒されます。ただ、それは交渉ごとです。双方の代理人が立ち会えば、人事部長でもよいと納得されたケースもありました。

　また、時間帯ももめたりします。他の従業員がいる通常の労働日の所定労働時間帯は、会社としては避けたいものです。ただ、ダンボール箱の保管場所が他の従業員の目に入らないところなら、所定労働時間帯でもよいでしょう。

　当該従業員の机・ロッカーで私物の確認・引き渡しをする場合は、土曜日や平日の夜遅くの時間帯で調整することになるでしょう。

(ii)当該従業員が上記(i)の方法にこだわらず、私物の入ったダンボール箱を郵送してくれればよい、ということもあります。この場合は、会社のほうで私物と会社貸与物を区別し、その結果の私物をダンボール箱に入れて郵送します。念のため、その区別の状況は写真に撮っておくとよいでしょう。一品一品写真を撮るまでは必要ないでしょうが、典型的な品（高価な物、思い出が詰まっていそうな物）は全体が分かるよう写真を撮るとよいでしょう。

(iii)当該従業員から私物の返還は不要と言われたら、放棄書を作成し、署名をもらってください。

(iv)なお、私物返還の確認は、退職合意書の中で行います。つまり、私物の返還がされ解決したことは、退職合意書の中にわざわざ条文を設けなくてもよいですが、必ず包括的な清算条項(例えば、「甲と乙は、本合意書に定める他、乙の退職後の守秘義務等乙が退職後も負うべきこととされる義務を除き、甲乙間において何らの債権債務が存在しないことを、相互に確認する」などです)を入れ、会社（使用者）が免責されるようにします。

退職後の秘密保持義務

退職後の秘密保持義務は、どこまで強制できますか。どのような点に注意したらよいですか。

 秘密保持義務は、企業にとって最も大切な無形財産を守るためのものなので、極めて重要です。特に、退職者の守秘義務は大事です。
退職者に「秘密を守る」という意識を維持させるため、入社時、在職中、退職時の過程で一貫した管理をすべきです。

解説

1.秘密保持義務

在職中の秘密保持義務は、労働者の誠実義務の一つの内容として認められます。就業規則等に明記しなくとも、在職中は当然に秘密保持義務を負っています。退職後も、労働者の職業選択の自由と両立する（労働者が転職しても、転職先で、転職前の会社に対し秘密保持義務を遵守させることは可能）ので、退職者に負担させても無効とはなりません。

秘密保持義務が従業員の行為規範の中で極めて重要と考えるのは、当該企業の大切な無形財産を守るものだからです。もちろん、不正競争防止法で「秘密」は、損害賠償だけではなく差し止め請求や罰則でも守られてはいるところですが、同法の「秘密」の要件は厳格で（罰則までついているので、罪刑法定主義の要請から当然のことですが）、なかなかこの要件を満たすのは難しいのです。よって、私法上＝労働契約上の義務として、在職中はもちろん退職後も（ただし、退職後は労働契約は終了しているので、法的には特約＝無名契約という整理になると考えます）負わせる必要があります。

秘密は、当該企業の大切な無形財産であっても、その事業活動に従事する従業員の脳の中に記憶として残っているものであり、退職

第1章 退職全般

図表 1-1 秘密保持義務と競業避止義務の相違

区分		秘密保持義務	競業避止義務
共通点		企業の営業の自由が根拠	同左
相違点		労働者の職業選択の自由への制約は基本的には、なし	労働者の職業選択の自由への制約は重大、特に、退職後
有効性	在職中	○	原則として、○
	退職後	○	利益衡量で有効性の有無、有効な範囲（期間、地域等）が判断される

するときにそれを企業に置いていかせることは物理的に無理なので、退職後も秘密保持義務を負わせるのです。よって、その秘密が陳腐化しない限り、期間を無制限に負わせても有効です。しかも、退職した企業の秘密を守りながら転職先で就業することも可能なので、退職者の職業選択の自由（日本国憲法（以下、憲法）22条）にも抵触しません。秘密保持義務と競業避止義務の相違を参考までに整理すると、**図表1-1**のとおりです（なお、退職後の競業避止義務については**Q6**で触れます）。よって、秘密保持義務は、制度設計では期間無制限に負わせるとよいのです。

秘密保持義務は、企業の大切な無形財産保持のための行為規範（服務規律）なので、各企業がその事業目的を達成（理念を実現）する上で不可欠のものといえます。

また、秘密は守るが自分の事業等のために使ってしまう労働者もいますので、目的外使用の禁止を、在職中はもちろん退職後も負わせるとよいでしょう。退職者が退職後にその企業の秘密を事業目的で使用することは通常あり得ないので、これによって、退職後の自己目的の使用を全面的に禁止できます。

以上、在職中だけではなく、退職後も、期間を限定しないで秘密保持義務を負わせるのが妥当です。通常は、次のように規定します。

> （秘密保持義務、目的外使用の禁止）
> 第○条　社員は、在職中知り得た秘密を在職中はもちろん退職後も他に漏らしてはならない。また、在職中はもちろん退職後も、目的外に上記秘密を利用してはならない。

2.秘密保持義務の実行性を担保するための工夫

1.の行為規範の遵守は、上記規定に加え、入社時、退職時の誓約書を取ることによって、より効果的に遵守の確保が可能となります。すなわち、多くの企業で、入社時、退職時に誓約書を取っています。その誓約書の中心的内容は、企業秘密と個人情報の在職中・退職後の守秘です。そこで以下、これらと就業規則（上記規定）との関係、運用の工夫を述べます。

[1] 入社時の誓約書

多くの企業では、就業規則と内容が重なる誓約書を入社時に取っています。これは、法的には「確認」であり、人事（労務）政策的にはその内容を従業員に個別に徹底するということです。

つまり、就業規則は合理的なものである限り労働契約の内容となるので（労契法7条）、就業規則の内容を誓約書であらためて取るのは、法的には「確認」でしかありません。

しかし、労働者の意識にその内容を強く浸透させる必要があります。よって、特に守ってもらいたい内容について、誓約書として個別に取得することで徹底を図ることは、人事（労務）政策的目的から、とても意味があります。

それゆえ、誓約書の内容は就業規則と矛盾してはいけません。むしろ、同じ内容である必要があります。

そして、入社時に誓約書を提出させることを採用時の条件とし、

その提出がないときは内定取り消しとすることで、その提出を担保する運用をしてください。47ページの**書式1-1**で、入社時の誓約書、特に秘密保持義務を中心としたものを掲載します。

[2] 退職時の誓約書

　相当数の企業では、退職時にも誓約書を取ります。就業規則の内容と重なるのであれば法的には「確認」ですが、追加事項が入るのであれば、新たな「合意」です。人事（労務）政策的には、就業規則の内容と重なる部分は徹底することとなり、追加事項については、新たな特約（義務）を課すことになります。

　退職時の誓約書は、前記【1】と異なり、退職後の拘束を図るものである以上、その退職時には労働契約（雇用契約）はなくなるので、退職後の誓約書の内容は当事者間の特約＝無名契約になります。つまり、それ自体は労働契約ではありません（労契法6条参照）。

　さて、退職時の誓約書の取り方には、①内容に何を加えるかの検討をすること、②誓約書の提出をいかに確保するか、が重要なポイントになります。

　退職時の誓約書は、入社時の誓約書と比べ、提出しないときは内定を取り消すといった担保がないので（退職金の減額等の方法──支給制限条項の設計──がありますが、当然には減額はできず、「長年の功を減殺する背信性」が必要です）、①は、できるだけ就業規則の内容を充実させることで、退職時の誓約書でわざわざ追加する事項がないようにしたほうがよいでしょう。

　ただし、就業規則の内容が抽象的であったのを誓約書で具体化することは、追加ではないので問題ありません。ここは重要なので、注意してください。例えば、退職後の秘密保持義務が就業規則に「社員は、在職中知り得た秘密を在職中はもちろん、退職後も漏らしてはならない」とだけあるので、その具体化として誓約書に「貴殿に

おいて守秘すべき企業秘密は、貴殿が退職前3年間、営業部長の職務に従事していたことから、当社の取引先の担当者、取引構成、数量、トレンド等が特に重要な企業秘密となるが、これに限らない」と入れるのは、具体化であって追加ではありません。この具体化は、退職後の秘密保持請求権を被保全債権とする差し止めの仮処分申し立てをする上で足掛かりになるので、とても大事なポイントになります。つまり具体化する意味は、将来の差し止めの仮処分申し立てをする際の被保全債権の足掛かりです。

　②の誓約書の提出については、就業規則に「引き継ぎ義務」を定め、その中に「退職時には会社所定の誓約書を提出しなければならない」と入れることで、退職時の誓約書の提出を就業規則上の義務とし、それを使って提出を求めるとしたほうがよいでしょう。そうすれば、退職金の支給制限条項においても、裁判所から合理的制限（限定解釈）をされる余地が少なくなります（就業規則違反をする以上、退職金の減額をされてもやむを得ない、という評価となります）。

　もちろん、誓約書の内容が、例えば退職後5年間は競業他社に就業してはならないといったように、あまりに退職者を拘束する内容になると、就業規則上の義務としても合理的ではない（労契法7条）とか、個別にその提出を求めるのは権利濫用である（同法3条5項、民法1条3項）と主張される可能性もあるので、その観点からも、誓約書の内容は合理的でなければなりません。参考までに、48ページの**書式1-2**で退職時の誓約書のひな型を掲載しておきます。

退職後の競業避止義務

退職後の競業避止義務は、どこまで強制できますか。どのような点に注意をしたらよいですか。

 競業避止義務は、企業の事業活動に重大な影響を与える競業行為を規制することなので、企業にとっては営業の自由の行使ですが、退職者に競業避止義務を負わせるのは、退職者の職業選択の自由とぶつかり、調整が必要です。

解説

1. 競業避止義務について

在職中の競業避止義務は、労働者の誠実義務の一つの内容として認められます。特に就業規則等に明記しなくとも、労働者は、在職中は、競業避止義務を負っていると解されています（菅野和夫『労働法（第11版）』151頁・弘文堂）。

しかし、退職後の競業避止義務は、秘密保持義務と異なり、労働者の職業選択の自由（憲法22条）と両立しにくいことから、これを特約で負わせても、裁判例により大幅な制約がされます。退職者は転職に当たり、自分に有利に経歴をアピールして売り込むのが通常であり、同業他社への就業を禁止すれば、この転職行為と両立しません。そこで、事前許可制で両者の調整を考えるのがよいでしょう。つまり、制度化するなら、次のようにします。

■競業避止義務規定例

> （競業規制）
> 第○条　社員は、退職後1年以内に競業他社に就業し、あるいは自ら競業を営む場合には、事前に会社に通知した上で許可を得なければならない。

競業避止を負わせるのは使用者の営業の自由（憲法22条）に基づくので、退職者の転職（職業選択）の自由（憲法22条）との、いわば人権と人権との衝突の問題であり、裁判所は利益衡量（当事者その他の利害関係、利益などを比較すること）してその調和点を見いだします。

そこで、紛争になる前の運用段階で、当該使用者の人事担当者が、裁判官がするのと同じ作業ができるようにするという設計です。

競業避止義務は、事業が不正の競争にさらされないための服務規律なので、秘密保持義務と同様、企業の事業目的の確保に必要な施策の一つです。ただ、退職者の転職の自由（職業選択の自由）と両立しない場面（抵触する場面）が出てくる特徴があるので、制度上では、あらかじめそれを念頭において設計する、ということです。

2.退職後の競業避止義務の実効性を担保するための工夫
[1] 許可の判断を丁寧にする

競業規制は、使用者にとって営業の自由（憲法22条）の行使であり、法的には、使用者の人権と労働者（退職者）の人権とのぶつかり合いで、裁判所は、双方の利益（人権）を個別事案ごとに比較衡量して調整します。そこで、前記1.で例示した規定と裁判所が行う上記二つの人権の比較衡量を、運用者が同様に丁寧に、申請された事案について行い、許可するか否かを判断します。難しい判断ですが、競業を一律禁止にして裁判で争われて敗訴するより、よほどリスク管理になります。

また、申請が認められないまま競業他社で働いている退職者に対し、法的対応（差し止め請求権を根拠に仮処分申し立てをするか、本訴で損害賠償請求するか等）を検討する上で、比較衡量が本質的な検討内容となります。

その比較衡量は、裁判所が行うことと同じことをするのですが、

具体的な視点は次のとおりです。
①退職者の退職時点の役職、保持していた秘密の範囲・重要性
②退職者の退職時点の待遇、退職後の補償の有無（あるとしたら金額）
③転職先の役職、上記①の秘密と重なる範囲・重要性

　上記①～③を判断基準に、当該使用者の営業の自由と退職者の職業選択の自由との比較衡量を行います。ポイントは、自由競争は資本主義社会で当然許されるが、退職者がこの自由競争を超えた不正な競争をすれば制限される、ということです。不正な競争の典型は、当該使用者の秘密を使ってのものです。

　よって、当該使用者の秘密を使ってライバル会社が競業するときは、不正な競争となる可能性が高いといえます。しかも在職中に高待遇であったのにそのような行為をしては、裏切りの度合いが高まり不正性が強くなります。

[2] 秘密保持義務と一体にして構成する

　一見、秘密保持義務と競業避止義務は別のようですが、現実には、オーバーラップします。退職者は在職中取得した秘密（例えば、営業社員の顧客情報）をあたかも自分のノウハウのように錯覚し、その情報を保有していることをアピールして、より高い待遇を求めて同業他社に転職し、上記秘密を利用して競業行為をするパターンが多いといえます。実際、企業にとって最も脅威なのは、そのような退職者（転職者）です。

　したがって、こういった現実に直截に対応するには、秘密保持義務と競業避止義務を別のものとして考えるのではなく、重畳的に構成し、さらにメリハリをもたせた退職者対応をするのが、実践的といえます。

　具体的にどうするかというと、まずは秘密保持義務を中心に置きます。なぜなら、企業の大切な無形財産保全のためであり、誰も（裁

判官も)文句は言えないからです。そして、退職者の職業選択の自由と抵触する(調整が必要な)競業避止義務は秘密保持義務の担保、と位置づけます。

つまり、企業の大切な無形財産保全のために競業規制する、とします。例えば、秘密保持義務は「在職中はもちろん、退職後も負う」「会社の事業目的外に使用してはならない」と設計し、競業避止義務は「退職後1年以内に競業他社に就業しあるいは自ら競業を営むときは、事前に許可を得なければならない」(許可制)と設計した場合、競業他社に就業しあるいは自ら競業を営む行為には、在職中知り得た会社の機密情報を使用する競業行為と、それ以外(機密情報を使用しない)の競業行為があります。前者はまさに、在職中知り得た会社の秘密を守秘させるための担保としての意義があります。これは、後者に比べ、はるかに会社の主張が通りやすい、ということです。これを図で示すと、**図表1-2**のとおりです。

こうすれば、企業は、退職者の職業選択の自由に対し、いわば対等以上に主張ができます。その代わり、企業秘密保持の観点から無意味な競業規制はできないですが、それはやむを得ないと考えます。

さらには、秘密保持義務の中でも特に重要な部分を、退職時の誓

| 図表 | 1-2 | **秘密保持義務と競業避止義務を重畳的に構成する** |

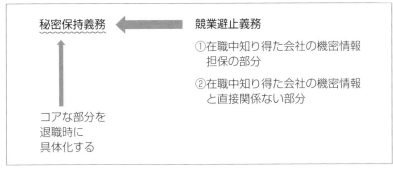

約書に記載します。前掲の例では、「貴殿が退職前3年間、営業部長の職務に従事していたことから、当社の取引先の担当者、取引構成、数量、トレンド等が特に重要な企業秘密となる」と明記しています。これによって、秘密保持義務の中でも特に重要な部分を、退職時の秘密保持義務のコアな部分として誓約させるのです。

なお、誓約書の提出を拒否したら、同内容の注意書を交付すればよいのです。参考までに、注意書のひな型（49ページの**書式1-3**）を掲載しておきます。

以上、三重に重畳的に構成することで、これに違反した場合、

- 秘密保持義務に対応する債権を被保全債権とする差し止め請求を、仮処分申し立てにより行い、
- 損害賠償請求をし、
- 転職先には、退職者の上記義務違反を通知することにより、以降は転職先も悪意がある（知っている）とし、しばらく時間を経過して同じことがなされれば、転職先と退職者との共同不法行為（民法719条）、併せて退職者には債務不履行（秘密保持義務違反）の請求を根拠に、損害賠償請求する、

ということが容易になります。

筆者は、企業が長期にわたって繁栄するためには、秘密の厳格管理と断固たる対応が不可欠と考えます。とはいえ、不正競争防止法は保護要件が厳格なので使いづらく、労働契約上でいろいろと工夫が必要です。上記を参考にしてみてください。

同僚の引き抜きへの対応

退職者が、当社に在職していたときの同僚にアプローチをして引き抜こうとしています。何か打つ手はないでしょうか。

 引き抜き行為は職業選択の自由等を根拠に正当化できるものではないので、打つ手はあります。それは、引き抜き行為をしないことを在職中および退職後の義務とし、かつ実際に引き抜きをされたときは、その際の情報をできるだけ多く取得することです。その内容によっては、差し止め、損害賠償請求等の法的対応が可能です。

解説

1.問題の所在

在職中にしても退職後にしても、他の従業員を引き抜く行為は、自身の職業選択の自由の範囲ではありません。なぜなら、職業選択の自由とは、自身の職業を選択する自由であって、他の従業員を引き抜く自由は入っていないからです。

よって、在職中にしても退職後にしても、当該企業の（他の）従業員を引き抜く行為は、当該企業の事業に大きな影響を与える結果になるのであれば、業務阻害行為となり、不法行為（民法709条）が成立し得ます。

さらに、引き抜き行為の不可について、在職中ないし退職後の義務として明記しておけば、債務不履行（民法415条）となるので、現在進行形で引き抜きをしていれば、差し止めの仮処分申し立ても可能ですし、後に損害賠償請求するときも、不法行為の成立よりも緩やかに債務不履行が認定されるので、法的手段を実行するのが容易になるメリットがあります。

2.対応その①——規程・誓約書に禁止を明記

したがって、筆者は、企業防衛の観点から、在職中はもちろん退職後においても、「当該企業の従業員を引き抜くことを禁止する」という条項を就業規則に入れることで、労働契約（在職中）ないしそれが終了しても無名契約（特約）にて債務を負わすことを、お勧めします。

その場合、退職時の誓約書にも、同内容のものを入れておくとよいでしょう。

3.対応その②——運用上の転職情報提供との区別

あからさまな引き抜きがあり証拠をもって立証できれば、対応は容易ですが、現実ははっきりしないケースが多いでしょう。例えば、巧妙に自らは動かず、自分は転職情報を提供しただけで「引き抜き」はしていない、と反論されるようなケースなどです。

ただ、その場合であっても、①1人だけではなく、複数の従業員が、②ほぼ同じ時期に、③同じ会社に転職した、さらには、④その時期を前後して、転職した従業員が会社で従事していた仕事（売上）がなくなり、⑤その転職先のライバル会社に仕事（売上）が移ったようだ、となると、「転職情報を提供しただけ」という反論は、まったく信用されなくなります。

つまり、運用上引き抜きを疑うケースが起きたときは、上記①〜⑤のような関連する重要な事実を収集しておくことが有効です。

退職者の情報管理

退職者の転職先から照会があった場合、どこまで答えてよいでしょうか。

 退職者の在職中の事項はプライバシー権で保護されるので、注意してください。転職先は、労基法22条（退職時等の証明）と採用時の提出書類の指定を通じて、ある程度の情報は取得が可能です。非公式の照会に対し、答える必要はありません。

解説

1.退職者の勤務状況等の情報は、プライバシー情報であること

照会対象となる退職者の勤務状況等の情報は、使用者と退職者の間の労働契約の中で発生した情報であり、退職者のプライバシー情報になります。したがって、それについて、第三者である転職先から照会を求められても、退職者のプライバシー情報といえる内容につき、退職者の同意なしに回答することはできません。退職者のプライバシー情報とまでいえない外形的事実に限って、回答する程度です。言うなれば、在職していたことと、退職したことくらいでしょうか。在職については期間、退職についても退職事由は、外形的事実とは言いにくく、回答するのは危険です。つまり、退職者からプライバシー侵害を主張され、損害賠償請求（民法415条、709条）されるリスクを抱えることになります。

2.転職先には、労基法22条を使った確認方法があること

転職先に対し上記1.程度の対応をしたとしても、特に問題となることはありません。なぜなら転職先は、労基法22条（退職時等の証明）を使って転職前の会社での情報を取得することが適法にできるのであって、わざわざ転職前の会社に非公式に確認することなどし

なくてもよいからです。この点、もう少し詳しく説明します。

まず、労基法22条の退職時等の証明とは、「労働者が、退職の場合において、使用期間、業務の種類、その事業における地位、賃金又は退職の事由（退職の事由が解雇の場合にあつては、その理由を含む。）について証明書を請求した場合においては、使用者は、遅滞なくこれを交付しなければならない」というものです。法の目的は、退職者の正当な権利を保護するものです。あくまで退職者が求めるもので、転職先が転職前の企業に直接求めるものではありません。

ただ、転職先は、転職を希望する労働者に対し、採用するか否かを判断するために、労基法22条の証明書を提出書類の一つとして指定できます。退職事由、解雇の場合は解雇の理由も証明してもらい、提出してもらいます。これによって、転職先は、わざわざ転職前の会社に非公式な照会をする必要なく、大切な情報を転職を希望する労働者を通じて取得できます。

もっとも、転職前の企業で何かあっても（例えば解雇）、その転職前の企業が円満解決のため、退職の仕方を辞職や合意退職と処理している可能性はあります。その場合は、正確な（本当の）情報は取得できませんが、それはそれでやむを得ないでしょう。あとは、提出された履歴書・職務記述書に記載されたアピールに誇張・虚偽がないかを、試用期間で慎重に見極めるのだと思います。

また、転職先は、転職を希望する労働者が（転職先が求める）退職時証明書を提出してこなければ、不採用とすればよいでしょう。そのような労働者を採用したら、先々問題が生じることも予想できるからです。

以上から、退職者の転職（候補）先から照会があった場合は、上記1.程度の答えをし、それ以上答える必要はありません。

書式

書式 1-1　入社時誓約書

秘密保持義務に関する誓約書（入社時）

　私は、貴社において業務上知り得る下記情報につき、在職中及び退職後においても、貴社の許可なく第三者に漏洩し、又は自己のために使用しないことを確約いたします。

　また、私は、下記情報が記録された書類、媒体の複製、持ち出し、廃棄、返還等について、貴社の規則、指示に従うことを確約いたします。

記

① 経営者及び株主に関する情報
② 経営戦略内容に関する情報（経営計画、目標、他社との業務提携に関する情報、将来の事業計画に関する情報等を含む）
③ 取引先顧客、元顧客に関する情報
④ 営業政策及び業界に関する情報（仕入れ価格、仕入れ先、マーケティング情報を含む）
⑤ 財務状況に関する情報
⑥ 人事、従業員に関する情報
⑦ 所属長等により機密情報として指定された情報
⑧ 子会社／関連会社に関する前各号の情報
⑨ 上記以外の情報で第三者に漏洩した場合、貴社、子会社／関連会社、又はこれらの役員・従業員に有形無形の損害が発生するおそれのある情報、並びに貴社の利益保護のために秘密としておく必要がある一切の事項

平成　年　月　日

○○株式会社　御中

氏　名　　　　㊞

解説

入社時に、秘密保持義務に関する誓約書を提出してもらいます。

提出しない場合は内定（採用）しないことで、誓約書の提出を担保します。よって、内定（採用）通知は、この誓約書が提出された後にするのがよいでしょう。

秘密保持以外にも遵守してもらいたい事項があれば、表題を単に「誓約書」と変え、それらの事項を加えるとよいでしょう。

書式 1-2　退職時誓約書

誓　約　書

私は、今般貴社を退社するに当たり、退職後も以下の各項を誓約・確認いたします。

1. 貴社の企業秘密その他業務上知り得た一切の情報を第三者に開示又は漏洩等することなく、秘密として保持すること。また、貴社の事業以外に（自己のために）使わないこと。特に、私が退職前3年間、営業部長の職務に従事していたことから、貴社の取引先の担当者、取引構成、数量、トレンド等が特に重要な企業秘密となることは確認しています。
2. 私が貴社における就業に関連して入手した貴社の企業秘密を含む一切の資料及びそのコピーを含む一切の複製物を、貴社に返還すること。
3. 貴社の信用・名誉を毀損し、又は悪影響を与える行為を一切行わないこと。
4. 万一、この誓約書に違反し又は在職中の法令若しくは社内規定に違反する行為によって貴社に損害を与えた場合には、貴社の被った損害の一切を賠償すること。
5. また、退職に際し、退職金規程に基づく退職金請求権、その他別途合意済みの請求権以外には、貴社に対し何らの請求権も有しないこと。

以　上

平成　　年　　月　　日

○○株式会社　御中

住　所
氏　名　　　　　　㊞

解説

　退職時に、秘密保持に関する誓約書を提出してもらいます。提出しなくても就業規則ですでに義務化しているので、法的な差異は生じませんが、人事（労務）政策的には提出させたほうが確認になり、かつ牽制にもなります。就業規則に提出を義務づけておくと、この誓約書の提出をしないことは業務命令違反となり、損害賠償や提出を法的に強制できます。1項の「特に、……」以下は、仮処分申し立てをする際に円滑にできるようにするための工夫です。

書式1-3　退職時注意書

平成○○年○月○日

××××殿

○○○○株式会社
代表取締役　△△△△

注　意　書

　当社は、貴殿に対し、今般貴殿が当社を退職するに当たり、次の事項を遵守するよう、注意します。

1. 当社の企業秘密その他業務上知り得た一切の情報を第三者に開示又は漏洩等することなく、秘密として保持すること。また、当社の事業以外に（自己のために）使用しないこと。特に、貴殿が退職前3年間、営業部長の職務に従事していたことから、当社の取引先の担当者、取引構成、数量、トレンド等が特に重要な企業秘密となります。
2. 貴殿が当社における就業に関連して入手した当社の企業秘密を含む一切の資料及びそのコピーを含む一切の複製物を、当社に返還すること。
3. 当社の信用・名誉を毀損し、又は悪影響を与える行為を一切行わないこと。

4.万一、この注意書に違反し又は在職中の法令若しくは社内規定に違反する行為によって当社に損害を与えた場合には、当社の被った損害の一切を賠償することになります。

以　上

解説

退職時に**書式1-2**を提出しない退職者に対し、同じ内容の注意書を通知します。これによって、就業規則に定める退職後の秘密保持義務の履行を強く促します。違反したときの違法性の程度が高まり、差し止めや損害賠償請求等の有力な証拠として使うことができます。

第2章
自主退職
（辞職・合意退職）

1 辞職

　辞職とは、労働者からの労働契約の一方的解約です。労働基準法（以下、労基法）は辞職について何ら規制せず、したがって期間の定めのない労働契約の場合は、民法の原則どおり、理由のいかんを問わず（辞職の自由）、申し入れから２週間経過時点で労働契約は終了（退職）します（民法627条１項）。

　ただ、今日よく問題となるのは、就業規則あるいは個別の労働契約で、辞職申し出の予告期間を１カ月や２カ月といった民法の規定以上の長期間とすることが有効かどうかです。

　民法の上記規定は任意規定と解するのが現在の通説（昔は強行規定とする学説や下級審判例がありました）ですので、期間の定めのない労働契約において予告期間をどのくらいとするかは、契約自由の原則の問題です。もっとも、就業規則に定める場合は合理性がないと個々の労働契約への拘束力は否定される（**電電公社帯広局事件　最高裁一小　昭61.3.13判決　労判470号６頁**ほか。労働契約法（以下、労契法）７条）ので、民法の規定を超える予告期間の設定にも合理性が求められます。多くの企業の就業規則に見られる１カ月程度の予告期間には、合理性を否定すべき理由はないでしょう。最近は、幹部社員の辞職申し出の予告期間を２カ月、３カ月とする例もありますが、この定めの有効性も上記合理性の有無によって判断されます。

2 合意退職

　合意退職は、労働者と使用者が労働契約を合意によって将来に向け解消するものです（継続的契約の合意解約の一つ）。お互いの自由意思で合意するので、その合意内容に従って労働契約が解消されます。

　この合意退職を応用したものに、早期退職制度、希望退職の募集

がありますが、これらについては第3章で詳しく説明します。

3 辞職と合意退職の区別

ある労働者の退職の意思表示が、辞職なのか合意解約の申し込みなのか、はっきりしない場合があります。実益は、前者（辞職）なら2週間（就業規則で別段の定めがあればそれによる）で退職の効果が生じ（民法627条1項）、後者（合意解約の申し込み）なら企業の承諾の意思表示がない限り退職の効果は生じず、かつ承諾の意思表示があるまで労働者は撤回ができます。

下級審判例では、どちらの意思表示かはっきりしない場合、労働者の退職の意思表示を慎重に認定する観点から、後者（合意解約の申し込み）とするものが多く見られます。

図表2-1に、辞職と合意退職の相違を整理しました。

4 撤回可能な時期と退職の意思表示の有効要件

辞職では、使用者にその意思表示（退職届）が到達するまでは、労働者は撤回が可能です。したがって、もし、労働者からの自由な撤回を封じたいのであれば、使用者は、退職届の提出を受けたら、直ちに人事権者が受領（到達）する必要があります。具体的には、

図表 2-1 辞職と合意退職の相違の整理

区分(使用書式)	法的性格	退職の効果発生時期	労働者の撤回の可否
辞　職 （退職届）	労働者の単独行為	使用者に到達後2週間後の日	使用者（の人事権者）に到達するまでは可能
合意退職 （退職願）	契約	使用者の承諾後、双方で合意した日	使用者（の人事権者）が承諾の意思表示をするまでは可能

直属の上司が退職届の提出を受けたら、すぐに人事部長（人事権者＝受理権者）に送って人事部で保管するようにします。直属の上司の机の中に入ったままでは、労働者はいつまでも自由に撤回ができてしまいます。

　一方、合意退職では、労働者の退職の申し込み（退職願）に対し使用者が承諾して初めて成立するので、退職願の提出をされた使用者は、もし、労働者が自由に撤回できることを封じるのであれば、承諾の意思表示を労働者に明確に伝える必要があります。裁判例（**学校法人白頭学院事件　大阪地裁　平 9.8.29 判決　労判725号40頁、山崎保育園事件　大阪地裁　平元.3.3 決定　労判536号41頁、岡山電気軌道事件　岡山地裁　昭63.12.12決定　労判533号68頁等**）は、使用者が承諾するまでは、使用者に不測の損害を与えるなど信義則に反するといった特段の事情が存しない限り、労働者の退職願（合意解約の申し込み）の撤回を認めているので、承諾の意思表示を明確に伝えることは、とても重要です。

　加えて、いずれも有効な意思表示がされていることが、退職の効果が生じる有効要件となります。

■就業規則の辞職の規定例

> （退職）
> 第○条　社員が次の各号の一に該当するときは、退職とする。
> 　①辞職するとき
> 　〈②以下は、省略〉
> （辞職）
> 第○条　社員は、辞職するときは、退職日の14日前までに所定の退職届を所属長（受理先）に提出し、退職日まで指示された仕事をしなければならない。
> 2　前項の期間経過により、社員は退職となる。

　上記規定例で、辞職の第2項は念のための記載です。前条と第1

項により、労働者による一方的退職、つまり辞職であることをはっきり規定するのです。

■就業規則の合意退職の規定例

> （退職）
> 第○条　社員が次の各号の一に該当するときは、退職とする。
> 　①退職を願い出て会社の承認を得た（合意解約する）とき
> 　〈②以下は、省略〉
> （合意退職）
> 第○条　社員が退職を希望するときは、退職日の1カ月前までに所定の退職願を提出し、会社の承諾を得なければならない。但し、会社が特に認めたときは、この限りではない。

　上記規定例のように、合意退職であることをはっきり規定します。
　ただその場合でも、労働者が「企業の承諾のいかんに関係なく、自分は退職する」と申し出たときは、いかに就業規則で労働者の意思による退職の原則的形態を合意退職と定めても、上記申し出は民法627条1項に基づく辞職として効力が生じます。つまり、就業規則で上記規定のように定めても、辞職を禁止する効果まではないのです。

5 退職強要の紛争

　退職勧奨に応じるか否かは被勧奨者の自由意思に委ねられるべきなので、その自由な意思決定に対し不当な心理的圧力を加えて退職を強制したり、あるいは退職を拒否する被勧奨者に対し合理的理由に乏しい不利益を与えるなどの形で退職勧奨が行われることは許されません。もし、退職勧奨が強要であるとして不法行為が成立すれば、損害賠償請求（民法709条）がされるとともに、退職の意思表示も強迫によるもので取り消されます（同法96条1項）。

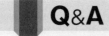

退職の意思表示の方法・主体

退職の意思表示は口頭、メール、代筆でも可能ですか。配偶者からの退職の申し出も有効でしょうか。

A 所定の自主退職の方法と異なる意思表示の仕方では、明確な退職の意思表示があったと見なされない可能性がありますので、慎重にしてください。
退職の意思表示の主体については、代理・代行は法的にはあり得ますが、慎重に考えると、やはり本人の意思を直接確認するほうが安全です。

1. 口頭、メール、代筆による退職の意思表示は有効か

辞職にしても合意退職にしても、労働者からの退職の意思表示が有効である必要があります。有効とは、瑕疵（キズ）も錯誤（思い違い）もない意思決定の結果、退職を決めた（選択した）といえることです。このようにいえるのであれば、その伝達手段は口頭でもメールでも、代筆でも可能です。

ただ、多くの企業では、自社の従業員が自主退職するときは、所定の退職届（辞職の場合）、退職願（合意退職の場合）を用意し、それを使わせています。この場合、裁判所などからは、原則として所定の退職届ないし退職願の提出をもって明確な退職の意思表示と判断し、その他の伝達手段（口頭、メール）によるものは、いまだその意思表示とはいえないと判定されるでしょう。

もっともこの運用にはメリットがあり、所定の退職届ないし退職願の提出があれば、退職の意思は明確になり、その受理・承諾によっ

て退職は確定するので、自主退職をめぐる労務管理の安定性が図れます。

　そうなると、所定の退職届ないし退職願以外では、原則として「退職の意思表示あり」とは認められなくなりますが、例外として、所定の退職届ないし退職願と同程度に退職の意思が明確なら、認めてもよいのではないかという理屈になります。ただ、認められるための「程度」となるとなかなか判断が難しく、例えばメールで1回「退職する予定だ」と送信しただけでは、認められないでしょう。個別のケース判断ですが、ある程度の期間にわたって退職の意思が一貫して明確に表れていて（例えば、1～2カ月の間に、退職する旨のメールが上司や人事権者（人事部長等）宛てに何度も送信されているとか、無断欠勤してかつ行方不明になり1カ月が経過するなど）、退職時期（何月何日に退職するのか）も明確であれば、認められる可能性があります。

　例えば、X月Y日に無断欠勤したので自宅に様子を見に行ったものの、家出してしまって所在不明であり、それが1カ月以上続いた、というケースなら、所在不明の無断欠勤は、継続勤務する意思のある労働者の行動ではないので、継続勤務の意思なし＝退職の意思ありの可能性があり、1カ月以上という長期によってその可能性が高められたといえます。よって、上記所在不明の無断欠勤の初日（X月Y日）をもって、退職の意思表示が黙示にされたとして処理してよいと考えます。

2.本人以外からの退職の意思表示は有効か

　退職の意思表示は、代理人でもできます（民法99条）。他方で、労基法24条1項（賃金を第三者が受領するのを禁止）のような規定（直接払いの原則）があるわけではありません。よって、本人以外からの退職の意思表示が禁止されているわけではなく、本人以外の

者が、本人からその意思表示をする代理権を授与されていれば、有効にできます。

ただ、退職するのにわざわざ代理人を立てる必要があるというのは、想定しにくいです。不動産売買等のような複雑な法律行為ではなく、「会社を辞める」と意思表示するのに、代理人が必要とは考えにくいからです。よって、理屈の上では可能（有効）ですが、本当に代理権（ないし表示の代行権）を授与されているか、疑義が生じます。

以上から、筆者のお勧めとしては、本人から直接、退職の意思を確認し、それを文書でしっかり取得するのが労務管理上安全です（文書には退職日が入っていないケースが時々あるので、この点もしっかり確認してください）。

 退職の意思表示が無効となるケース

退職に際し労働者に思い違いがあった場合、その効力はどうなるのでしょうか。

 錯誤によって無効となるかの問題であり、その場合、「動機部分に」錯誤があればそれが表示されて相手方に伝えられなければならず、かつ「要素に」錯誤がある場合で、重過失があってはなりません。ただ、その認定は、どの程度重要な労働条件に関するものかによって異なります。

解説

1.労働契約における有効な意思表示

労働契約は、労働者と使用者との合意によって成立し、その合意によって終了（合意退職）します。また、労働者の辞職によって終

了します。したがって、合意退職の場合は労使双方に、辞職の場合は労働者のほうに、退職することについての有効な意思表示（民法93～96条）がなければ、無効（同法93～95条）または取り消し（同法96条）となります。このように、有効な意思表示があることが、その効力発生に不可欠です。中でも、労働関係では類型的に使用者側が優位なので、労働者側の意思表示（合意退職の意思表示、辞職の意思表示）の有効性は慎重に判定されます。つまり、取引関係で想定される対等な契約当事者は、労働関係では想定されていないのです。

2.民法95条の錯誤とは

　質問の「労働者に思い違いがあった場合」とは、いわゆる錯誤（民法95条）の問題です。

　錯誤とは、「表示から推断される意思（表示上の効果意思）と真意（内心的効果意思）とが一致しない意思表示であって、その一致しないことを表意者自身が知らない」こと（我妻榮『新訂 民法総則（民法講義１）』295頁・岩波書店）です。真意の形成過程に思い違いがあったとしても、それは動機の錯誤であって、民法95条の錯誤には入りません（図表2-2）。

　例えば、転職したら今より高い賃金を得られると思って、退職す

| 図表 | 2-2 | 合意（意思表示）の構造

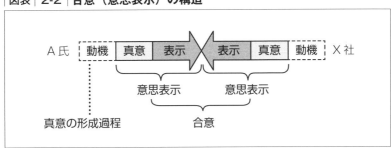

ることに合意したものの、よく確認したら、転職先では出来高給が中心の賃金体系になっていて、当然に今より高い賃金を得られるものではなかったことが判明したとします。この場合、労働契約を終了させることに合意する真意と表示（から推断される意思）に不一致はないため、錯誤はありません。退職（終了）に合意する真意の形成過程（動機の部分）に思い違いがあっただけであって、動機の錯誤にすぎません。

　ただ、判例は、動機の錯誤を民法95条の錯誤ではないとした上、動機が意思表示の内容として相手方に表示されたときは、民法95条の錯誤としています（**売買代金返還請求事件　最高裁二小　昭29.11.26判決　民集8巻11号2087頁、損害賠償請求事件　最高裁二小　昭45.5.29判決　判時598号55頁**）。先の例でいうと、合意退職するに当たり、転職先での高い賃金の取得を期待していること（退職の動機）を企業に伝えていれば、動機が意思表示の内容として相手方（使用者）に表示されたことになります。

3.「要素」の錯誤と重過失の不存在

　錯誤無効の主張は、「要素に」錯誤があるものでなければならず、他方、重過失があってはなりません（民法95条）。

　「要素の錯誤」とは、「因果関係」と「重要性」を備えた錯誤で、「因果関係」とは、その錯誤がなければ表意者は意思表示をしなかったであろうこと、「重要性」とは、錯誤がなければ意思表示をしないであろうことが通常人の基準からいって、もっともなほど重要な部分の錯誤、ということです。

　「重過失」とは、錯誤に陥ったことにつき、普通人に期待される注意を著しく欠いていることです。

4.労働契約への適用に当たって

　通常の取引契約で、錯誤無効の主張が認められることはまれです。なぜなら、錯誤無効は、相手方がこれを知らなくても無効の主張ができ、取引の安全を害することが甚だしいため、裁判所は認定に慎重だからです。

　ところが、労働契約では、前述したとおり、通常の取引契約のような「取引の安全保護」の要請は当てはまりません。むしろ、経済的弱者である労働者保護の観点から、表意者（労働者）保護に軸足を置いた認定となります。

　そこで、労働者のその「思い違い」が重要な労働条件に関わるか否かによっても、結論を異にすると思われます。

　例えば、福利厚生等の労働条件に関する「思い違い」では、「要素」の錯誤の認定は慎重にされると思われます。逆に、賃金等生活に関わる重要な労働条件に関する「思い違い」では、動機の面であっても、それは黙示に表示されて意思表示の内容となったと認定され、かつ「要素」に錯誤があるとされる余地が多いでしょう。

　ただ、重要な労働条件であっても、労働者全員から変更の合意を取ったケースでは、「重過失」を認定され錯誤無効が認められない可能性が高いと思われます。

　前掲の例でいうと、高い賃金の取得可能性は、賃金という重要な労働条件に関する「思い違い」ですので、「要素の錯誤」となるかもしれませんが、それだけに労働者は普通はよく確認していたはずで、出来高給中心なのに当然に今より高い賃金を得られると「思い違い」をするのは、普通人に期待される注意を著しく欠いているので、「重過失」ありとして錯誤無効の主張は認められないでしょう。

Q3 自主退職（辞職・合意退職）の設計

会社が、退職者から退職願を一定期間前までに提出させ「会社の承認がなければ退退職できない」とする就業規則の定めは、問題でしょうか。

A この合意退職の設計は有効ですが、それによって退職しようとする従業員が辞職ができなくなるわけではないので、それを理解して退職に関する労務管理を行うことが大切です。

解説

1. 質問の設計は合意退職であること

従業員からの退職願の提出と「会社の承認」を退職の要件としているので、この就業規則の設計は、合意退職です。その際、一定期間前に退職願を提出させることで、引き継ぎ等、業務に支障が生じるのを回避するものです。

この「一定期間前」を、多くの就業規則で見るような「1カ月前」とする定めは、別段、合理性がないとはいえないので、労契法7条（「労働者及び使用者が労働契約を締結する場合において、使用者が合理的な労働条件が定められている就業規則を労働者に周知させていた場合には、労働契約の内容は、その就業規則で定める労働条件によるものとする」）により、有効となる（個々の労働契約の内容となる）でしょう。

2. 上記1.は、労働者の辞職を妨げないこと

労働者の自主退職の方法（類型）には、「辞職」と「合意退職」の二つがあります。前者は単独行為で、労働者の一方的意思表示で実現できます。後者は契約で、労働契約の相手方である使用者の承諾が必要です（53ページの**図表2-1**）。そして、就業規則の設計として、労働者からの自主退職の方法の基本型を「合意退職」と定めても、

これによって労働者が「辞職」できなくなるわけではありません。

したがって、当該会社の従業員（労働者）は、「辞職」することは可能です（ただし第１章で述べたとおり、有期労働契約では「やむを得ない事由」がないとできません）。

つまり、労働者は、就業規則に基づくのではなく民法627条１項に基づいて、２週間の予告期間を置いて辞職ができるのです。

ここで、民法は任意規定なので、就業規則、つまり労使自治（＝私的自治）において、労働者からの自主退職の方法として合意退職を選択したのだから、辞職はできないのではないか、という主張がされるかもしれません。しかし、就業規則、つまり労使自治の合理的解釈として、そこまでの選択をしたとは解釈されないでしょう。なぜなら、もしそういう選択をしたとなると、使用者のほうは解雇権という単独で労働契約から離脱する方法を有しているのに、労働者のほうは単独で労働契約から離脱する方法を有しないことになるからです。現行労働法の精神（労使の実質的対等の実現）からして、到底取り得ない解釈です。

以上から、現実にはどういうことになるかというと、例えば、辞めてもらいたくない従業員から退職願が提出されたが、承諾せずに２～３カ月そのままにして辞められない状態にしたところ、当該労働者がしびれを切らして退職届を提出し、２週間後に退職する旨（辞職の）意思表示したら、その退職届どおり退職の効力が発生する、ということです。あるいは、会社経費の使い込みが発覚したところ、被疑従業員から退職願が出てきたが調査中なので放置していたら、あらためて被疑従業員から２週間後に退職する旨の退職届（辞職の意思表示）が出されれば、そのとおり退職の効力が発生し、退職日以降は労働関係がないので懲戒解雇はできなくなる、ということです（このようなケースについては、「Q5懲戒処分前の退職申し出への対応」も併せて参照ください）。

退職願や退職届の撤回

退職者から、退職願や退職届の撤回がされました。使用者は、これを認めなければならないのでしょうか。

 自主退職（辞職・合意退職）の効力発生前であれば、退職者はこれを自由に撤回できますが、発生後なら撤回できず、撤回するには使用者の同意が必要となります。なお、使用者には撤回を認める義務はありません。

解説

1.退職願や退職届の撤回の法的意味

本章総論で述べたとおり、労働者から自主的に退職する際に使用される書式として、「退職願」と「退職届」があります。退職願は通常、「私は、……〇年〇月〇日に退職いたしたく存じますので、ご承諾のほど、宜しくお願い申し上げます」と、退職の時期と退職の意思表示、使用者の承認を求める文言の3点が内容となります（79ページの書式2-2）。一方、退職届のほうは、「私は、……〇年〇月〇日限り退職しますので、その旨本書をもって届出いたします」と、退職の時期と退職の意思表示の2点が内容となります（78ページの書式2-1）。退職の意思表示について「退職します」と言い切り、使用者の承認を求めていない（単独行為）点が、一番大きな相違です（企業によっては表題と内容が矛盾していたりするので、自社の書式をご確認ください）。

2.撤回の可否

本章総論で述べたとおり、退職願（合意退職の申し込み）は、使用者の承諾の意思表示があるまでは、労働者は原則、撤回が可能です。退職届（辞職）のほうは、単独行為たる退職の意思表示が使用者（の人事権者）に到達するまでは、労働者は撤回が可能です。

では、使用者は、従業員が自主退職の意思表示（退職願＝合意退職では退職の申し込み、退職届＝辞職では単独行為である退職の意思表示）を撤回してきたとき、どのような対応をすればよいでしょうか。

まず、前述のとおり従業員（労働者）が撤回可能な時期であれば、使用者は撤回を「認める」も何も、従業員は単独で撤回ができます。使用者の同意は不要です。つまり、退職願（合意退職）なら、使用者が承諾の意思表示をする（正確には、承諾の意思表示が従業員に到達する）までは従業員は自由に撤回ができ、使用者の同意は不要です。退職届（辞職）なら、使用者がこれを受理する（人事権者が退職届の提出を受ける）ときまでは、従業員は自由に撤回ができ、使用者の同意は不要です。

他方、従業員の（単独での）撤回可能時期を過ぎたら、従業員は、上記のような単独での撤回はできませんが、使用者の同意を得れば撤回が可能です。これは、私的自治（労使自治）からの結論です。例えば、退職願（合意退職）なら、使用者が承諾の意思表示をした後（合意退職成立後）に従業員から撤回を求められたとき、使用者としては同意する義務はありませんが、反対に同意するのも自由であり、撤回に同意すれば合意退職はなかったことになります。退職届（辞職）なら、使用者がこれを受理時以降（単独行為成立後）に従業員から撤回を求められたとき、使用者としては撤回を認める義務などありませんが、同意するのも自由なので、これに同意すれば単独行為たる辞職の意思表示はなかったことになります。

このように、合意退職（退職願）にしても辞職（退職届）にしても、いったん成立した後の撤回は、使用者の同意がない限りできませんが、さりとて使用者が同意することは自由であり、同意すれば自主退職はなかったことになります。

懲戒処分前の退職申し出への対応

通勤交通費や交際費の不正取得が発覚した従業員から、退職の申し出がありました。調査は始まったばかりですが、長期間にわたって不正に取得している様子です。どう考えても懲戒処分は避けられない事案ですが、この退職の申し出に対し、どのように対応すればよいでしょうか。

 従業員が退職すると労働関係がなくなり、懲戒処分はできないので、その点を念頭に対応を考えます。つまり、懲戒解雇（諭旨解雇）までするのかどうかをできるだけ早く見通した上で、退職前に処分するのがよいのか、当人の退職に任せるのかを見極めてください。

解説

1.退職時期と懲戒権の関係

懲戒権は、労働関係にある労働者に対し使用者が行使するものなので、労働契約が終了したら使用者は懲戒権を行使できません。つまり、懲戒権を行使しても無効ということです。例えば、7月末日に退職した労働者に対し、8月になって懲戒処分をしても、無効です。

このように懲戒権の行使は、在職（労働関係）を前提としていますので、退職時期をしっかり把握することは、大切な労務管理となります。

2.懲戒処分前の退職申し出への対応

非違行為の発覚後、その行為者より自主退職（合意退職・辞職）の申し出がされた場合、使用者はどう対応するのがよいでしょうか。非違行為の程度別に説明します。

[1] 軽微か中程度の非違行為の場合

　軽微か中程度の非違行為の場合、懲戒処分は譴責(けんせき)、減給、出勤停止、降格のいずれかとなり、懲戒解雇や諭旨解雇は選択しないのではないかと考えます。譴責、減給、出勤停止、降格といった処分は、今後、労働契約を続ける中で改善を求める教育的意味合いが強いものです。したがって、退職する労働者にこれらの処分をしても意味がありません。よって、非違行為をした従業員が自主退職（合意退職・辞職）を申し出てきた場合は、上記懲戒処分を退職日前に急いでする意味はありません。

　そればかりか、もし使用者が、当該非違行為は重度の非違行為ではないが、できれば当該従業員には自主的に退職してもらいたいと考えたとします。その場合に上記懲戒処分をすると、退職しようと思っていた非違行為者は、会社が改善の機会（チャンス）をくれたのだと勘違いして、退職を思いとどまってしまうということになりかねません（筆者は現実に、そういうケースを幾つも見ています）。

　したがって、軽微か中程度の非違行為の場合、その非違行為者が退職の意思を固めているときは、懲戒処分を急ぐのではなく、逆にゆっくりと調査・審議を進め、退職願・退職届が先に提出されるようコントロールするのがよいでしょう。その場合でも、非違行為へのけじめをどうしてもつけたいというなら、退職願・退職届の提出時に非違行為への反省文を書かせ、それをその退職願・退職届に添付して提出させます。その中で、退職願・退職届の退職理由には、「別紙反省文のとおりであり、その責任から退職します」と書かせれば（78ページの**書式2-1**、79ページの**書式2-2**の本文を少し修正します）、形式は自主退職（合意退職・辞職）ですが、実質は引責辞職となり、一定のけじめをつけたことになります。他の自主退職の場合とも、区別がつきます。

[2] 重度・重大な非違行為の場合

重度・重大な非違行為の場合でも、何が何でもけじめをつけたいというなら、非違行為者の自主退職予定日と時間的競争をしなければなりません。

退職願に対し承諾しない、退職届に対し受理しない、という対応をして時間を稼いでも、従業員から「では、私は民法627条の辞職の意思表示を、ここで人事部長にいたします。よって、初日不算入なので、明日から2週間で退職となります」と宣言されれば、やはり時間との競争となります。したがって、例えば懲戒委員会での審議を必須としたりするなど懲戒手続きを厳格にしていると、間に合いません。

他方、何が何でも懲戒解雇(ないし諭旨解雇)でけじめをつけたいということでなければ、前記 **[1]** の後半で述べたのと同様、自主退職に反省文の添付で対応することを考えてもよいでしょう。

使用者は退職者が申し出た退職日を変更することができるか

不正行為の有無の調査や業務引き継ぎのため、会社は退職者が申し出た退職日の変更を命じてもよいでしょうか。

自主退職の申し出がされている段階では、別の日とするよう説得、あるいは承諾しない、受理しないという対応ができますが、従業員から正式に辞職を申し出られると、それ以上のコントロールは困難です。

解説

これまでの復習もかねて説明します。

自主退職の申し出(合意退職の申し込み、辞職の意思表示)がされた後、不正行為の調査や業務引き継ぎが、当該従業員が申し出た

退職日までには到底間に合わないとき、どうするかです。この場合、次のように時期（段階）に応じて考えます。

　まず、合意退職の申し込み（退職願の提出）あるいは辞職の意思表示（退職届の提出）がされた時点で、退職日までには不正行為の調査ないし業務引き継ぎが間に合わないと予想されるなら、退職者に対し、退職日をもう少し後の日に変更するよう、説得します。退職者がこれに応じてくれればよいのですが、応じてくれなければ、合意退職の申し込みの場合は承諾しないという対応が可能です。

　ただ、この対応を取っても、本人があらためて「辞職の意思表示をします」と言ってくれば、一定の予告期間（民法の２週間、または就業規則・個別の労働契約でそれより長く定めていれば、その期間。以下同じ）後に、退職の効力が発生します。

　他方、辞職の意思表示では、受理しないという対応が考えられます。すると本人から、合意退職の場合と同様に「では、人事部長にこの場で以下お伝えする」と言って辞職の意思表示をあらためてされれば、その時点でその意思表示は使用者（の人事権者）に到達したことになり、一定の予告期間後に退職の効力が発生します。

　合意退職や辞職が成立後の段階で、不正行為の調査ないし業務引き継ぎが間に合わないことが予想されたとしても、使用者が一方的に「退職日の変更」を命じることはできません。退職日の変更には、当該従業員の同意が必要です。

退職勧奨の限界

当社には勤務態度不良・成績不振により退職してもらいたい従業員が2名いるのですが、解雇理由がしっかり積み上がっていないので、何とか退職勧奨して自主退職を促したいと思います。退職勧奨は、どこまで許されますか。

 従業員の自由な意思決定を阻害するか否かが境界線です。

解説

1.退職勧奨の法的位置づけ

　退職勧奨とは、従業員からの自主退職の申し出（合意退職の申し込み、辞職の意思表示）を引き出すための、使用者からの働き掛けです。従業員から自由意思として退職する旨の意思表示を引き出すためのものなので、その従業員の自由な意思決定を傷つけるような働き掛けは、問題となります。そのような働き掛け、つまり退職を強要すると、それ自体が不法行為（民法709条）となりますし、それに基づいた退職の意思表示も、強迫を理由に取り消されることになります（民法96条1項）。

2.退職勧奨の限界

　退職勧奨の限界を判示した有名な判例は、**下関商業高校事件**（最高裁一小　昭55.7.10判決　労判345号20頁）です。ただ、この判例では最高裁判所は原審広島高裁（昭52.1.24判決）の結論を支持しているだけで自ら語っていませんので、代わりに、最高裁が支持した広島高裁の判示箇所を紹介します。

　それによると、退職勧奨とはどういうものかについて、「退職勧奨は、任命権者がその人事権に基き、雇傭関係ある者に対し、自発的な退職意思の形成を慫慂するためになす説得等の行為であって、

法律に根拠をもつ行政行為ではなく、単なる事実行為である。従って被勧奨者は何らの拘束なしに自由にその意思を決定しうることはいうまでもない」と判示しています。要は、使用者は従業員の自由な意思決定を阻害してはいけないといっており、そこが退職勧奨の境界線です。

さらに、同高裁判決で事実認定後の評価を見ると、この境界線を具体的にどう考えているのかが分かります。「……との不安感を与え心理的圧迫を加えたものであって許されない」「……総合して考えると、被控訴人らが本件退職勧奨によりその精神的自由を侵害され、また受忍の限度を越えて名誉感情を傷つけられ、さらには家庭生活を乱されるなど相当の精神的苦痛を受けた」と判示しています。

こういった評価をされるような勧奨行為は、許される限界を超え、違法になるということです。

わが国では、企業が従業員に退職してもらいたいと考えるとき、解雇するのではリスクが高いので、リスクの低い自主退職という手段を使います。その際、退職勧奨をすることが多いのですが、上記のとおり、限界を超えると自主退職が無効になりますので、くれぐれもご注意ください。

3.実務上の留意点

ちなみに、筆者が顧問先に助言する退職勧奨の主な留意点は、次のようなものです。

- 退職勧奨のための面談を何度も行わない
- もし複数回面談する場合は、それぞれの目的を変え（例えば、1回目はパフォーマンス不足の指摘の面談、2回目は退職の条件を説明する面談、3回目は被勧奨者の質問に答える面談、というように）、同じ目的のために繰り返し面談した、という事実を作らない
- 面談は、1対1を避け、2（使用者側）対1とする。そして、使

用者側2名のうち1名は、書記役兼監視役（使用者側の退職勧奨をする者に対する監視）とする
- 面談では、労働者は録音をしていると思って退職勧奨をする（あらかじめ確認しても、労働者は本当のことを言わない）
- 面談の間隔は、1週間に2回程度とする。そして、メリハリをきかせるため、会社の真剣さ、事態の深刻さがはっきり伝わるように、最後のほうは、面談と面談の間は自宅待機とする
- 合意に達したら文書化し、必ず包括的な清算条項を入れる（例えば、「甲と乙は、本合意書に定める他、乙の退職後の守秘義務等乙が退職後も負うべきこととされる義務を除き、甲乙間において何らの債権債務が存在しないことを、相互に確認する」など）

留学費用の返還の可否

留学後短期間で退職する者に、留学費用の返還を求めることはできますか。

留学の業務性（＝留学費用の業務費用性）の強弱で判断が分かれます。具体的には、留学制度の目的、留学が労働者の自由意思かどうか、業務との関連性などから判断されます。

解説

1. 返還約定の問題点

使用者が費用を出して労働者に海外留学や技能習得をさせる場合、労働者に留学の費用を貸与する形式を取り、留学後一定期間勤続の場合はその返還を免除する契約を整える例が多く見られます。このような契約は、一定期間勤務する約定についての違約金の定めとして、賠償予定の禁止（労基法16条）に違反しないかが問題となります。

2.適法性の判断要素

この約定は、本来本人が費用を負担すべき自主的な留学について使用者がその費用を貸与し、留学後一定期間勤務すればその返還債務を免除する、という実質のものであれば、賠償予定の禁止に違反しません。

これに対し、使用者が自企業における能力開発の一環として業務命令で修学や研修をさせ、留学後の労働者を自企業に確保するために一定期間の勤務を約束させる（そして、その違約金を定める）という実質のものであれば、賠償予定の禁止に違反することになります。

つまり、留学や技能習得に業務性があれば、その費用も業務費用なので、それを労働者に負担させるのはおかしい、という視点です。

この実質（業務か否か）の判断に当たっての重要な要素は、
①留学制度の目的
②留学が労働者の自由意思か
③留学先の大学・学部等の選択が労働者の自由意思か
④留学先での科目の選択も労働者の自由意思か、選択した科目に業務との関連性があるか
⑤留学中に義務づけられた報告と業務との関連性
等です（**図表2-3**）。

以下、留学費用の返還が肯定された裁判例、否定された裁判例を具体的に挙げます。

3.判断の具体例

[1] 返還が肯定された例

- 長谷工コーポレーション事件（東京地裁　平9.5.26判決　労判717号14頁）

 本件留学制度は大所高所から人材を育成しようというもの（①）で、留学は労働者の自由意思（②）であり、留学先大学院や学部

図表 | 2-3 | 留学費用返還の適法性の判断要素

判断要素	肯定される要素	否定される要素
①留学制度の目的	・大所高所から人材育成しようというもの ・将来の人材育成の範囲を出ず、業務との関連性は抽象的・間接的	・能力開発の一環である
②労働者の自由意思によるものか	・労働者の自由意思によるもの ・業務命令であっても実態は労働者の意向による部分が多い	・業務命令である
③留学先の大学・学部等の選択が労働者の自由意思によるものか	・労働者の自由意思によるもの	・応募は自発的なものであっても、留学は派遣命令の形であり、専攻も会社業務に関連あるものとされている
④科目の選択が労働者の自由意思によるものか、業務との関連性があるか	・選択科目が直接業務に役立つものではない ・留学中の生活については労働者の自由	・海外での業務遂行能力を向上させるものである
⑤留学中の報告義務と業務との関連性	・研修の予定・状況についての簡単な報告書の提出までしか課されていない	・研修期間中に当該企業の業務にも従事していた ・留学期間中の待遇も勤務している場合に準じている

の選択も労働者の自由意思（③）であること、選択した科目も担当業務に直接役立つわけではない（④）から、留学は業務とは見られず、その費用の返還は、労基法16条の適用の問題ではない。

- **野村證券（留学費用返還請求）事件**（東京地裁　平14.4.16判決　労判827号40頁）

留学は業務命令の形であっても、実態は労働者の意向による部分が大きく（②）、留学先の選定は労働者の強い意向により（③）、留学先での科目の選択や留学中の生活についても労働者の自由に任されていること（④）、会社の留学生選定はあくまで将来の人

材育成の範囲を出ず、業務との関連性は抽象的、間接的であること（①）から、留学は業務とは見られず、その費用の返還は、労基法16条の適用の問題ではない。

- 明治生命保険（留学費用返還請求）事件（東京地裁　平16.1.26判決　労判872号46頁）

  本件留学制度への応募は労働者の自由意思に委ねられており（②）、留学先大学は一定範囲に制限されるが、その中から労働者が自由に選択でき、現に選択したこと（③）、留学先での科目選択も自由であり、また、研修予定・研修状況等についての簡単な報告書の提出のほか業務に直接関連性のある課題や報告を課せられていないこと、MBA資格も担当職務に必要なものではないこと（④、⑤）から、留学は業務とは見られず、その費用の返還は、労基法16条の適用の問題ではない。

[2] 返還が否定された例

- 富士重工業（研修費用返還請求）事件（東京地裁　平10.3.17判決　労判734号15頁）

  労働者は自由意思で応募したが（②）、本件研修は、当該企業の関連企業で業務に従事することでその業務に役立つ語学力や海外での業務遂行能力を向上させるもので（③、④）、研修期間中に当該企業の業務にも従事していた（⑤）から、この派遣費用は業務遂行のための費用であり、その返還は労基法16条の違約金の定めに当たり、違法無効である。

- 新日本証券事件（東京地裁　平10.9.25判決　労判746号7頁）

  応募自体は労働者の自発的な意思に委ねられていたが（②）、いったん留学が決定すれば、海外に留学派遣を命じ、会社の業務に関連のある学科を専攻するよう定め（③、④）、留学期間中の待遇も勤務している場合に準じている（⑤）から、派遣費用は業

務遂行のための費用であり、その返還は労基法16条の違約金の定めに当たり、違法無効である。

従業員の突然の退職への対応

従業員の突然の退職について、損害賠償を請求することはできますか。

 可能ですが、損害の立証が必要です。その立証ができるかも見極めてください。

解説

1.突然の退職の事態は、どのようなときに発生するか

　従業員が突然退職する、という事態は、合意退職では発生しません。使用者は、労働者からの「突然の退職」の申し込みに対し、承諾しなければよいからです。一方、辞職の場合は、予告期間が民法では２週間、就業規則でそれより長い期間を定めればその期間が経過したら、退職となります。

　よって、「突然の退職」というものは、辞職、つまり労働者から単独行為として「退職する」と言ってきた際、必要な予告期間を無視して退職日を設定し出社しなくなった、あるいは予告期間を置いて退職日を設定したが、辞職の意思表示をした翌日から欠勤した、という場合です。前者は、設定した退職日は無効となり、必要な予告期間後の日が退職日となります。したがって、その間の出社しなかった状態は、無断欠勤という債務不履行（民法415条）になります。後者も、やはり、無断欠勤という債務不履行（同法同条）になります。

2.損害賠償請求の可否

前記1.で、突然の退職が無断欠勤という債務不履行になると、使用者は、損害賠償請求（民法415条）が可能になります。

実際、使用者からの損害賠償請求を認めた**ケイズインターナショナル事件**（東京地裁　平4.9.30判決　労判616号10頁）では、「そもそも、期間の定めのない雇用契約においては、労働者は、一定の期間をおきさえすれば、何時でも自由に解約できるものと規定されているところ（民法627条参照）、本件において、被告（筆者注：労働者）は原告（筆者注：会社）に対して、遅くとも平成2年6月10日ころまでには、辞職の意思表示をしたものと認められないではないから（そうすると、月給制と認められる本件にあっては、平成2年7月1日以降について解約の効果が生ずることになる。）、原告が被告に対し、雇用契約上の債務不履行としてその責任を追及できるのは、平成2年6月4日から同月30日までの損害」であると判示しています。完全月給制（欠勤日の控除をしない月給制）の場合は、民法627条2項が「期間によって報酬を定めた場合には、解約の申入れは、次期以後についてすることができる。ただし、その解約の申入れは、当期の前半にしなければならない」とあるので、6月10日に辞職の通知をしたとしても、7月1日以降しか退職の効果が生じないとし、債務不履行の期間を特定しています。

もっとも、損害賠償請求をする以上、損害の立証は必要です。例えば、突然退職届を出して出社しなくなったので、代わりの労働者を複数人臨時に採用して対応せざるを得なかったとか、引き継ぎもせず出社しなくなったので保管していた生ものが腐ってしまったとか、具体的な損害の発生と因果関係の立証が必要となりますが、これは、結構困難といえるでしょう。

書式

書式 2-1　退職届

退職届

平成○年○月△日

株式会社○○○○
代表取締役　△△△△殿

住　所
氏　名　××××　㊞

　私はこのたび、会社を平成○年○月○日限り退職しますので、その旨本書をもって届出いたします。

以上

受理欄

平成○年○月○日

　□□□□は、上記退職届を、平成○年○月△日に受理した。

□□□□　㊞

解説

　辞職の場合の書式です。受理欄を設け、退職届（辞職の意思表示）をいつ、企業として受理したかを記録できるようにします。受理するだけの権限なので、就業規則に提出先を所属長としていれば、所属長にその権限があります。ただ、一点の曇りもなくするのであれば、代表取締役の名で受理し、その旨記録するとよいでしょう。

　上記書式例の「□□□□」は、受理権限のある役職者になります。

書式 2-2　退職願

　　　　　　　　　　　　　　　　　　　　　　平成○年○月△日
株式会社○○○○
代表取締役　△△△△殿

　　　　　　　　　　　　　　　　　住　所
　　　　　　　　　　　　　　　　　氏　名　××××　㊞

　　　　　　　　　退　職　願

　私はこのたび、下記理由により下記退職年月日に退職いたしたく存じますので、ご承諾のほど、宜しくお願い申し上げます。
　　　　　　　　　　　　記
　退職年月日　　　　　平成○年○月○日
　退職理由　　　　　　○○○○
　　　　　　　　　　　　　　　　　　　　　　　　　　以上

　　　　　　　　　承　諾　欄

　　　　　　　　　　　　　　　　　　　　　　平成○年○月○日

　□□□□は、上記退職願を承諾した旨を、平成○年△月×日に伝えたので、その旨記録する。
　　　　　　　　　　　　　　　　　　　　　　□□□□　㊞

解説

　合意退職の場合の、労働者からの申し込みの書式です。承諾欄を設け、承諾の意思表示をしたことを記録できるようにします。

　ただし、辞職の場合の受理と異なり、合意退職の承諾は、承諾権者によるその意思表示が労働者に到達しなければなりません。退職願に記載しただけでは、承諾の意思表示をしたことになりません。あくまで、口頭で承諾の意思表示をし、そのことをこの欄に記録して証拠化するという点がポイントです。

第2章 自主退職（辞職・合意退職）

　もし、その点も明確にしたいなら、**書式2-3**のような承諾（通知）書を労働者に交付し、その承諾の意思表示を受理した旨の署名を労働者から取ることになります。

　上記書式例の「□□□□」は、承諾権限のある役職者になります。

書式2-3　承諾（通知）書

```
                                    平成○年○月△日
  ××××殿
                                    株式会社○○○○
                                    代表取締役△△△△

                    承諾（通知）書

  当社は、貴殿よりの平成○年○月△日付退職願を受領し、貴殿が
 同記載の退職年月日にて当社を退職することを承諾しますので、そ
 の旨通知します。
```

```
                                    平成○年○月△日
                   受　理　欄
  上記承諾の意思表示、受理しました。
                                         ××××　㊞
```

解説

　労働者ごとに承諾（通知）書を交付するのは手間が掛かるので、ほとんどの企業ではここまでやりません。しかし、合意退職の構造を知っていただくため、書式として掲げました。

　また、紛争になりそうなケースでは、この書式は役に立ちます。この書式は、受理欄に署名して、1通返してもらう想定です。

もし郵送で行う場合は、労働者から受理欄の署名を取れない可能性があります。そのような場合は、受理欄は削除した上で、単純な承諾書を書留あるいは配達証明付きで送付します。労働者が故意に受領を拒否しそうなときは普通郵便で送り、その際、住所・名前（宛先）を記入した封筒をコピーし、そのコピーに手書きで、投函日、原本を確かに投函したこと、投函者の名前、記入年月日を記録しておきます。この場合、投函日から通常であれば到達したであろう日に到達したことになります。また、（相手方のポストの中に入ったことが照会できる）特定記録郵便で郵送したりします。意思表示の到達は、相手方（労働者）の了知可能な状態に置かれれば足り、実際に認識する必要はないからです（**電話料金請求事件**　最高裁三小昭43.12.17判決　民集22巻13号2998頁）。

第3章

早期退職制度・希望退職の募集

1 早期退職制度

　早期退職制度は、組織構成と人員数のミスマッチを防ぐ工夫の一つとして、通常、期間制限を設けることなく制度設計されます。労働者は、形式上も実質上も退職を迫られているわけではなく、従前どおり勤務を継続でき、退職と勤務継続との利害得失を十分に検討し、自由な意思で応募するか否かを判断することができます。

　すなわち、早期退職制度は、長期雇用システムを採る企業において、そのままではいわば職位階層によるピラミッド型の組織（**図表3-1のAの階層組織**）が維持できないことから（何もしない状態でいると、Bの形状になる）、組織としての形を維持するための仕組みの一つとして、主に大企業において制度化されているものです。多くの大企業では、**図表3-1のAの階層組織**を維持するための仕組みとして、関連会社を複数持ち、そこへの出向・転籍によってこれを維持しようとしたりもします。早期退職制度も、そういった工夫の一つです。従業員のほうでも、別の世界で活躍したいと思って応募する人もいるでしょうから、お互いにウィン-ウィンとなる人事

| 図表 | 3-1 | 早期退職制度は組織構成と人員数の
ミスマッチを防ぐ仕組み（工夫）の一つ

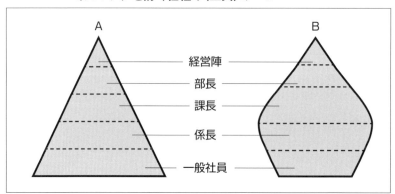

政策的意義があるといえます。

早期退職制度は、法的には、希望退職の募集と同様、合意退職（労働契約の解約）となります。ただ、希望退職の募集のような緊急的・一時的なものではなく、ある程度継続することを予定したものです。

この早期退職制度の設計等の各論については、Q2を参照ください。

2 希望退職の募集

業績が悪化したり不採算の事業部門から撤退したりすれば、当然、余剰人員が発生し、人員整理が必要となります。専ら企業側の事情により多くの従業員に退職してもらうのですが、そのときに、希望退職の募集が採られます。すなわち、希望退職の募集は、多くの企業で、余剰人員の削減（スリム化）の方法として用いられます。もし、整理解雇まで踏み込んで人員整理をするつもりだとしたら、その前に希望退職の募集を実施しないと、将来の整理解雇は有効にはなりにくいです。それは、整理解雇の有効性の判断要素（考慮要素）の一つである解雇回避努力を尽くしたかという評価の中で、希望退職の募集が考慮されるからです。

[1] 法的性格

希望退職の募集は、法的には、労働契約の終了事由の一つである合意退職です。すなわち、通常、使用者が希望退職を募集するのは退職申し込みの「誘引行為」、それに対する従業員の応募は退職申し込みの「意思表示」、使用者が退職届を受け取るのはその「承諾」であって、合意退職はこの時点で成立します（図表3-2）。

ここで注意すべきなのは、希望退職の募集を、退職の申し込みをした従業員の退職届を無条件で受け付ける前提で実施すると、希望退職の募集そのものが労働契約の合意解約の申し込み（申し込みの

| 図表 | 3-2 | 希望退職募集の法的性格

手続き		法的性格
使用者側	労働者側	
・希望退職の募集の発表		退職申し込みの意思表示を誘引する行為
・面接期間		
・募集期間　　←　　応募　受け取り		応募：退職申し込みの意思表示 受け取り：承諾の意思表示 →労働契約の合意解約成立 　ただし、退職の効力は、所定の退職日に発生
・退職日		

誘引行為ではなくなる）で、従業員の応募はその承諾であるとして、労働契約の合意解約がこの応募の時点で成立した、と裁判所で判断される可能性があることです。

そこで、希望退職の募集を発表する際には、対象者の箇所に「当社社員のうち、当社が認めた者」と、必ず記載しておく必要があります。

希望退職の募集では、通常、退職加算金を支給しますが、これは、従業員から退職申し込みを引き出すための上乗せ条件です。また退職の効力発生時期は、業務引き継ぎ等の関係により、募集の発表から1カ月くらい後の日を退職日として定めるのが通常です。

[2] メリット・デメリット

希望退職の募集は、多くの企業で利用されていることからも明らかなとおり、余剰人員への対応として最も合理的で企業リスクの低い方法です。以下、メリットとデメリットを簡単に説明します。

(1) メリット

メリットの第1は、人件費の削減ができることです。この点については、説明の必要はないでしょう。

第2は、リスクの低さです。希望退職は合意退職であり、従業員

が納得して辞めるので、退職が争われるリスクが低いのです。

第3は、スピードの点です。発表から退職まで通常1カ月程度であり、短期間で多くの余剰人員が解消できます。

第4は、希望退職の募集の仕方次第で、企業に残ってもらいたい人（戦力）とそうでない人（非戦力）の選別ができる点です。つまり、第1のメリットとして挙げた人件費の削減は、単純に費用が減るということですが、ここで挙げるメリットは、その削減される人員＝非戦力、企業に残る人員＝戦力という選別が、希望退職の募集のやり方次第で達成できる、ということです。

(2) デメリット

逆に、デメリットの第1は、一時的にお金が掛かることです。規定の退職金に退職加算金を上乗せする希望退職の募集では、当然余分な人件費が発生します。ただ、中長期的に見た場合、人件費の削減になることは間違いありません。例えば、退職加算金を「1年分の年収」とした場合でも、単純に考えて、2年目以降はプラスになります。

第2は、優秀な従業員が退職する可能性です。希望退職の募集は合意退職ですから、使用者は優秀な従業員に対しては同意しなければよいともいえますが、一度希望退職に応募すると、会社への忠誠心は低下し、信頼関係も傷つきます。そこで、優秀な従業員（企業にとって、残ってもらいたい人）を残す工夫が必要となります。

上記のメリットとデメリットを、**図表3-3**にまとめました。

| 図表 | 3-3 | **希望退職募集のメリット・デメリットのまとめ**

メリット	デメリット
◎人件費の削減 ○リスクの低さ ○スピード ◎従業員の戦力・非戦力の選別が可能	○一時的に余分な人件費が発生 ◎優秀な人材が流出しやすい

[3] 設計——成功のポイント

希望退職の募集の設計は、メリットを最大化し、デメリットを最小化するよう徹底することです。

希望退職の募集において、人件費の削減（メリットの第1の点）はいわば消極的な目的で、積極的な目的は、スリム化する組織に戦力と見込んだ従業員が残り、他方、非戦力と見た従業員は退職することで、当該企業を筋肉質の強靱な組織にする点にあります（メリットの第4の点。図表3-3）。つまり、希望退職の募集により従業員の頭数が減って人件費はたしかに削減されたものの、戦力と見込んでいない従業員（非戦力）だけが残ったのでは、失敗なのです。単純な人件費の削減にだけ注意を払うのは、最も重要な点——組織がスリム化し、戦力と非戦力の選別によって、戦力と見込んだ者だけの筋肉質の組織に生まれ変わること——の認識が抜け落ちています。意外なことに、希望退職の募集を実施する企業にも、この点を意識していない企業が多いのです。しかしこの点は最も重要なポイントであり、この点を押さえて設計し実施したか否かで、後々の業績に大きな差異が出てきます（図表3-4）。

[4] 実施スケジュール

希望退職の募集の設計（準備）と実施には、短期間のうちに多くの作業が必要です。そこで、余剰人員を削減することを決定し、その手段として希望退職の募集を選択したときは、まずは作業に遺漏のないように実施スケジュールを作成するとよいでしょう。

| 図表 | 3-4 | 希望退職の募集の目的

- 戦力・非戦力の選別によって組織を筋肉質にする
  ➡ 最大の（積極的な）目的
- 人件費の削減 ➡ 消極的な目的

| 図表 | 3-5 | 実施スケジュールのイメージ対比 |

通常（労働組合のない場合）		労働組合がある場合	
3月1日	発表	3月1日	・発表（ただし、退職条件は変わることがあるので、発表の仕方には注意が必要） ・組合への通知
3月1～4日	個別面接	3月1日～2・3週間	組合との協議（ただし、人事約款の有無で法的意味は異なる）
3月10～16日	募集期間	3月22～26日	（個別面接）…組合によっては、個別面接は絶対反対というところがある。その場合、強行はできない
3月17日～	・各人の業務終了、引き継ぎ ・再就職支援	4月1～7日	募集期間
3月末日	退職日	4月8日～	・各人の業務終了、引き継ぎ ・再就職支援
		4月末日	退職日

　具体的な実施スケジュールのイメージを、**図表3-5**に示します。

[5] 準備

　次に、実施スケジュールの各プロセスに必要な書類を作成し、退職条件を決定していきます。

　希望退職の募集の設計（準備）と実施には、短期間のうちに多くの作業が必要です。そこで、作業に遺漏のないようにスケジュール表を作成する必要があります。具体的には、時系列に①外部事情、②会社内対応、③①と②で使用する文書（使用目的を明確化）、④備考、と整理して作成すると、いつ、何をするのかが明確になります（**図表3-6**）。

　以下では、希望退職の募集を実施する上で検討すべき事項につき、説明します。

（1）対象者の範囲を確定する

　まず、どの範囲の従業員を対象にして実施するのかを決めます。

図表 3-6 希望退職募集のスケジュール表

年月日	①外部事情	②会社内対応	③使用文書（使用目的）	④備考
平成○年3月1日	①取締役会での決議 ②（マスコミ発表）	・左①を受けて、 　A　社内発表（○○社長）、 　　（A'マスコミ発表） 　B　「合意退職・再就職支援プログラム」の提示および各人への配布 ・A、Bにおいて、質問があった場合、回答する。	イ．社内発表用文書(A)、マスコミ発表用文書(A') ロ．希望退職募集実施要領(B)	○「社内発表用文書」(A)と「マスコミ発表用文書」(A')は、内容に矛盾がないか、チェック。 ○「希望退職募集実施要領」(B)は、社内に提示する（各社員共通のパッケージであることを明らかにするため——公平性の担保）とともに、各社員に対し個別に配布する。
同年3月1～4日		個別面接の開始・終了（4日は予備日） C　各面接の際、各社員ごとに計算書、退職届、誓約書、申込書用紙を配布し、退職日（業務終了日）を指定する。 D　面接カード※に従って、同カードの①～③を説明、加えて各人の質問を受け、説明するとともに、退職する意思があるかを確認する。 ※133ページ書式3-5参照。	ハ．各人ごとの計算書(C) ニ．申込書、退職届、誓約書(C) ホ．面接スケジュール表、面接カード(D) ヘ．想定質問対応マニュアル(D)	○面接の説明と質問に対する回答が統一的に行われる必要と、その証拠を残すために面接カードを使用する。 ○想定質問に対し、回答準備。この準備においては、公表のときと面接のときの回答を意識して準備する。 ○個別面接で、応募者が少なそうな場合、二次面接を実施する等至急対応する。また、本人の不安、不満を前向きに聞いて吸収する。
同年3月10～16日		○募集期間		○募集期間中、応募者が少ない場合、二次面接実施
同年3月17～末日		○各人ごとの業務終了 ○再就職支援（関連会社への再就職のあっせん、再就職支援会社の説明会開催の通知と実施）		
同年3月末日		退職日		

具体的には、Q3にて解説します。

(2) 規定退職金と退職加算金を設計する

①規定退職金の計算

規定退職金とは、退職金規程に基づいて従業員がいわば既得の権利として受給する退職金のことです。退職金規程では、通常、自己都合と企業都合で退職金の計算式（支給係数）を別にしており、後者のほうを高額としています。これは、退職金の設計に功労報償的な面を反映させたものです。

そこで、希望退職の募集に伴う退職が、自己都合か企業都合かを確定しておく必要があります。退職金規程で、事由ごとに自己都合か企業都合かが明記されているものもありますが、希望退職の募集に伴う退職まで明記しているものは、ほとんどありません。

そこで、事業主（企業）都合あるいは自己都合のどちらに準じて退職金を計算するのかを決めます。一般的には、企業都合で計算する例が多く見られます（128ページの**書式3-3**の「4．退職金」(1)参照）。

②退職加算金の設計

希望退職の募集において、応募してもらうための、いわば誘引の条件です。この設計については、Q4にて解説します。

③募集人数の設定

募集人数を設定するのか否か、設定するとしてもその表現をどのようにするのかは、とても大切なところです。Q6にて、詳しく解説します。

④経過賞与

希望退職の募集期間中の賞与はどう設計すべきでしょうか。Q7にて解説します。なお、業績が悪化していて賞与がそもそも支払えない企業が希望退職の募集を行う場合は、考える必要のない問題です。

⑤年次有給休暇

残存年次有給休暇が消化されることで引き継ぎへの支障が生じる可能性があれば、この点も考えなければいけません。Q8にて解説します。

⑥**再就職あっせんをするか、再就職支援企業を利用するか**

(i)再就職あっせん

（ア）サービスの内容

希望退職の募集を実施する企業が、その関連企業、あるいはグループ企業への再就職あっせんを実施するかどうかです。あっせんできる企業があれば、是非そのサービスを加えたほうがよいでしょう。

この再就職あっせんは、応募者に再就職を約束するものではありません。あくまで、あっせんされた企業が、その採用基準に基づいて採否を決めます。このことを応募者によく理解させ、過度の期待を抱くことがないようにする必要があります。

（イ）あっせんが成功した場合の退職加算金について

再就職あっせんを受けてうまくあっせん先の企業に再就職が決まった者の退職加算金は、それ以外の者に比べて低く設定すべきです。これは、退職者間の実質的公平性の見地からです。例えば、次のようにします。

> 2）退職加算金
> ①退職加算金は、②以外の者については、月例給×10カ月とする。
> ②再就職あっせん奏功者については、月例給×5カ月とする。

(ii)再就職支援企業の利用

最近の希望退職の募集では、退職条件（パッケージ）の一つとして、使用者の負担で再就職支援企業を利用できることを加える傾向にあります。応募者の離職後の不安を和らげる配慮からです。

ただ、再就職支援企業のサービス内容は、使用者が負担する費用によってもさまざまです。どのような再就職支援サービスを利用できるのかは、いくらまで費用を掛けられるのかによります。

また、使用者によっては、応募者が希望（選択）する場合、再就職支援企業の利用に代えて、その費用に相当する金額を退職金に加算することを認めるものもあります。応募者によっては、自分で再就職先を探すので、そのサービス利用に掛かる費用を退職金に加算してほしいと考える者もいるためです。

いずれにしても、
- 再就職支援企業を利用できるようにするのか

さらには、
- 応募者の選択を認め、再就職支援企業の利用に代えて、費用相当分を金銭で退職金に加算するのか

は、希望退職を募集する使用者の裁量に属します。

⑦借り上げ社宅の明け渡し、離職票の記載等

借り上げ社宅がある場合、退去期限をいつとするのか（通常、退職日より1～2カ月後）、その間の賃料負担（通常、それまでの負担割合と同様に労使それぞれが負担する）、遠隔地帰郷者の待遇（交通費、荷物等の引っ越し代。通常、企業が補助する）、離職票の退職事由（雇用保険関係）等、細かなことですが、これらは必ず事前に確定しておく必要があります。

⑧実施方法の決定――面接実施の有無、面接の体制・準備

面接の実施方法等は、運用の中で一番大事な部分ですので、Q9として解説します。

⑨募集期間の設定

募集期間が長いと、職場の士気への悪影響となります。通常は、土日を挟んで（休日を挟むことで、家族と退職後の生活設計等につきよく話し合う機会を与える）1週間から10日くらい、例えば、

○月5日(木)～11日(水)、というように設定します。

⑩**退職日**

通常は、希望退職の募集の発表から1カ月くらい後の特定日を退職日と定めます。ただ、応募者の職務によっては、引き継ぎ等の関係で係る退職日に退職させることでは業務に支障が生じることがあります。その場合に備えて退職日を特定しつつも、部署、職務の遂行状況によって変更することがある旨、明記しておく必要があります。

⑪**資料の作成**

社内発表用文書(マスコミ発表するのであれば、そのための文書。126ページの**書式3-2**)、希望退職募集実施要領(128ページの**書式3-3**)、各人ごとの退職加算金計算書(131ページの**書式3-4**)、面接スケジュール表、面接カード(133ページの**書式3-5**)、想定質問マニュアル、申込書、誓約書(134ページの**書式3-6**)などを作成します。労働組合がある場合は、労働協約の締結も必要となります。

(i)社内発表用文書

社内発表用文書は、なぜ希望退職の募集をせざるを得なくなったかを説明する文書ですので、簡潔に分かりやすく、起承転結のある文書となるよう作成します(一例として、126ページの**書式3-2**を掲載します)。

(ii)希望退職募集実施要領

希望退職募集実施要領は、希望退職の募集の退職条件(①対象者の範囲・人数、②募集期間、③退職日、④規定退職金、退職加算金、⑤再就職支援の有無、⑥その他(年次有給休暇の買い上げ、経過賞与、借り上げ社宅の明け渡し時期、社会保険関係))を明確にしたものです。具体例として、128ページの**書式3-3**を掲げておきます。

(ⅲ)各人ごとの退職加算金計算書

　各人ごとの退職加算金計算書は、上記希望退職の募集の退職条件を各社員に適用した場合、退職金がいくらになるのかというものです。具体例として、131ページの**書式3-4**を掲げます。

　対象となる者全員分を作成して、各人に封筒に入れて交付するか、または郵送します。そのタイミングは、希望退職の募集の社内発表後直ちに行います。

(ⅳ)面接スケジュール表

　面接スケジュール表は、対象者と面接担当者、面接日時が内容となります。公表してもよいですし、公表はせず、そのスケジュール内容に基づいて対象者に日時を通知する方法でも結構です。

(ⅴ)面接カード

　面接カードは、133ページの**書式3-5**に掲げる例のような要領で作成します。その目的は、①企業の状況説明、②希望退職募集の内容、特に退職加算金の説明、③再就職先あっせんの仕組みについて、面接担当者が対象者に同じ説明をすることを担保するものです。つまり、希望退職の募集は、個別の退職勧奨とは異なり、一時的ではあるものの制度として実施するもの故、その対象者全員に対し、同じ説明をする必要があり、それを実際に面接担当者が抜け漏れなく行うことを担保するのです。

　そして、④本人の意思確認、⑤その他質疑応答など自由記載の欄を設けるのは、対象者に応募の意思があるか否か（④）、ない場合ないしある場合の動機（⑤）について情報を収集するためです。これらは、希望退職募集により戦力・非戦力の選別を行い、組織を筋肉質にする点を重視する使用者にとって、重要な情報です。すなわち、募集期間に入る前にその情報を収集し、企業の考える方向への説得を可能とするためです。ただ、あくまでその説得が退職強要に及んではならないことは、いうまでもありません。

(ⅵ)想定質問対応マニュアル

　想定質問対応マニュアルは、上記の社内発表した社員説明会の席上での質問と、個別面接において個々の従業員と向き合ったときに出てくるであろう質問の両方に、社内発表時の説明者、面接担当者が対応できるよう作成する必要があります。

(ⅶ)申込書

　申込書は、対象者が希望退職の募集に応募する際に使用するものです。退職条件に選択肢があるときは（例えば、再就職支援の有無）、申込書にて選択させます。

(ⅷ)誓約書

　誓約書は、退職日までの業務引き継ぎ等の職務専念義務、退職時の円満退職、清算条項、退職後の競業避止・守秘義務等を盛り込むものです。134ページの**書式3-6**を実例として掲げます。申込書と誓約書を兼ねることも可能です。

⑫その他

（ⅰ）申し込み受付窓口

　応募（申し込み）の受付窓口を、各事業場の長（工場長、支社長、支店長）や本社人事部など、明確に決めておきます。

（ⅱ）マスコミ発表をするのか否か

　マスコミ発表をするのか否かを検討します。発表するのであれば、従業員に対する発表と同時に行うのが、混乱を回避するために妥当なタイミングです。

[6] 実施

　スケジュール表に従って、準備した資料を使って実施します。ただ、労働組合がある場合はその協議の進捗状況によってスケジュールが遅れることもあり、また、新たに必要な作業も出てきます。臨機応変に、ただし、一貫性を保ちながら対応する必要があります。

Q&A

 余剰人員削減の方法

不幸にして余剰人員が多くなった場合、企業はどのようなことを、どのような順序で行うのでしょうか。

 まずは外部労働力の削減、次にグループ内での人員の再配置、さらに有期契約労働者の雇止め、そして希望退職の募集をし、それでもなお余剰があるときは、整理解雇を決断することになります。

解説

　余剰人員は、景気の変動、当該企業の組織再編・業績の悪化により、不可避的に発生します。その場合、余剰人員を抱えたまま経営していては、人件費が収益を圧迫し、必要なところ（再投資）に資金が回らなくなり、ますます競争力が失われます。大切な戦力を残しながらも、勇気をもって余剰人員を減らし、余分な人件費を減らす対応が必要となります。なお、雇用調整として人件費を削減する場合には、余剰人員対策だけでなく、経費節減や時間外労働の削減、賃金カットといった方法もありますが、ここでは余剰人員対策に絞って提示します。

　対応の仕方ですが、労務リスクを考えた場合には、最初に、外部労働力の削減、すなわち、

　A. 業務請負契約の終了

　B. 派遣契約の終了

が挙げられます。これらはいわば商取引の終了なので、当該契約（A. 業務請負契約、B. 派遣契約）所定の終了事由にのっとり、容易に終了することができます。

外部労働力の削減によってもまだ余剰人員があれば、次に、同一企業グループ内への再配置、すなわち、

　C. 関係企業、子企業への出向・転籍

　D.（同一企業内の空きポストへの）配置転換

を検討します。ただし、C. 転籍は、転籍時点での個別同意が必要なので、この転籍の個別同意を得るため、希望退職の募集と同じような発想で転籍条件（パッケージ）を提示することが必要になります。

同一企業グループ内への再配置（C.、D.）をしても、まだ余剰人員があるときは、

　E. 有期労働契約の終了（雇止め）

　F. 正社員への希望退職の募集

を実施し、最後に

　G. 正社員の整理解雇

を検討します。G. 正社員の整理解雇を最後にするのは、争われたときの"勝率"がとても低く、しかも訴訟になれば莫大な手間が掛かるからです。

ただ、E. 有期労働契約の終了（雇止め）は、契約更新が繰り返されて、期間の定めのない労働契約と実質的に異ならない状態の場合には、正社員より先に削減することは難しいといえます。むしろ正社員と同様に、

　F´. 希望退職の募集

を実施し、最後に

　G´. 雇止め

ということになるでしょう。

■余剰人員への対応の順序のまとめ

  A. 業務請負契約の終了
  B. 派遣契約の終了

  C. 関係企業、子企業への出向・転籍
  D.（同一企業内の空きポストへの）配置転換

  E. 有期労働契約の終了（雇止め）
  F. 正社員への希望退職の募集

  G. 正社員の整理解雇

ただし、E.が期間の定めのない労働契約と実質的に同じならば、正社員と同様に（有期契約労働者に対しても）希望退職の募集をし、その後に整理解雇＝雇止めを行う。なお、外資系企業では、F.は個別に行う。

Q2 早期退職制度の設計

早期退職制度は、どのようなことに留意して設計するのでしょうか。

　長期雇用システムを採る企業では、職位階層によるピラミッド型の組織を維持するため、早期退職制度を設計します。その組織の中に入ることが予定されていない従業員が応募しやすく、予定されている従業員には応募しにくく設計する、ということです。

1. 早期退職制度の意義

　早期退職制度の意義（目的）については、84ページで説明したので、ここでは、各論的なことを説明します。

2.設計の視点——メリット・デメリットを強く意識する

　早期退職制度の目的は、ピラミッド型組織の枠組みの維持です（詳しくは、84ページの**図表3-1**を参照ください）。よって、その組織の中に入ることが予定されていない従業員には応募しやすくし、逆に、その組織の中に入ることが予定されている従業員には応募しにくくする、ということです。

　この早期退職制度のメリット・デメリットを強く意識する中で、早期退職制度を制度化するか否か、制度化する場合どのような点に留意すべきか、につき順序立てて挙げてみます。

① 職位階層によるピラミッド型組織の維持に必要な制度なので、従業員の年齢が若い会社や長期雇用システムを採用していない外資系企業には、この制度は不要です。よって、これらの企業では、早期退職制度の設計を考える必要はありません。

② ①と同じ視点から、設計に当たり対象者は中高年者に限り（例えば45歳以上）、かつ、使用者の同意がない限り適用されないことを明記する必要があります。他方、定年間近の従業員が退職しても、使用者にとってはあまりメリットがないので、例えば、58歳（定年年齢60歳として）以上は除く、または退職金加算を少なくする、としたほうがよいでしょう。

③ 加算金額の設計においては、将来、希望退職の募集を行うことも考える必要があります。すなわち、将来、多くの余剰人員を抱えて希望退職の募集を行うことになった場合、早期退職制度よりも高い加算金を設計しないと、余剰人員の解消はできません。つまり、本制度では、あまり高額の退職（加算）金は設計しないほうがよいといえます。

　以上を踏まえて参考例を示すと、125ページの**書式3-1**のとおりです。

3.早期退職制度をめぐる紛争の予防

これまでの裁判例で紛争になったケースを意識して、あらためて紛争予防のための設計上の留意点を示すと、次のとおりです。

①設計自由について

労働者が形式上も実質上も退職を迫られているわけではなく、当然に従前のとおり勤務を継続でき、退職と勤務継続との利害得失を十分に検討し自由な意思で判断ができる早期退職制度では、希望退職の募集以上に、企業の設計自由の原則が妥当します。

ただ、設計内容はクリアーに一義的に明記しないと、裁判所により合理的解釈をされるリスク（ここでは、"裁判所により都合よく解釈されるリスク"という意味）があるので、その点注意が必要です。

②対象者

対象者をどの範囲とするのかも、まさに設計自由の原則が妥当します。ただ、クリアーに一義的に明記し、対象者、非対象者を一目瞭然とする必要があります。

③承諾条件

誰が（承諾権者）、どのような条件で承諾するのかも、明記する必要があります。特に、申請さえすれば当然に制度の適用となるものではないことは、しっかり規定しておくことが重要です。

希望退職の募集における対象者の範囲の設計

希望退職の募集において、有能な従業員への適用を拒否できるでしょうか。また、対象を一部部門や等級・役職、年齢などで限定してもよいでしょうか。

 有能な従業員の適用を拒否することは、制度の設計内容により可能です。一方、制度の適用対象の限定は、従業員に納得感のある限定であればよいでしょう。

解説

1.対象者の範囲を設計する上での一般的留意点

希望退職の募集は、制度として合意退職を実施するもので、個別の退職勧奨ではないので、特定の従業員だけを対象範囲から外すことはできません。あくまで、一定のグループを単位に対象とするか否かを決めます。

そして、希望退職の募集では、戦力・非戦力の選別の点を重視すべきなので、戦力が多く含まれている部門・年齢層は対象から外すことが考えられます。よく行われるのは、若年層（例えば、30歳未満）を対象から外すことです。そのほかに、事業場ごとの独立性が強い企業において特定の事業場を閉鎖する場合、対象者を当該閉鎖する事業場の従業員に限定することも行われます。

また、戦力と考える者からの応募を承諾しない（適用しない）ことも設計できます。希望退職という特別優遇の退職制度の適用を拒むだけで、退職の自由は制限しないため（従業員は自由に辞職ができます）、このような設計も自由にできるのです。この理屈は、早期退職制度において、応募する従業員によっては使用者が適用を拒否できる設計をしますが、その有効性にも等しく当てはまります。

さらに、私傷病休職者や出向者を対象とするかの問題もあります。戦力・非戦力の選別の点を重視する考え方からは当然に、人件費の

| 図表 | 3-7 | 対象者の範囲の限定

(例) A部門とB部門の40代以上を対象にする場合

部門 年齢層	A部門			B部門			C部門			本社	
	製造	営業	間接	製造	営業	間接	製造	営業	間接	営業	間接
50代	希望退職募集の対象者										
40代											
30代											
20代											

削減の点を重視する考え方からも、私傷病休職者や出向者を対象とすることに異論はないはずです。

2.対象者の範囲を限定する限界

　問題は、同じ職場の中でも、例えば、本社で経理、総務といった間接部門の人員だけを削減し、営業部門の人員は減らしたくないという場合（あるいはその逆）、間接部門のみを対象とすることができるかです。

　結論からいえば、法的には可能です。しかし、職場の士気への影響をよく見極める必要があります。

　なぜなら、希望退職の本質は合意退職ですから、使用者と従業員のそれぞれの自由意思が前提となります。使用者には、合意退職の条件を設定する自由と、従業員からの申し込みに対し承諾するか否かを決める自由があります。対象者の範囲を決めることは、この使用者の合意退職の条件を設定する自由の一内容です。

　ただ、法的には可能（有効）でも、同じ職場で希望退職の募集の対象者とそうでない者が混在している状況が、少なくともその発表

から退職日までの1カ月程度の間続くことにより、当該職場への悪影響が考えられますので、慎重に判断する必要があります。すなわち、対象となった範囲の従業員からは、自分たちだけ退職を促される感じがし、自分たちの職種は重要でないと見られていると考え、士気が下がることが想定されます。

他方、対象とならなかった範囲の従業員の中には、対象者には通常の退職と異なる上乗せ条件が用意されていて不公平ではないか、と感じる者がいるかもしれません。上乗せ条件がよければ、なおさらそのように感じられるでしょう。

つまり、法的には可能でも、政策的には問題をはらむ可能性が高いので、同一職場の中で対象者を限定する場合は、対象となるグループと対象とならないグループのそれぞれにとって十分納得のいく線引きかを、しっかり見極めることが大切です。いくら戦力・非戦力の選別の点から対象を限定しても、その結果、従業員の士気が下がっては、元も子もないのです。

3.ご質問について

ご質問の場合、まず、有能な人材（従業員）からの応募については、制度設計上、不承認や適用除外にできるようになっていれば、可能です。128ページの**書式3-3**では、「1.対象社員」で「当社が認めた者」とあるので、これを根拠に不承認とすることが可能になります。

次に、「一部部門や等級・役職、年齢などで限定」することも、上記で述べたとおり、従業員全体から納得感が得られそうであれば、可能です。そうでなければ、やめたほうがよいでしょう。一般的には、年齢層やある程度大きな部門単位での限定ならば納得感は得られやすいですが、対象範囲が狭くなると、難しいといえます。もし、限定することに問題がなさそうであれば、やはり128ページの**書式**

3-3の「1.対象社員」のところに、「当社に在籍する営業部門の社員……」とするなど、自然な表現で選別（限定）を表すことになるでしょう。

Q4 希望退職の募集における退職加算金の設計

希望退職の募集で、退職加算金はどのように設計をするのでしょうか。

戦力か非戦力かを分析し、それを一定の年齢等の層に類型化できるかを検討し、その上で戦力層には薄くあるいは適用除外とし、非戦力層には厚く設計します。

解説

1.設計のポイント

希望退職の募集においては、規定退職金に加え、退職加算金が支給されることも多く見られます。

その設計のポイントは、一言でいえば、辞めてもらいたい層に厚く、辞めてもらいたくない層には薄くあるいは適用除外にする、ということです。この設計次第で、希望退職の募集が成功するか失敗するかが決まるため、慎重に、時間をかけて検討してください。つまり、何度もシミュレーション、試算をし、上記の効果が確実に出そうかどうかを見極める必要があります。以下、具体的に説明します。

①戦力・非戦力の個別の判断

まず、当該企業で、スリム化後の組織における戦力（辞めてもらいたくない従業員）と非戦力（辞めてもらいたい従業員）を区別する作業をします。従業員名簿を基に、それぞれの従業員の職務遂行能力をよく知る人の意見を聞いて判断します。

②上記①の分析・類型化

次に、上記①を基に、どの年齢層に戦力が多いのか、逆にどの年齢層に非戦力が多いのかを確認します。また、扶養家族の有無等（扶養手当の制度がある企業では、明確に分かります）も確認します。

これは、非戦力の人が退職を決断するのに躊躇する事情があるかを、あらかじめ把握するためです。

③退職加算金の設計

上記②を基に、退職加算金の設計をします。ただ、退職加算金には通常、総原資が10億円というように限度がありますので、その原資を、戦力層の多いところに薄く（あるいは適用除外として）、非戦力層に厚く配分します。

2.設計に当たって使用する計算式

退職加算金を設計する際によく使われる計算式を説明します。なお、記載例としては128ページの**書式3-3**の「4.退職金」の「（2）特別退職金」を参考にしてください。

|図表|3-8|**退職加算金設計のポイントのまとめ**

①従業員名簿を基に、戦力・非戦力の選別を行う
　　↓
②非戦力層の年齢層等の分布を分析する
　　↓
③退職加算金の設計（非戦力層に厚く、ただし、原資の限度からの制約も考慮）

計算式（本文の2.で詳しく説明します）
　A.基本給に年齢別、勤続年数別係数を乗じる計算
　B.扶養家族の有無を計算式に反映させる計算
　（なお、C.定年間近の従業員の退職加算金は、別途計算する）

A.基本給に年齢別、勤続年数別係数を乗じる計算

①月例給与のうち、職務手当および生活手当を除いた基本給を退職加算金の算定ベースにする例が多く見られます。もちろん、職務手当、生活手当等をベースに加えても、法的には何ら問題はありません。現に、一定の手当も加えて退職加算金のベースにする例も見られます。

要するに、希望退職募集の対象となる従業員の納得感を尺度に、何をベースにするのが妥当かを考えればよいのです。

②年齢別係数とは、例えば、次のようなものです。

```
40歳以上55歳未満      基本給×3カ月
30歳以上40歳未満        〃　×2カ月
30歳未満                〃　×1カ月
```

日本企業では、長期雇用システムの下で積み上げ型の賃金制度が多く採られることから、人件費削減の観点からも、戦力・非戦力選別の観点からも、一般的には年齢の高い層が人件費抑制の効果は大きく、また、非戦力層が多く分布しています。そこで、上記の例のように年齢別に係数に差をつけます。

③勤続年数別係数とは、例えば、次のようなものです。

```
勤続年数15年以上           基本給×4カ月
  〃　 7年以上15年未満       〃　×3カ月
  〃　 3年以上7年未満        〃　×2カ月
  〃　 3年未満               〃　×1カ月
```

単一の企業が勤続とともに賃上げが積み上がる制度を採っていれば、上記②の基準のほか、勤続年数（③）まで基準にする意味はありません。

勤続年数（③）を基準にして意味があるのは、

- 中途採用を多く行ってきた
- 他企業と何年（何十年）か前に合併した
- 事業譲渡を受けた

などというケースです。この場合には、上記②の年齢基準だけでは、希望退職募集の対象となる従業員の納得感が得られない可能性が高いので、勤続年数別の設計（③）も加味して、退職加算金を設定します。

B.扶養家族の有無を計算式に反映させる計算

　離職の打撃は、扶養家族の多い従業員のほうが、当然深刻です。

　そこで、その点を計算式に反映させることで、企業はこれらの従業員のことを考慮している（もっとも、退職してもらいたいという考えの下にですが）と認識してもらうのです。例えば、次の例です。

```
①扶養家族である配偶者がいる場合　　一律100万円
②①以外の扶養家族がいる場合　　　　1名につき50万円
```

C.定年間近の従業員の退職加算金の計算

　例えば、あと○カ月、あるいは1年○カ月で定年退職する従業員の退職加算金をどう設計するかの問題です。希望退職の募集の対象者から除くのも一つの方法ですが、それでは自社の制度実施の意図に合わないというならば、対象者に入れながら、退職加算金の計算式を他の従業員に比べて低く設定します。計算式の方法としては、典型的には、次の①割合で設定する計算式と②定額で設定する計算式の二つの例があります。

```
①割合で設定する計算式
　　定年までの残存期間×0.X
②定額で設定する計算式
　　59歳　　基本給×1カ月
　　58歳　　 〃 　×2カ月
　　57歳　　 〃 　×3カ月
```

退職加算金の設計は、何度もシミュレーションし、試算を繰り返して検討してください。もっとも、希望退職の本質は合意退職ですから、退職するか否かは当然、従業員の自由意思に基づきます。使用者にとって非戦力と見なした（辞めてもらいたい）人から、退職の申し込みがされるという保証はありません。

また、実際に支給される退職加算金が総原資の枠を超えないかどうかは、希望退職の募集を実施してみないと正確には分かりません。シミュレーションの金額はあくまで予想値でしかないので、そのことを社内で誤解のないよう理解させる必要があります。

3.早期退職制度との関係

企業によっては、すでに早期退職制度がある場合もあります。

係る企業において希望退職を募集する場合は、その退職加算金が早期退職制度の内容を上回る水準にならないと、応募者が出てきません。

また、この早期退職制度の退職加算金と希望退職募集の退職加算金の関係を、従業員に誤解のないように、明確にしておく必要があります。つまり、希望退職の募集においては、恒常的な制度である早期退職制度における退職加算金に加えてさらに加算金を支給するのか（図表3-9の②のAパターン）、早期退職制度とは別の制度として退職加算金を支給するのか（同Bパターン）を、明確にするのです。

4.設計した退職加算金の意味

希望退職の募集の条件である退職加算金は、当然のことながら、当該希望退職の募集に限ったものです。当該希望退職の募集の期間が終了すれば、その条件も喪失します。したがって、何年か後に当該企業で再び人員削減が必要になったときでも、その時点における

図表 3-9 早期退職制度がある場合の退職加算金の設計ポイント

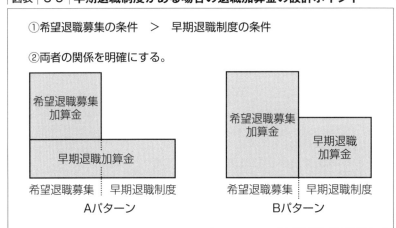

当該企業の経営状況、退職加算金の相場等を考慮してあらためて退職加算金を設計することは、法的には何ら問題ありません。

ただ、従業員から見れば、過去に企業が実施した希望退職の募集の条件は記憶にあるので、何年か後に実施する希望退職の募集において以前の条件を下回っていれば、法的には問題がないとしても、応募者の人数には影響があるのも事実です。したがって、少なくとも、遠くない将来に再び人員削減の可能性が否定できないのであれば、今回の希望退職募集における退職加算金を頑張って高い水準にすると、将来再び人員削減が必要になった際苦労することになりかねない点に注意する必要があります。

すでに退職届を提出している従業員への希望退職の適否

すでに退職を表明していた従業員から、希望退職の対象に含めてほしいと申し出を受けました。受け入れなければいけないでしょうか。

 受け入れる必要はなく、むしろ受け入れるべきではありません。

解説

　希望退職の募集の発表直前に退職届を出した人にも、退職加算金を支払うのかという問題です。通常は支払いませんが、意外に対応に苦慮するケースがあります。

　例えば、ある従業員から３月31日に、４月末日をもって自己都合で退職する旨退職届が提出された後、使用者が４月１日に、４月10～16日を募集期間、４月末日を退職日とする希望退職の募集を発表し実施した場合です。この自己都合退職者は当然、同じ退職日に退職するのだから、自分も同じように扱ってほしいと言ってきます。あるいは、使用者が希望退職の募集を決めていたのを自分に黙っていて退職届を受理したのだから、自分の退職の意思表示は詐欺（企業は、黙っていたという不作為で自分を欺罔（注：詐欺的行為により相手方を錯覚に陥らせること）した）によるもので取り消し得る、あるいは錯誤であるから無効である、そして、あらためて希望退職の募集に応募する、と主張する展開です。

　しかしながら、法的には自己都合退職者の言い分が通る可能性は極めて低いといえます。使用者は、自信を持って係る要求を拒否すべきです。なぜなら、初めから退職する意思がありその旨表示した者の退職の意思表示に、瑕疵（詐欺の場合）があったり、不一致（錯誤）があるとはいえないからです。もし、このような要求を受け入れたときには、３月中に退職届を出した他の者からも同様の処理を

求められ、線引きが難しく、混乱の原因になります。さらに、2月中に退職届を出した者はどうか、1月中に出した者はどうか……といったところまで広がる可能性も否定できません。制度は形式的・画一的に実施することが、混乱予防のために重要です。

よって、法的にも政策的にも、係る主張は拒否すべきです。

 応募者が募集人数に達しないときの対応

希望退職の応募者数が募集人数を下回った場合、退職勧奨をしてもよいでしょうか。

 普通は第二次募集をしますが、個別に退職勧奨をすることもあります。ただ、応募ないし了解する従業員は少ないと考えます。

解説

1. 募集人数を明確に設定する意義

希望退職者が募集人数を下回ったということは、募集人数を明確に設定した、ということです。ここでそもそも、募集人数を明確に設定する意義を確認します。「募集人数100名」と、明確な人数を設定した例で説明します。

①企業から見た場合

(1)募集人数に達しない場合

希望退職の募集を実施したにもかかわらず、募集人数に達しない場合——例えば、48名しか応募がないとき——どのような展開になるでしょうか。

普通は、第二次希望退職の募集を実施します。ただし、第一次募集よりも退職条件は絶対に引き上げられないので（引き上げると、従業員は、応募しないで待っていればさらによい退職条件になるも

のと期待し、いつまでも応募しません)、通常は第一次募集よりも条件を下げて実施します。応募者は当然、第一次募集よりも少なく、例えば20名などとなります。あるいは、個別に退職勧奨を実施することも考えられます。そこで、まだ募集人数に足りないので、使用者は第三次希望退職の募集を実施するか、整理解雇をするかの決断を迫られます。

つまり、希望退職の募集も整理解雇もどちらもしない、ということはできません。なぜなら、そのようなことになれば、外部から当該企業は余剰人員を解消できなかったと評価され、信用が落ちるからです。

(2)募集人数をオーバーする場合

逆に応募人数が100名を超えれば、100名に達した段階で基本的には応募を打ち切らざるを得ません。これでは使用者は、せっかくの(さらなる)人件費削減のチャンスを失うことになります。

このように、明確な募集人数を設定することは、使用者が自らの手足を縛ることになるのです。

②従業員、労働組合から見た場合

明確な募集人数の設定は、従業員や労働組合にもプレッシャーになります。従業員、労働組合から見れば、募集人数に達しなかった場合、使用者が整理解雇をするのでは、と警戒・緊張します。特に、希望退職の募集の際の従業員、労働組合宛ての説明文書に、企業は人員削減に「不退転の決意」であるとか、「募集人数に達しなければ指名解雇(整理解雇)も検討せざるを得ない」という文章が入ると、従業員や労働組合はかなり警戒・緊張して対応してきます(真剣に、希望退職募集の退職条件の交渉等をしてきます)。

③まとめ

募集人数を設定することは、使用者からすれば、従業員や労働組合に削減の数値目標を明確にし、達しない場合には整理解雇もあり

得ると強い姿勢を示すメリット（プラス）と、数値に達しなければ、さらに希望退職の募集をするか整理解雇に踏み切るかを判断しなければならず、自らを縛ることになるというデメリット（マイナス）の両面があります。それらを認識した上で、募集人数を設定するのか否か、設定する場合の表現に気をつかう必要があります。

2.募集人数を明確に設定しない方法と意義
①まったく設定しない方法

　では、他の方法はないでしょうか。一つは、募集人数を設定しないという方法です。そのメリット・デメリットは、上記の募集人数を明確に設定するメリット・デメリットの逆になります。つまり、使用者は自ら縛られることはありませんが、従業員や労働組合のほうも緊張感がなくなります。

②設定するが明確にしない方法

　募集人数の設定の仕方を工夫して、「100名程度」、あるいは「70名以上」と表示する方法があります。

　まず、「100名程度」という表示は、「程度」をつけることで、多少募集人数に足りなくても、企業として次の対応をしなければならない状況に追い込まれないで済みます。また、応募人数がオーバーしても、受け付けられる余地が残ります。

　次に、「70名以上」という表示は、100名削減したいが自信がない場合に、低めに設定して「以上」とつけることで、それ以上の応募人数を吸収することを意図するものです。ただ、「程度」や「以上」とつけると、使用者としての人員削減の決意が従業員や労働組合に対して弱く伝わる点がデメリットです。

3.募集人数を設定する際のポイント
　要するに、募集人数を明確に設定するメリットは緩く設定するデ

メリットであり、募集人数を明確に設定するデメリットは緩く設定するメリットであるという、両者は反比例の関係にあります。

　そして、募集人数を何人とするか、そしてそれを明確にするのか、やや緩く設定するのか、あるいは明確にしないのかは、
- 削減しなければならない人数が多いか否か
- 企業が提示できる希望退職の募集の条件（パッケージ）が従業員にとってどれほど魅力的か否か

によって、上記募集人数を明確に設定することのメリット・デメリットをよく考慮して決めることになります。

4.質問への対応

　応募人数が募集人数を下回る事態が実際に発生すると、上述のように使用者として苦しい対応にならざるを得ないので、そのようにならないよう、さまざまな工夫が必要です。

　まずは、上記で説明した募集人数の設定の有無、設定する場合の人数の表記の仕方を工夫することです。次に、運用上の工夫は、何といっても「面接」です。面接の中で、戦力・非戦力の選別を個別に伝え、非戦力に対しては、希望退職に応募してもらえるよううまく誘導していくことです。ちなみに、128ページの**書式3-3**では、募集人数を設定していませんが、もし設定するとしたら、1と2の間に「2.募集人数　　名」と記載します。

Q7 賞与の取り扱い

希望退職の募集において、その時期の賞与はどうするのでしょうか。

A 希望退職の募集の時期と賞与の支給時期が近接しているか否かで違います。近接していれば、その期間の経過賞与は何らかの方法で支給するほうが適切です。

解説

1.問題の所在

就業規則（賃金規程ないし賞与規程）に賞与の支給日在籍要件、すなわち、賞与は支給日に在籍している者でないと支給しないと定めている企業も少なくありません。例えば、夏冬2回賞与が支給され、それぞれ査定期間を、夏季賞与は前年12月から当年5月まで、冬季賞与は当年6月から同11月までとし、その間の企業の業績と従業員の職務遂行結果を査定した上で金額を決定し、支給日（夏季賞与7月○日、冬季賞与12月○日というように、査定期間後の日が設定される）に在籍する者に支払うのです。

この支給日在籍要件自体は、賞与が任意の制度であって、その設計は使用者の裁量を尊重すべきことから、有効とするのが判例（**大和銀行事件**　最高裁一小　昭57.10.7判決　労判399号11頁ほか）です。

ただ、希望退職の募集に応募した場合の退職日が賞与の支払い日よりも前で、かつそれに近いと、応募人数に影響します。

例えば、企業の夏季賞与の査定期間が前年12月1日から当年5月末日、夏季賞与支給日が7月1日という場合、希望退職の募集を4月末日に発表し、5月末日を退職日とします（**図表3-10**）。これは従業員から見れば、希望退職の募集に応募すれば夏季賞与の支給はないわけですから、希望退職の募集で提示された退職加算金と、夏季賞与額＋雇用の継続を天秤にかけて判断します。

| 図表 | 3-10 | 経過賞与の検討
　　　　　（賞与支給日の前に退職日を設定するケース）

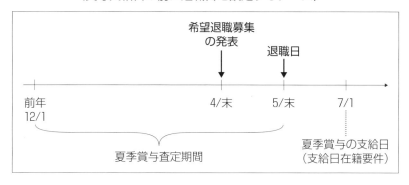

　他方、希望退職募集の退職日が賞与の支給日より後で、すでに賞与を支給済みの場合は、応募人数への影響は別段考えなくてよいでしょう。例えば、先の例で希望退職の募集を7月末日に発表し、8月末日が退職日であれば（図表3-11）、従業員は夏季賞与が支給されて間もない時期ですから、はるか4～5カ月先の12月に支払われる冬季賞与まで考慮して、応募するか否かを考える人は少数でしょう。

　したがって、この時期の希望退職の募集の設計では、経過賞与は考慮せず、退職加算金の金額を充実することに神経を集中すればよいでしょう。

　希望退職の退職日が賞与の支給日よりも前で、かつ近いという場合に、経過賞与をどうするかを検討する必要が生じます。筆者が考えるところでは、退職日時点で査定期間の半分以上が経過していれば、それに相当する分を支給するのが妥当と思われます。ただ、それは、希望退職の募集を実施する使用者の裁量に属する問題です。

| 図表 |3-11| **経過賞与の検討**
（賞与支給日の後に退職日を設定するケース）

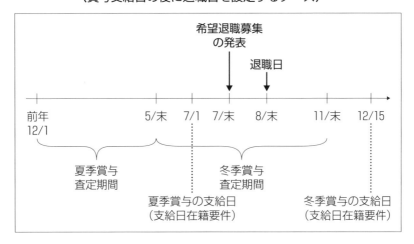

2.経過賞与の考え方

　希望退職の退職日の時点で、当該賞与の査定期間を経過しており、支給日だけが未到来の場合には、当該賞与の査定期間分を満額支給する例が多いと思います（**図表3-12**）。

　ただ、賞与の金額を査定で決定する企業の場合、どのように経過賞与の金額を決定するかが問題となります。これは、希望退職の募集に応募する従業員がどのような計算をすれば納得するか、という視点で考えます。

　例えば、査定をしていても賞与金額への反映が少ない（例えば、月例給×2カ月±査定分0.2カ月）企業では、査定をせずに一律に2カ月を経過賞与とする、とすればよいでしょう。賞与金額への査定反映が大きい企業でも、査定は面倒なので避けたいのであれば、各人の直前の賞与実績（夏冬が同じ支給基準なら、前期の冬季賞与支給実績、同じでなければ、前年同期の夏季賞与支給実績）で支給する方法もあります。それでは従業員の納得感がなく、実際に査定

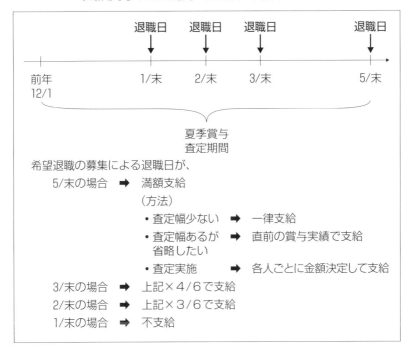

図表 3-12 経過賞与の検討
（当該賞与の査定期間と退職日の関係）

をする必要がある場合は、希望退職の募集と並行して査定し、経過賞与の各人ごとの金額を決定する、ということになります。

ちなみに、128ページの**書式3-3**では、一連の「保証賞与」として、下限の賞与額を支給する設計としています。

Q8 年次有給休暇の取り扱い

希望退職の募集において、年次有給休暇はどうしたらよいでしょうか。

 業務引き継ぎに支障が生じるか否かを見極めて、買い上げをするか否か、買い上げる場合の条件を考えます。

解説

1.問題の所在

　従業員が退職する時点で残っている年次有給休暇（以下、年休）を買い上げるかどうかを検討します。これは、買い上げがなく、応募者が残った年休を消化しようとした場合、業務引き継ぎに支障が生じるためです。つまり、年休の買い上げは義務ではなく、政策として行うのです。

　希望退職の募集は、発表から退職日まで１カ月程度です。期間が短いのは、職場のモラール（士気）低下を最小限にするため、短期で完結させる必要があるからです（反面、このスピードの点がメリットの一つであることは、前述しました）。その結果、希望退職の募集に応募した従業員は、退職日まで１カ月を切ることもあり、残った年休をすべて消化すると（一般に従業員は、退職届を提出した瞬間、会社への忠誠心が低下します）、業務引き継ぎに支障が生じるのです。

2.買い上げの適法性と買い上げするかの判断

　そこで、業務引き継ぎをしっかりやってもらうため、通常、退職日に年休が残っていた場合は、その残った日数を買い上げます。

　この買い上げを正確に解説すると、次のとおりです。

　年休は、従業員が使用する可能性があるのに買い上げるのは、違法（労働基準法（以下、労基法）39条違反）です。法定の年休権は、

図表 3-13 年休買い上げのイメージ

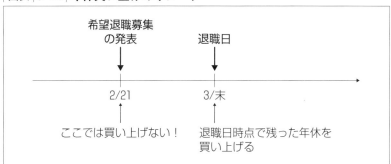

労基法で最低限の基準として強行的に従業員に付与されたものだからです。ここで検討する買い上げとは、退職日に取得せずに残った年休を買い上げる、ということです。退職日に残った年休は、もはや行使し得ない以上、それを買い上げても従業員の年休権を金銭で剥奪することにはならず、違法ではないのです。

つまり、希望退職の募集に応募した従業員が退職日まで引き継ぎを実施した結果、退職日に年休が残った場合は、買い上げる（引き継ぎ期間中に年休権を買い上げるのではなく、退職日に残った年休権を買い上げる）、というものです（図表3-13）。

3.買い上げ単価と上限

年休を買い上げると決めたら、次に、年休の買い上げ単価の決定と、買い上げ日数に上限を設けるかを検討します。なぜなら、退職日に残存する年休は、退職日を過ぎることによって消滅するものなので、買い上げは違法でないとともに、使用者に買い上げ義務があるものでもないので、

・いくら（単価）で買い上げるか
・何日を限度に買い上げるか（買い上げ限度日数）

は、使用者の裁量に属するのです。

| 図表 | 3-14 | 年休買い上げ制度の設計ポイント

```
残存する年休を買い上げるか否かを決定する
  │     その場合、次の順に検討
  │     ①各人の残存年休日数を確認
  │     ②①のうち、業務引き継ぎに必要な従業員の分布を分析して、
  │       検討する
  ▼
買い上げ単価と買い上げ日数の決定をする
  ▲
いずれも、視点は「業務引き継ぎへの影響」
```

　買い上げ単価の決定と買い上げ限度日数の検討に当たり考慮すべき点は、言うまでもなく、業務引き継ぎへの影響です。したがって、①各人の残存年休日数を確認し、②①のうち、業務引き継ぎに必要な従業員の分布を分析して、検討をします。例えば、業務引き継ぎに必要な従業員が主に若手であれば、年休の買い上げ単価を何も各人の所定賃金とする必要はなく、例えば、一律１万円としてもよいのです。また、買い上げ日数も、業務引き継ぎ要員の残存年休日数を見て、必要な限りで買い上げればよいのです。例えば、20日を限度に買い上げるとしてもよいのです。

希望退職の募集における面接

希望退職の募集において、面接はどのように行ったらよいのでしょうか。

 希望退職の募集の目的である戦力・非戦力の選別を、いわば設計面で反映(実行)するのが実施要領ですが、運用面で反映(実行)するのが面接ですので、その意識の下に行います。

解説

1.面接の目的

面接の目的は、

- 企業が希望退職の募集をせざるを得なくなった事情と退職条件を個々の従業員に説明し、誤解がないことを確認する
- 各従業員が全体説明会の場では言えなかった使用者への不満や今後の生活への不安を言う(ガス抜き)機会を与える
- 使用者から、希望退職実施後スリム化した組織の中で、当該従業員を戦力と見ているのか、非戦力と見ているのかを伝えることで、これから実施する希望退職の募集を双方のミスマッチ解消の機会とする

ことです。

注意すべき点は、戦力か非戦力かの伝達が退職強要とならないようにすることです。

2.面接の体制・準備

まず、面接は、希望退職の募集の対象範囲となる従業員全員に実施すべきです。非戦力と見なした従業員だけ実施したり(退職勧奨のために)、戦力と見なした従業員だけ実施したり(会社に残ってもらうために)というのは、基本的には誤りです。

なぜなら、面接を実施していることは、その職場の従業員であれば皆分かります。その中で、企業が非戦力と見なした従業員だけに面接を実施すれば、さらし者にするようなものであり、そのような思いをして感情を害した従業員は、応募することに消極的になるからです。逆に、戦力と見なした従業員だけに面接を実施すれば、使用者がこれらの者を今後優遇することを他の従業員に見せるようなもので、この場合も他の従業員は感情を害し、応募に消極的になるからです。

　次に、面接担当者の人数ですが、面接担当者と被面接者が1対1になることは避け、面接担当者は複数名（職場の上司と人事総務部員の2名が好ましい）体制にすべきです。これは、面接担当者と被面接者との間で、言った言わないのトラブルが後に発生するのを回避するとともに、面接担当者が上記1.の目的にのっとって面接を実施することを確保するためです。

　さらに、面接に当たっては、上記1.の目的にのっとった面接が実施されていることの担保として、面接カード（133ページの**書式3-5**）、面接マニュアルを作成し、準備したほうがよいでしょう。なぜなら、面接担当者の説明の統一性を確保する（担当者によって説明の仕方や受け答えが異なっては、トラブルのもとです）とともに、企業が面接で行うべきことを実際に実行したことの証拠になるからです。

書式

書式3-1　早期退職制度の参考例

早期退職制度

1. 目的
　中高年層の社員に対し、人生設計に当たっての選択の機会の拡大を図り、積極的なチャレンジを後押しする目的より、本制度を設けました。

2. 適用者
　退職時年齢45歳以上55歳未満で、かつ勤続10年以上の正社員
　但し、
　① 退職することで会社の業務に著しく支障を来す者
　② 競業会社への転職者
　③ その他、会社として本制度を適用することが望ましくない者と判断するとき
　は、適用外とする。

3. 特別加算金の支給
　会社都合の退職金に加え、次の特別加算金を支給する。
　　（基本給+○○手当）×15カ月

4. 申請手続き
　退職日の3カ月以上前に、所定の申請書を○○（窓口）に提出する。

解説

　中高年層の従業員への人員調整が目的ですが、1.の「目的」は労使双方の利益となることを明記し、ただ、2.の「適用者」で企業にとって重要な人材が流出しないようにします。

書式 3-2　希望退職募集の社内発表用文書

平成○○年○月○日

社員の皆様へ

株式会社○○○○
代表取締役　△△△△

○○部門閉鎖のお知らせ

　日頃は社業発展にご尽力いただき誠にありがとうございます。

　皆様もご承知のとおり、当社は昭和○年に○○の販売、その後○○の製造・販売等をしてまいりましたが、その○○の製造部門が、平成○年分離独立し×××会社として発足して以降は、×××社より○○を購入して販売することとなり、かかる体制で、はや○年となります。この間、会社発展にご貢献いただいた社員の皆様には、改めて心より感謝申し上げます。

　さて、現在当社を取り巻く状況は、公共事業の発注規模の縮小、民間工事の減少等によって受注数量が低迷、さらに販売価格も過当競争によって低迷しており、その結果、当社の当期損益は次のとおり直近決算期を除き5年連続の赤字であり、別途積立金や内部留保の取り崩しによってようやく黒字決算になっております。特に、当社の主力部門である○○部門は○期連続の赤字であり、過去の蓄積を取り崩して会社の経営が成り立っている状況です。かかる状況は今年度においても改善される兆しはまったくありません。

	平成○○.12.1〜 平成○○.11.30	平成○○.12.1〜 平成○○.11.30	平成○○.12.1〜 平成○○.11.30	平成○○.12.1〜 平成○○.11.30	平成○○.12.1〜 平成○○.11.30
○○部門(人)	○	○	○	○	○
当期損益(円)	○	○	○	○	○
別途積立金取崩(円)	○	○	○	○	○
内部留保取崩(円)	○	○	○	○	○
累計(円)	○	○	○	○	○

　もっとも、この間、当社としても社員の皆様にご協力いただいて人件費等の削減、役員数の削減、役員報酬の削減等、経費節減・削減に取り組みましたが、当社を取り巻く環境は一向に好転せず、上記のような決算を計上する結果になったものです。

これまで当社の維持発展にご協力いただいた社員の皆様にこのような当社の状況をお伝えすることは誠に不本意ではありますが、これ以上経営を続ければ内部留保は底を尽き、社員の皆様への退職金等の支給に支障が生じることが目に見えて明らかですので、本年〇月〇日をもちまして、〇〇部門を閉鎖し、社員の皆様には退職していただきたく、ご連絡した次第です。

　なお、退職する皆様の再就職先につきましては、会社といたしましても誠心誠意努力いたす所存であります。

　退職の具体的条件、手続きにつきましては、別紙「退職要領」に明記しておりますので、何卒ご協力賜りますようよろしくお願い申し上げます。

以　上

解説

　経営不振に陥ったことについて、決算書の数値を使って説明することで、説得力を増す工夫をしています。

書式3-3　希望退職募集実施要領

平成○○年○月1日

希望退職募集実施要領

1. 対象社員

　平成○○年○月1日現在、当社に在籍する社員のうち、当社が認めた者。
　ただし、□□□□からの出向社員及び嘱託社員は、本プログラムの適用対象になりません。

2. 募集期間

　平成○○年○月10日より同年同月16日まで。

3. 業務終了日及び最終退職日

　対象社員ごとに会社が業務終了日（以下、「業務終了日」といいます）を指定します。業務終了日は、原則として平成○○年○月末日までの日を指定しますが、必要に応じてこれを延長することがあります。

　業務終了日までは、これまでどおりの処遇、すなわち、業務終了日までの月例給、家賃補助を支払います。

　業務終了日から3カ月目の日をもって最終の退職日とします（以下、「最終退職日」といいます）。業務終了日の翌日から最終退職日まで（以下、「再就職活動期間」といいます）の間は、以下の4.(2)Aで定義される「保証月額」が毎月（最長3カ月）支払われます。この間、通常の勤務は免除しますので、業務終了日の翌日から再就職活動に入っていただきます。

4. 退職金

　退職金として、下記(1)及び(2)の合計額を支払います。

(1) 規定退職金

　「退職金規程」に基づく退職金は、会社都合で支払います。

(2) 特別退職金

　下記A、B、Cの合計額を特別退職金として支払います。

　A　特別退職金A

　　本プログラムに応募した対象社員に、「保証月額」（下記①、②、③の合計額）6カ月分を支払います。

　　① 月額基本給

② 保証賞与（処遇についての各自との契約書に定められた賞与の下限額）がある場合には、その月割相当額（年間12カ月分の１カ月分とする）
　　　③ 賃貸住宅規程に基づいて、現在、会社が負担している月額補助家賃
　　B　特別退職金B
　　　上記特別退職金Aに加えて、業務終了日の翌日から最終退職日の前日までに退職した社員に対し、特別退職金Bとして、以下の金額を支払います。
　　　「実際の退職日から最終退職日までの残存期間に応じて保証月額を日割計算した額」
　　　したがって、業務終了日の翌日から最終退職日までのいずれの日に退職しても、業務終了日から最終退職日まで在籍した場合に支払われる３カ月分の保証月額相当額が、業務終了日以降の在籍中の保証月額（該当期間分）と特別退職金Bの合計として支払われます。
　　C　特別退職金C
　　　本プログラムに応募した対象社員のうち、各人の業務終了日までの業務を会社が評価した上で、会社がその適用を認めた者に対して、上記特別退職金A、Bに加えて、保証月額１カ月分を上限に、会社が定める金額を特別退職金Cとして支払うことがあります。対象社員の業務の評価は、部長及び担当取締役からの報告に基づいて社長が行います。したがって、まったく支払わないこともあります。
　(3)　退職金支払日
　　　上記(1)の退職金及び(2)の特別退職金は、別途各人ごとに金額を説明した上で、退職日に、各人の給与振込口座に振り込まれます。

5.個別面接
　本プログラムを完全にご理解いただくために、別添の日程により個別面接を行います。その際、上記4.(2)に定める「保証月額」を確認していただきます。

6.合意退職の申込方法
　本プログラムに応募する人は、添付書類に必要事項を記入の上、

募集期間中に総務部長宛提出して下さい。
7. その他
 (1)　賃貸住宅規程に基づき、現在、住宅について会社から転貸借を受けている対象社員については、契約の切換手続きが必要になります。別途、該当者に対しては総務部から詳細を説明します。
 (2)　海外勤務者が帰国する場合には、旅費及び移転費のうち、会社が認めた金額を支払います。
 (3)　雇用保険の受給に際し、会社が交付する離職票の退職理由は「事業主都合」となります。
 (4)　社会保険に関する諸手続きや税金など、本プログラムに関して不明な事項がございましたら、遠慮なく総務部へご相談下さい。

以　上

解説

希望退職募集実施要領の一つとしての本書式の特徴は、
- 業務終了日を一律ではなく個々の社員の業務ごとに会社が決めること
- 業務終了日から退職日までを3カ月とし、これをもっぱら有給にする再就職活動期間とすること

とした点です。

外資系企業などでは、各社員で担当職務の終了時期がばらばらであったり、再就職のためにはキャリアが継続している点が有利であったりしますので、その点を重要ポイントとして設計したものです。

書式3-4　退職加算金計算書

平成〇〇年〇月〇日

××××殿

株式会社〇〇〇〇
代表取締役　△△△△

退職加算金の計算書

　貴殿の退職加算金及び退職金は、次のとおりです（計算期日は、すべて平成〇〇年〇月〇日）。

1. 生 年 月 日　：〇.〇.〇

2. 年　　　　齢　：〇歳

3. 入 社 年 月 日　：〇.〇.〇

4. 勤 続 年 数　：〇年〇カ月

5. 基 準 賃 金
　　　基本給　　　：〇〇〇円
　　　職能給　　　：〇〇〇円

6. 退職加算金：〇〇〇円
　　　〔……円未満切上げ〕　基準賃金（〇〇円）×〇倍

7. 退　職　金　　：〇〇〇円《支給率別表2》
　　　基準賃金　〇〇円×支給率〇〇

8. 合 計 金 額　：〇〇〇円
　　　〔6.＋7.〕

9. そ　の　他　：年休買上げ額の概算　〇〇〇円
　　　〇月〇日現在の年休残日数　〇日、日額　〇〇円

以　上

解説

　希望退職募集実施要領で希望退職募集の具体的内容は分かっても、各従業員は、自分がそれによって、いくらの退職加算金がもらえるのかを正確に知りたいものです。

　それに応えるための資料が、本書式の個人別の退職加算金計算書です。個人を特定し（1.〜5.）、希望退職の募集によって退職加算金がいくらになり、規定退職金等も含めて総額ではいくらもらえるのかなど（6.〜9.）が、一目瞭然に分かるようにします。

書式3-5　面接カード

面接カード				
第1回　面接記録		氏　名		
面接日時	月　日　：　－　：	面接者		㊞
場　所				㊞

（説明完了後□にレ印。対象者の発言要旨を空欄に記入）

① 会社の状況説明　□

② 制度内容、加算金の説明　□

③ 再就職先あっせんの仕組みの説明　□

④ 本人の意思確認　□

⑤ その他、質疑応答など自由記載

解説

各人ごとに1枚の面接カードを作成し、希望退職の募集に当たっての説明の統一性を確保します（①～③）。その上で、個別に対象者の意思、意見等が出てきたときはそれを記載して（④、⑤）、応募人数の見込みの資料とします。

もし、会社が期待する応募人数に達しそうになければ、募集期間の前にさらに第二次面接を実施して、会社の窮状を説明し、協力（応募）を求めます。

書式3-6　誓約書

××会社　御中

誓約書

　私は、今般貴社を退社するにあたり、退職後も以下の各項を誓約します。

1. 貴社の企業秘密その他業務上知り得た一切の情報を第三者に開示又は漏洩等することなく秘密として保持すること。また、自己の目的にも使用しないこと。
2. 私が貴社における就業に関連して入手した貴社の企業秘密を含む一切の資料及びそのコピーを含む一切の複製物を、貴社に返還すること。
3. 貴社の信用・名誉を毀損し、又は悪影響を与える行為を一切行わないこと。
4. 万一、この誓約書に違反し又は在籍中の法令若しくは社内規定に違反する行為によって貴社に損害を与えた場合には、貴社の被った損害の一切を賠償すること。
5. 退職に際し、退職金規程に基づく退職金請求権、その他別途合意済みの請求権以外には、貴社に対し何らの請求権も有しないことを確認します。

以　上

平成〇年〇月〇日
住　所
氏　名　　　　　　　　　　　　　　　㊞

解説

　退職時の正式な誓約書です。内容としては、

- 秘密保持義務・自己使用禁止
- 会社の信用・名誉の保持等の義務
- 清算条項

を盛り込みます。

第4章

普通解雇

1 解雇の種類と特徴

1 解雇の種類

　解雇とは、使用者による労働契約の解約です。

　解雇は、大別して、普通解雇と懲戒解雇に分類されます。さらに、普通解雇は、狭義の普通解雇と、それ以外の解雇（整理解雇、採用内定取り消し、本採用拒否も、法的には普通解雇の一種と分類されています）に分類されます（図表4-1参照）。

2 普通解雇

　普通解雇とは、懲戒解雇以外の解雇です。

　民法上、雇用期間に定めのない労働契約（無期労働契約）であれば、各当事者はいつでも解約をすることができ、解約の申し込み後

|図表|4-1|解雇の種類

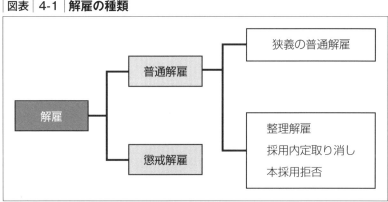

2週間の経過によって終了します（民法627条1項）。つまり、民法上は、使用者が2週間の予告期間を置けば、いつでも労働者を解雇できるという「解雇自由」を定めています。

しかし、労働基準法（以下、労基法）その他の法律や、判例・裁判例により、民法上の「解雇自由」は大きく修正されています。特に、後述する解雇権濫用法理（労働契約法（以下、労契法）16条）により、解雇は厳しく制限されています。また、使用者が解約（解雇）する場合には、民法では14日の予告期間が、少なくとも30日前に修正されています（労基法20条）。

他方で、期間の定めのある労働契約（有期労働契約）の場合は、民法628条において「やむを得ない事由」があるときは、期間中でも解雇できるとされています。この解雇についても、労契法17条で厳しく制限されています。

3 懲戒解雇

懲戒解雇とは、懲戒処分としての解雇です。
詳細は、第5章をご確認ください。

4 整理解雇

[1] 整理解雇

整理解雇とは、使用者が経営上必要とされる人員削減のために行う解雇です。

整理解雇は、使用者側の事情による解雇であり、労働者の責に帰すべき事由（私傷病や非違行為）がない点に特徴があります。

[2] いわゆる整理解雇の「4要件」(4要素)

　整理解雇については、これまで多くの裁判例が積み重ねられ、いわゆる整理解雇法理が確立されています。

　整理解雇法理とは、整理解雇に当たっては、①人員削減の必要性、②解雇回避努力、③被解雇者選定の合理性、④手続きの妥当性を充足していなければならないというものです。

　この①～④を、どれか一つでも欠いた場合は無効になるという意味での「要件」と考える見解（4要件説）と、解雇権濫用か否かを判断するに際して考慮すべき主要な「要素」を類型化したものと考える見解（4要素説）が、学説上も裁判例上も対立しています。

　従前は、4要件説が有力でした。例えば、**レブロン事件**（静岡地裁浜松支部　平10.5.20決定　労経速1687号3頁）、**興和事件**（大阪地裁　平10.1.5決定　労経速1673号3頁）、**乙山鉄工事件**（前橋地裁　平14.3.15判決　労判842号83頁）などがそれに当たります。

　しかし、近年、4要素説を採用していると考えられる裁判例が多々出ています。例えば、**ナショナル・ウエストミンスター銀行（三次仮処分）事件**（東京地裁　平12.1.21決定　労判782号23頁）、**東京自転車健康保険組合事件**（東京地裁　平18.11.29判決　労判935号35頁）、**CSFBセキュリティーズ・ジャパン・リミテッド事件**（東京高裁　平18.12.26判決　労判931号30頁）、**横浜商銀信用組合事件**（横浜地裁　平19.5.17判決　労判945号59頁）、**メイコー（仮処分）事件**（甲府地裁　平21.5.21決定　労判985号5頁）、**N航空客室乗務員解雇事件**（東京高裁　平26.6.3判決　労経速2221号3頁）などです（なお、最高裁では「上告棄却および不受理」などがあります）。

　もっとも、裁判例は、4要件という用語を用いても、それらを総合判断するとしていたり（例えば、**シンガポール・デベロップメント銀行（本訴）事件**　大阪地裁　平12.6.23判決　労判786号16頁）、4要素説をとっていても、特定の要素を大きく欠いている場合には

他の要素を吟味することなく解雇権の濫用を導くなどしており、いずれの説でも具体的判断方法に明確な差が生じているとはいえないとの指摘もあるところです（荒木尚志『労働法（第2版）』283頁・有斐閣）。

いずれにせよ、整理解雇に当たっては、上記①〜④を充足するか否かを慎重に検討する必要があります。

5 採用内定取り消し

[1] 採用内定の法的意味

採用内定取り消しとは、企業が、内定者に対して、採用内定を取り消すことをいいます。

企業の採用活動は、優秀な人材を早期に確保するために、新規学卒者が実際に入社する相当以前に開始されます。そして、企業は、採用を決定した新規学卒者に対して、採用内定通知を発し、新規学卒者は当該企業に就職する旨の誓約書や身元保証書等を企業に提出し、その後、健康診断等を経て正式に入社することになるのが一般的です。

この採用内定の法的意味について、判例は、内定時に始期付解約権留保付労働契約（入社日を始期として効力が発生し（始期付）、使用者に契約の解約権が留保された（解約権留保付）労働契約）が成立したものと解しています（**大日本印刷事件** 最高裁二小 昭54.7.20判決 民集33巻5号582頁）。そして、この「始期」については、裁判所は事案により、「就労の始期」と解したり（前掲大日本印刷事件）、労働契約の「効力発生の始期」と解したりしています（**電電公社近畿電通局事件** 最高裁二小 昭55.5.30判決 労判342号16頁）。

[2] 採用内定取り消し

　いずれの場合であっても、使用者による採用内定取り消しは、すでに成立した労働契約の解約となるので、合理的な理由のない解約権の行使は、無効となります。

　この点に関して、前掲大日本印刷事件は、「採用内定の取消事由は、採用内定当時知ることができず、また知ることが期待できないような事実であって、これを理由として採用内定を取消すことが解約権留保の趣旨、目的に照らして客観的に合理的と認められ社会通念上相当として是認することができるものに限られると解するのが相当である」と判示しました。

　つまり、採用内定取り消しの適法性は、使用者が留保した解約権行使の適法性の問題となるのです。

　実際に、当初から陰気（グルーミー）という印象で不適格かと思われたが、後に打ち消す材料が現れるかもしれないので採用内定した内定者について、打ち消す材料が結局現れなかったので採用内定取り消しをしたという事案において、裁判所は、陰気な印象であることは当初から判明していたことであり、その段階で調査を尽くせば従業員としての適格性の有無は判断できたはずであるから、そのような事由を採用内定取り消し事由とはできないと判示しました（前掲大日本印刷事件）。

　また、内定者に悪い噂があったため、採用内定をいったん留保し、調査、再面接後に、再度採用内定したものの、その後、事実であると認めるに足る証拠がない噂を理由に採用内定取り消しをした事案において、裁判所は採用内定後に新たに判明した事実ではないことを理由とする本採用取り消しは、解約権の濫用と判断しています（**オプトエレクトロニクス事件**　東京地裁　平16.6.23判決　労判877号13頁）。

　以上のとおり、いったん採用内定により労働契約が成立したら、

その取り消しには制約があるため、使用者は慎重に内定を出す必要があり、内定予定者に気になる点が判明している場合は、内定を出す前に、その点を十分に調査・確認すべきです。

6 本採用拒否

[1] 試用期間の法的意味

　本採用拒否とは、試用期間中または試用期間満了時に、使用者が解約権を行使して労働契約を終了させることです。

　試用期間とは、労働者を採用後（労働契約成立後）、業務に従事させながら労働者の適格性を判断するための期間です。

　わが国の雇用システムは、終身雇用に特徴があるとされ、一度労働者を採用した場合、雇用関係は長期間継続する例が多く見られます。企業としては、企業に不適格な労働者を採用することのないよう慎重に採用活動をすべきですが、実際に仕事をさせてみないと適格性の判断ができない場合が多々あります。そこで、多くの企業では、試用期間を設けて労働者の適格性を判断することにしています。

[2] 本採用拒否の意義

　試用期間の法的意味に関して、判例は、終身雇用制の下での通常の試用では、留保解約権付きの労働契約であると解し、留保解約権に基づく解雇は、通常の解雇よりも広い範囲における解雇の自由が認められると判示した上で、留保解約権の行使は、解約権留保の趣旨、目的に照らして、客観的に合理的な理由が存し社会通念上相当として是認され得る場合のみ許されると判示しています（**三菱樹脂本採用拒否事件**　最高裁大法廷　昭48.12.12判決　労判189号16頁）。

　さらに、同判決は、この留保解約権の行使が許されるのは、「企業者が、採用決定後における調査の結果により、または試用中の勤

務状態等により、当初知ることができず、また知ることが期待できないような事実を知るに至つた場合において、そのような事実に照らしその者を引き続き当該企業に雇用しておくのが適当でないと判断することが、上記解約権留保の趣旨、目的に徴して、客観的に相当であると認められる場合」であると判示しました。

■就業規則の規定例

（採用内定取消し）
第○条　会社は、採用内定通知書又は入社誓約書に記載された採用内定の取消事由が存する場合には、採用内定を取り消すことができる。

解説

　採用内定取り消しについて、就業規則で定めている企業は多くはありませんが、法律関係の明確化の観点から、解雇の規定とは別に、採用内定取り消しがあり得る旨の総論的な規定を設けておくことも検討に値します。ただし、規定を設ける場合には、総論的な規定内容にとどめ、具体的な採用内定の取り消し事由は採用内定通知書や内定者に提出させる誓約書に記載するほうが適切です。実務上も、取り消し事由を就業規則に具体的に規定する例は少ないものと思われます。

　また、使用者が適時に対応することを可能とするために、採用内定取り消しを手続的・内容的に制限する規定は設けるべきではありません。

(試用期間)
第○条　新たに採用した社員（中途採用者を含む）については、適格性を判断するため、入社後6カ月間を試用期間とする。ただし、会社が特に認めた者については、書面により、試用期間を短縮し、又は免除することがある。
2　試用期間中に社員としての適格性を有しないと認めるに至った者は、解雇する。

解説

　中途採用者について試用期間の適用があるか否かが争われることがありますので（**オープンタイドジャパン事件**　東京地裁　平14.8.9判決　労判836号94頁）、就業規則には、中途採用者を含むすべての労働者に試用期間が適用される旨を定めるのが望ましいといえます。

　もっとも、使用者が柔軟に対応できるようにするため、「ただし、会社が特に認めた者については、書面により、試用期間を短縮し、又は免除することがある」といった規定を加えてもよいでしょう。

2 解雇をめぐる留意事項

1 法律による解雇制限

[1] 解雇理由の制限(具体的な解雇禁止事由)

　労基法その他の法律において、解雇理由に制限が課せられており、解雇禁止事由により解雇した場合には、無効となります。主な解雇禁止事由を挙げると、以下のとおりです。

①国籍・信条または社会的身分(労基法3条)
②企画業務型裁量労働制の適用を受けることに同意しないこと(労基法38条の4第1項6号)
③労基法違反の申告を監督機関(労働基準監督署等)にしたこと(労基法104条2項)
④年次有給休暇を取得したこと(労基法136条)
⑤労働安全衛生法違反の事実を監督機関(労働基準監督署等)に申告したこと(安衛法97条2項)
⑥育児休業、介護休業の申し出、取得をしたこと(育児・介護休業法10条、16条)
⑦育児介護に関する紛争について、都道府県労働局長に対して紛争解決援助を求めたこと(育児・介護休業法52条の4第2項)
⑧性別(男女雇用機会均等法6条4号)、女性労働者が婚姻したこと(同法9条2項)、女性労働者の妊娠、出産、産前産後休業の請求・取得等をしたこと(同法9条3項)、同法に関する紛争の解決について、都道府県労働局長に紛争解決援助を求めたこと(同法17条2項)
⑨労働組合の組合員であること、労働組合へ加入し、または労働組合を結成しようとしたこと、労働組合の正当な行為をしたこと(労働組合法7条1号)
⑩労働委員会に不当労働行為救済申し立てや再審査申し立てなどをしたこと(労働組合法7条4号)

⑪賃金支払確保法違反の事実を都道府県労働局長等に申告したこと（同法14条2項）
⑫都道府県労働局長に個別労働紛争解決の援助、あっせんを求めたこと（個別労働紛争解決促進法4条3項、同法5条2項）
⑬公益通報したこと（公益通報者保護法3条）

[2] 実務上の留意点

前述したように、法律による解雇制限（解雇禁止事由）に該当する解雇は、無効です。

そのため、解雇を検討するに当たっては、解雇禁止事由に該当しないか、必ずチェックする必要があります。

特に最近では、女性従業員の妊娠、出産などを理由とした解雇を含む不利益な取り扱いについて、マタニティー・ハラスメント（通称「マタハラ」）として世間の注目を集めており、紛争になった場合には、マスコミ等に取り上げられて、企業の信用問題に発展しかねないので注意が必要です。

[3] 解雇時期の制限

(1) 労基法19条

前記の解雇理由の制限だけではなく、解雇時期の制限も課せられています。具体的には、労基法19条において、以下の期間中は、解雇が禁止されています。

①労働者が業務上負傷し、または疾病にかかり療養のために休業する期間およびその後30日間
ただし、使用者が療養補償について打切補償（労基法81条）をした場合、または天災事変その他やむを得ない事由のために事業の継続が不可能となった場合を除く。
②産前産後の女性労働者が労基法65条の規定によって休業する期間およびその後30日間

> ただし、天災事変その他やむを得ない事由のために事業の継続が不可能となった場合を除く。

　解雇制限の趣旨は、解雇後の就業活動に困難を来す場合に一定の期間について解雇を一時制限し、労働者が生活の脅威を被ることのないように保護することにあります。

(2) 前記①の解雇制限

　前記①の解雇制限は、負傷、疾病が「業務上」のものでなければならず、業務外のもの（私傷病）については、適用されません。

　なお、「業務上」の疾病は、業務と相当因果関係にある疾病をいい、その発症が当該業務に内在する危険が現実化したと認められることが必要です（東芝（うつ病・解雇）事件　東京高裁　平23.2.23判決　労判1022号5頁）。

(3) 前記②の解雇制限

　女性労働者は、産前に6週間（多胎妊娠の場合は14週間）、産後に8週間の休業を認められています（労基法65条1項・2項）。この期間およびその後30日間は、解雇が制限されます。

　産前の休業については、本人の請求によりますが、産後の休業については請求の有無を問わず付与されます。ただし、産後6週間を経過した女性労働者が請求した場合において、その者について医師が、支障がないと認めた業務に就かせることは差し支えありません。

　なお、6週間以内に出産する予定の女性労働者が産前休業を取らずに引き続き業務に就いている場合、労基法19条が適用されるかが問題となりますが、通説は、適用されない（解雇制限期間とならない）と解しています。

2 解雇権濫用法理による解雇制限

[1] 解雇権濫用法理の実定法化

　判例は、わが国の終身雇用制を前提に解雇権濫用法理を確立し（**日本食塩製造事件**　最高裁二小　昭50.4.25判決　民集29巻4号456頁、**高知放送事件**　最高裁二小　昭52.1.31判決　労判268号17頁）、これが平成15年の労基法改正で実定法化され、さらに平成20年3月1日施行の労契法に規定が移されました（同法16条）。したがって、解雇は、原則は自由（民法627条1項）ですが、「客観的に合理的な理由を欠き、社会通念上相当であると認められない場合は、その権利を濫用したものとして、無効」（解雇権濫用法理）となります。

　つまり、①客観的合理的理由と②相当性という二つの要件をクリアしないと、解雇は無効となります。この結果、法律上は、「原則は自由、例外として濫用のとき無効」とされているのが、実際は、「濫用であり無効」となるケースが多いことから、原則と例外が逆転しているといってもよいくらいです。要するに、使用者はよほどの理由がない限り、労働者を解雇できない、ということです。

[2] 解雇事由

　多くの使用者は、就業規則に「解雇」の規定を設けて、労働者がいかなる場合に解雇となるのかを明確に定めています。

　この点に関連して、実務上問題となるのは、就業規則上の普通解雇事由が、限定列挙か例示列挙かという点です。すなわち、限定列挙であれば、使用者は列挙した解雇事由以外の事由では解雇できなくなり、限定列挙した事由以外の事由で解雇すればそれは無効になります。他方、例示列挙であれば、解雇は無効になりません。この問題は、結局、就業規則の普通解雇事由の定めの解釈に委ねられますが、普通解雇事由として、具体的な解雇事由とともに、「その他

前各号に準ずる事由があるとき」という包括条項を入れておけば、限定列挙か例示列挙かという問題は回避できます。

そのため、解雇事由として必ず包括条項を入れておくべきです（具体的な解雇事由の規定例は、下記〔**就業規則の規定例**〕を参照）。

[3] 実務対応のポイント

解雇権の行使が濫用となっていないか否か（①客観的合理的理由、②相当性）は、個別具体的判断です。就業規則に定める解雇事由に該当すれば濫用にならない、というものではありません。そして、その判断は、対象となる労働契約の特徴を見極めた上でなされます。

一般的に、(i)労働者の労務提供不能や労働能力または適格性の欠如・喪失や、(ii)労働者の規律違反行為が問題となるケースでは、裁判例は、いきなりレッドカード（解雇）ではなく、イエローカード、つまり、教育の機会や警告を事前に与えていたかどうかを重視します。

そのため、後に紛争になった場合に備えて、教育の機会や警告を事前に与えていたことを「指導書」のような文書で証拠化しておく必要があります。これらを口頭で行っていても、客観的な証拠がなく立証できなければ、行っていないものと扱われてしまい、解雇が無効になりかねないからです（190ページの**書式4-1**「指導書」参照）。

■就業規則の規定例

（解雇）
第30条　会社は、次の各号の一に該当するときは、従業員を解雇とする。
(1) 懲戒解雇事由が存在するとき
(2) 業務能力が著しく劣り、または勤務成績が著しく不良なとき

(3) 健康状態に支障をきたし、業務に耐えられないと認められるとき
(4) 刑事上の訴追を受けたとき
(5) 会社の業務運営を妨げ、または妨げることを教唆扇動したとき
(6) 勤務状況が著しく不良で、改善の見込みがないとき
(7) 天災、事変、その他やむを得ない事由により、業務の継続が不可能となったとき
(8) 事業の縮小または会社経営上やむを得ない事由のあるとき
(9) 事業計画の変動により、余剰人員が発生したとき
(10) 会社の承認なく在籍のまま他に就職し、または社外業務に従事したとき
(11) その他前各号に準ずる事由があるとき

解説

前述したように、具体的な解雇事由とともに、「その他前各号に準ずる事由があるとき」という包括条項（11号）を入れておく必要があります。

なお、私傷病で欠勤が続いた場合、3号に基づいて解雇することが可能ですが（この場合、私傷病なので労基法19条の解雇制限は適用されません）、私傷病休職制度を設けている場合、休職期間中の休職者を「健康状態に支障をきたし、業務に耐えられないと認められるとき」（3号）に該当するものとして解雇することはできないので、注意が必要です。

3 解雇同意約款、解雇協議約款

[1] 解雇同意約款、解雇協議約款の意義

解雇同意約款とは、使用者が労働者を解雇する際に、労働組合の同意を必要とする旨の労働協約の条項です。具体的には、「会社は、組合員を解雇する場合には、予め労働組合に通知して協議し、労働

組合の同意を得て行わなければならない」などといった規定になります。

これと似た条項として、解雇協議約款があります。解雇協議約款とは、使用者が労働者を解雇する際に、労働組合との協議を必要とする旨の労働協約の条項です。

労働協約のうち、組合員の労働条件その他の待遇に関する基準を定めた部分は、組合員の労働契約の内容になります（労働組合法16条）。そして、解雇同意約款、解雇協議約款は、組合員の待遇に関する基準に当たると解されています（例えば、**東京金属ほか1社（解雇仮処分）事件**　水戸地裁下妻支部　平15.6.16決定　労判855号70頁）。そのため、解雇同意約款、解雇協議約款に違反する解雇は、原則として無効になります。

[2] 解雇同意約款、解雇協議約款違反とはならない場合

前述したとおり、解雇同意約款、解雇協議約款に違反する解雇は、原則として無効です。しかし、特段の事情がある場合には、有効と解されています。

例えば、「組合は経営権が会社にあることを確認する。但し会社は経営の方針、人事の基準、組織及び職制の変更、資産の処分等経営の基本に関する事項については再建協議会その他の方法により、組合又は連合会と協議決定する。前項の人事とは従業員の採用、解雇、異動、休職、任免及びこれ等に関連する事項をいう」という条項があるにもかかわらず、労働組合の同意を得ずに整理解雇した**池貝鉄工事件**（最高裁一小　昭29.1.21判決　民集8巻1号123頁）において、裁判所は、「右協定条項は、いかなる場合においても常に会社が一方的に経営上の措置（本件で問題となつている、人員整理方針の決定及びこれに基づく人員整理の実施の如き）をとることを許さないものとする趣旨ではなく、主として企業の経営についても

会社側の独断専行を避け組合と協議してその意見を充分に会社側に反映せしめると共に、他方会社の趣旨とするところを組合側に了解せしめ、出来得る限り両者相互の理解と納得の上に事を運ばせようとする趣旨を定めたものと解するのを相当とする。従つて少くともある経営上の措置が会社にとつて必要やむを得ないものであり、且これについて組合の了解を得るために会社として尽すべき処置を講じたにも拘わらず、組合の了解を得るに至らなかつたような場合において会社が一方的にその経営措置を実施することを妨ぐるものではない」と判示し、協議を尽くしていれば、同意は不要と判断しました。

　他方で、就業規則に「会社が経営上やむを得ないと判断し、労働組合がそれを了承したとき」という条項が存するにもかかわらず、労働組合の了承を得ないで整理解雇した**ロイヤル・インシュアランス・パブリック・リミテッド・カンパニー事件**（東京地裁　平8.7.31決定　労判712号85頁）において、裁判所は、「債務者（筆者注：使用者）が整理解雇として債権者ら（筆者注：組合員ら）を解雇しようとする場合には、同規程に定める手続要件を履践することが不可能であるか又は同規程に定める手続要件の履践を求めることが却って債権者らにとって酷な結果を招来してしまうというような極めて特殊な事情が存在するなどの特段の事情がない限り、同規程に定める手続要件を充足する必要がある」と判示し、整理解雇を無効と判断しました。また、「組合員の解雇について本人および組合に異議のあるときは労使協議し、協議が整わない場合は解雇しない」という条項があるにもかかわらず、協議が整わない状況下で解雇した**大阪フィルハーモニー交響楽団事件**（大阪地裁　平元.6.29判決　労判544号44頁）において、裁判所は、いまだ議論を尽くしたとはいえないとして解雇を無効と判断しましたが、「解雇事由が解雇に相当する強度の背信性をもち、かつ、協議が整わなかったことにつき

専ら組合に非がある等の特段の事情が認められるときは、なお本件解雇は有効である」とも判示しました。

以上からすれば、解雇同意約款、解雇協議約款が存在する場合であっても、使用者が労働組合の同意を得るよう尽力した場合、同意が得られなかったり協議が整わなかったりしたことにつき専ら組合に非がある場合などには、解雇は有効と考えられます。

4 解雇予告制度

[1] 労基法20条1項

労基法20条1項は、使用者に対して、労働者を解雇（懲戒解雇を含みます）する場合には、当該労働者への、少なくとも30日前の予告、あるいはこれに代わる解雇予告手当（30日分以上の平均賃金）の支払いを義務づけています。

この趣旨は、労働者が突然の解雇によって被る生活上の困窮を緩和する点にあります。

[2] 解雇予告

(1) 解雇予告の内容

いつ解雇されるのかが明確に認識できるように、解雇の日を特定しなければなりません。

したがって、30日以上経ったら解雇するというような不確定な期限付きの予告や、何月何日までに受注がない場合は同日付けで解雇するというような条件付きの予告は認められません。

(2) 期間の起算点

解雇予告は、少なくとも30日前（労働日ではなく暦日）にしなければなりません。「30日前」というのは、解雇予告をした日は含まれず、予告をした日の翌日（より正確には、解雇予告が労働者に到

達した日の翌日）が起算日となります（民法140条。**日本炭業（解雇）事件**　福岡地裁　昭29.12.28決定　労民集5巻6号661頁）。この起算日から、解雇の効力発生日までの間に、少なくとも30日間の期間を置く必要があります。

　例えば、解雇日を8月31日とする場合、使用者は労働者に対して、遅くとも8月1日に解雇予告をしなければなりません。

(3) 解雇予告の方法

　解雇予告の方法については、特に制限はありません。そのため、口頭でも書面でも構わないですが、後日紛争になった場合に、口頭では予告をしたことが立証困難ですので、書面により解雇予告をしたほうがよいでしょう（191ページの**書式4-2～4-4**「解雇予告通知書」等参照）。

　また、書面の場合には、解雇予告が到達したことを明らかにする観点から、直接交付したり、内容証明郵便を用いたりする方法が適切です。

　ただし、郵送の場合には、注意が必要です。すなわち、解雇予告通知書が労働者に到達した日に予告があったことになるため（民法97条）、起算日は、労働者に到達した日（郵送された日）の翌日になります。

(4) 解雇予告の取り消し

　使用者の労働者に対する解雇予告は、労働者に到達した以後は撤回することができません（民法540条2項）。

　ただし、労働者の同意を得れば解雇予告の取り消しは可能です（昭25.9.21　基収2824、昭33.2.13　基発90）。

(5) 予告期間中の労働契約

　予告期間中であっても労働契約は存続しているので、労働者は労務提供義務を負い、使用者は賃金支払義務を負います。

　使用者としては、解雇予告した労働者の就労を認めたくない場合

も少なくありません。このような場合には、労働者に対して、解雇の効力発生日まで、自宅待機か、就労を免除する対応が考えられます（なお、賃金は全額支払わなければなりません）。

[3] 解雇予告手当

(1) 解雇予告手当の内容

使用者が、労働者に対して、少なくとも30日前に解雇予告をしない場合、使用者は、予告に代えて、30日分以上の平均賃金を解雇予告手当として支払わなければなりません（労基法20条1項）。

また、解雇予告をしても、その予告期間が30日に満たない場合には、不足日数分について、予告手当を支払わなければなりません（同条2項）。図表4-2を参照ください。

(2) 解雇予告手当の支払時期

解雇予告手当は、即時解雇の場合（図表4-2②）は解雇と同時に支払う必要があります（昭23.3.17　基発464）。

また、予告期間が30日に満たないため、不足日数分について予告手当を支払わなければならない場合（図表4-2③）、解雇予告時に支払う必要はなく、解雇予告日数と予告手当で支払う日数が明示されている限り、解雇の日までに支払えばよいとされています。

(3) 解雇予告手当の支払方法

解雇予告手当は、賃金ではないため、労基法24条に定める賃金の直接払い、通貨払いの原則は適用されませんが、賃金に準じるものであるから、行政通達では、直接払い、通貨払いを行うよう指導しています（昭23.8.18　基収2520）。実務上も、予告手当を通貨で直接本人に支払う方法が一般的です。具体的には、即時解雇を言い渡す際に解雇予告手当を労働者本人に直接支払う方法、解雇予告の通知書に解雇予告手当の支払日を定めて、使用者の事業場に本人に取りに来てもらう方法、現金書留で郵送する方法、給与振込口座に送

解雇をめぐる留意事項

図表 4-2 解雇予告および手当の支払方法

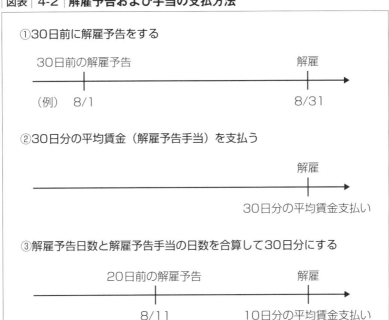

金する方法があります。

実務的には、給与振込口座に送金する方法が多いようです。

[4] 適用除外者

労基法21条では、解雇予告制度の適用除外者として、**図表4-3**に掲げる者を定めていますが、適用除外者にならない場合についても規定していますので、注意を要します。

なお、ここで注意が必要なのは、**図表4-3**④試の使用期間中の者です。採用してから14日以内であっても、試用期間が設けられていない場合には、「試の使用期間中の者」に当たらず、よって解雇予告制度の適用があります。中途採用者において、試用期間を設けていない企業が少なくないため、そのような企業においては注意が必要です。

| 図表 | 4-3 | 解雇予告制度の適用除外者

解雇予告制度の適用除外者	適用除外者とならない場合
①日々雇い入れられる者	1カ月を超えて引き続き使用されるに至った場合
②2カ月以内の期間を定めて使用される者	当初定めた2カ月以内の契約期間を超えて引き続き使用されるに至った場合
③季節的業務に4カ月以内の期間を定めて使用される者	当初定めた4カ月以内の契約期間を超えて引き続き使用されるに至った場合
④試の使用期間中の者	14日を超えて引き続き使用されるに至った場合

[5] 労基法20条違反（解雇予告せず、または予告手当の支払いをしない即時解雇）の効果

（1）刑事罰

　使用者が、解雇予告せず、または予告手当の支払いをせずに解雇した場合には、労基法20条に違反して、6カ月以下の懲役または30万円以下の罰金に処せられます（労基法119条1号）。

（2）本条違反の場合における即時解雇の効力

　解雇予告が不要な場合を除き、解雇予告をせず、または解雇予告手当の支払いをせずに解雇した場合、即時解雇としての効力は生じません。

　ただし、使用者が即時解雇に固執する趣旨でない限り、解雇通知後から30日を経過するか、解雇予告手当の支払いをしたとき、のいずれか早いときから解雇の効力が生ずると解されています（相対的無効説→**細谷服装事件**（最高裁二小　昭35.3.11判決　民集14巻3号403頁））。

5 解雇予告の除外認定制度

[1] 解雇予告の除外認定制度の意義

　使用者は、労働者を解雇（懲戒解雇を含みます）しようとする場合においては、少なくとも30日前に予告しなければならず、それをしない場合には、30日分以上の平均賃金（解雇予告手当）を支払わなければなりません（労基法20条1項）。

　しかし、天災事変その他やむを得ない事由により事業の継続が不可能になった場合または労働者の責に帰すべき事由に基づき解雇する場合には、行政官庁（労働基準監督署長）の認定（除外認定）を受けることにより、解雇予告をせずに、かつ、解雇予告手当を支払わずに解雇（即時解雇）することができます（労基法20条1項ただし書き）。これを「解雇予告の除外認定制度」といいます。

　「天災事変その他やむを得ない事由」とは、天災事変のほか、天災事変に準ずる程度の不可抗力によるもので、かつ、突発的な事由を意味し、経営者として必要な措置をとっても通常いかんともし難いような状況にある場合を意味すると解されています。

　具体的には、事業場が火災により焼失した場合（ただし、事業主の故意または重大な過失に基づく場合を除きます）、震災に伴う工場、事業場の倒壊、類焼等により事業の継続が不可能となった場合などが挙げられます。他方、事業主が経済法令違反のため強制収容され、または購入した諸機械、資材等を没収された場合や、事業経営上の見通しの齟齬のように事業主の危険負担に属すべき事由に起因して資材入手難、金融難に陥った場合には、「天災事変その他やむを得ない事由」に該当しないと解されています。

　また、「事業の継続が不可能になった」とは、事業の全部または大部分の継続が不可能になった場合を意味すると解されています。

　例えば、当該事業場の中心となる重要な建物、設備、機械等が焼

失を免れ多少の労働者を解雇すれば従来どおり操業し得る場合、従来の事業は廃止するが多少の労働者を解雇すればそのまま別個の事業に転換し得る場合のように事業がなおその主たる部分を保持して継続し得る場合、または、一時的に操業中止に至ったが、事業の現況、資材、資金の見通し等から全労働者を解雇する必要に迫られず、近く再開復旧の見込みが明らかであるような場合は、「事業の継続が不可能になった」には該当しないものと解されています（以上につき、昭63.3.14 基発150・婦発47）。

「労働者の責に帰すべき事由に基づき解雇する場合」については、通達で以下のとおり認定基準が示されています（昭23.11.11 基発1637、昭31.3.1 基発111）。

(1) 原則として極めて軽微なものを除き、事業場内における盗取、横領、傷害等刑法犯に該当する行為のあった場合、また一般的にみて「極めて軽微」な事案であっても、使用者があらかじめ不祥事件の防止について諸種の手段を講じていたことが客観的に認められ、しかもなお労働者が継続的に又は断続的に盗取、横領、傷害等の刑法犯又はこれに類する行為を行った場合、あるいは事業場外で行われた盗取、横領、傷害等刑法犯に該当する行為であっても、それが著しく当該事業場の名誉もしくは信用を失ついするもの、取引関係に悪影響を与えるもの又は労使間の信頼関係を喪失せしめるものと認められる場合。
(2) 賭博、風紀紊乱(びんらん)等により職場規律を乱し、他の労働者に悪影響を及ぼす場合。また、これらの行為が事業場外で行われた場合であっても、それが著しく当該事業場の名誉もしくは信用を失ついするもの、取引関係に悪影響を与えるもの又は労使間の信頼関係を喪失せしめるものと認められる場合。
(3) 雇入れの際の採用条件の要素となるような経歴を詐称した場合及び雇入れの際、使用者の行う調査に対し、不採用の原因となるような経歴を詐称した場合。
(4) 他の事業場へ転職した場合。
(5) 原則として2週間以上正当な理由なく無断欠勤し、出勤の督促

に応じない場合。
(6) 出勤不良又は出欠常ならず、数回に亘って注意をうけても改めない場合。
の如くであるが、認定にあたっては、必ずしも右の個々の例示に拘泥することなく総合的かつ実質的に判断すること。
　なお、就業規則等に規定されている懲戒解雇事由についてもこれに拘束されることはないこと。

[2] 除外認定制度に関する実務上の留意点

　除外認定は、使用者が、労働者を解雇する前に、労基法施行規則7条に定める様式2号または3号により、所轄の労働基準監督署に申請しなければなりません。この申請を受けた労働基準監督署長は、除外事由の有無を判断します（194ページの**書式4-5**「解雇予告除外認定申請書」参照）。

　除外認定については、「事の性質上特に迅速にこれを処理、決定する方針で対処するとともに、当該書面だけについて審査することなく、必ず使用者、労働組合、労働者その他の関係者について申請事由を実地に調査の上該当するか否かを判定すべきものであるから十分その取扱いに留意せられたい」とされています（昭63.3.14基発150・婦発47）。

　上記通達にもあるように、書面審査だけで除外認定が出るわけではなく、所轄の労働基準監督署の担当官が当該労働者等から事情を聞いて除外事由の有無を判断することから、使用者が除外認定の申請をしても判断がなされるまでに一定の時間を要する場合があります。除外認定の申請は解雇に先立って行うことが必要なため、使用者が予定していた時期に解雇をすることができなくなってしまいかねません。そこで、このようなケースでは、除外認定の申請を取り下げて、解雇予告手当を支払って解雇することも検討しなければな

りません。

　このような事態をできるだけ避ける観点から、除外認定のための期間を考慮して従業員を解雇する時期を決定する必要があります。

[3] 労基法20条違反（除外認定を受けない即時解雇）の効果
(1) 刑事罰
　除外認定を受けずに、解雇予告をせずまたは解雇予告手当の支払いをせずに解雇した場合は、労基法20条違反として、6カ月以下の懲役または30万円以下の罰金に処せられます（労基法119条1号）。
(2) 本条違反の場合における即時解雇の効力
　除外認定は解雇予告手当の支払いを免れようとする使用者の恣意的判断を規制するという行政監督上の目的からなされる行政庁の行為であるため、解雇の効力発生要件ではありません。そのため、客観的に除外事由がある場合には、解雇予告または解雇予告手当なき即時解雇も有効と考えられています（**上野労基署長（出雲商会）事件**　東京地裁　平14.1.31判決　労判825号88頁、**グラバス事件**　東京地裁　平16.12.17判決　労判889号52頁）。

6 退職証明書・解雇理由証明書を交付する際の注意点

[1] 退職証明書・解雇理由証明書
　退職した労働者が、使用者に対して、使用期間、業務の種類、その事業における地位、賃金または退職事由・解雇事由について証明書を請求した場合においては、使用者は遅滞なくこれを交付しなければなりません（労基法22条1項）(195ページの**書式4-6**「退職証明書」参照）。

　この趣旨は、解雇等退職をめぐる紛争を防止し、労働者の再就職活動に資する点にあります。

また、解雇を予告された労働者が、使用者に対して、解雇予告された日から退職の日までの間において、当該解雇の理由について証明書を請求した場合においては、使用者は遅滞なくこれを交付しなければなりません（労基法22条2項）。
　この趣旨は、解雇をめぐる紛争を未然に防止し、その迅速な解決を図る点にあります（196ページの**書式4-7**「解雇理由証明書」参照）。

[2] 記載内容
(1) 法定記載事項
　証明書に記載すべき事項（法定記載事項）は、使用期間、業務の種類、その事業における地位、賃金または退職の事由であり、これらは、労働者から請求がある場合には、必ず記載しなければなりません。
　他方で、使用者が労働者から請求されていない事項は、たとえ法定記載事項であっても、証明書に記載することは禁止されています（労基法22条3項）。
　なお、法定記載事項以外の事項について、労働者から記載するように請求があった場合、使用者はこれに応じる法的義務はありませんが、労働者の請求に応じて記載しても差し支えありません。

(2) 退職の事由に関する具体的な記載内容
　上記の退職の事由とは、解雇、自己都合退職、定年退職、退職勧奨による退職等、労働者が退職するに至った事由をいいます。
　そして、解雇の場合は、解雇理由を含みます。解雇理由証明書を請求された場合、使用者は、解雇の理由については具体的に示す必要があり、就業規則の一定の条項に該当することを理由として解雇した場合には、就業規則の当該条項の内容および当該条項に該当するに至った事実関係を証明書に記載しなければなりません（平11.1.29　基発45、平15.12.26　基発1226002）。

[3] 退職証明書・解雇理由証明書の交付時期

使用者は労働者の請求があれば遅滞なく証明書を交付しなければなりません。

「遅滞なく」とは、特に何日以内と明確に定められているわけではありませんが、「可及的速やかに」という意味と解されており、使用者が意図的に交付を遅らせることはできません。

[4] 労基法22条違反の効果

(1) 罰則

使用者が、労働者から証明書の交付を請求された場合に、これを拒み、または、故なく遅延して交付したときは、労基法22条1項、2項違反として、30万円以下の罰金に処せられます（労基法120条1号）。また、使用者が労働者から請求されていない事項を証明書に記載した場合は、労基法22条3項違反として、上記と同様の刑罰に処せられます（労基法120条1号）。

また、秘密の通信をしたり、証明書に秘密の記号を記入したりした場合は、労基法22条4項違反として、6カ月以下の懲役または30万円以下の罰金に処せられます（労基法119条1号）。

(2) 解雇の効力

使用者が、労基法22条に違反する場合であっても、解雇の有効性には直接影響しません。つまり、解雇理由証明書を交付しないまたは交付を遅延させたからといって、解雇が無効になるわけではありません。

[5] 実務上の留意点

上記のとおり、解雇理由証明書を交付しないまたは交付を遅延させたからといって、解雇が無効になるわけではありません。

しかし、使用者が労働者の請求を無視して解雇理由証明書を交付

しないと、紛争となった際、労働者側から、解雇理由がほとんどないまたは不十分だから交付しなかったなどと主張されたり、解雇理由が後付けだと主張されたりするおそれがあり、無用な紛争を生じさせてしまう可能性があります。

　また、解雇理由証明書に記載のない解雇理由は、裁判所では低く評価されるおそれがあります。

　したがって、解雇するに当たっては、解雇理由をしっかり整理しておき、労働者の請求があった場合、速やかにかつ漏れなく解雇理由を記載して、労働者に交付できるようにしておくべきです。

Q&A

 能力不足を理由とする解雇

どのような場合に、能力不足の従業員を解雇することができますか。

 能力不足の程度が著しく、解雇に先立って教育・研修、改善の機会等を付与したにもかかわらず改善が見られないような場合には、解雇が有効となります。特別なスキル、役割、成果等を特定して採用した中途採用者については、解雇が認められやすい傾向にあります。

解説

1.能力不足を理由とする解雇

多くの企業で、「業務能力が著しく劣り、または勤務成績が著しく不良なとき」などと規定し、能力不足を解雇事由の一つに挙げています。

労働者は、労働契約上、使用者の指揮命令に従って業務を遂行する義務（労務提供義務）を負っています。能力が不足するために、労務提供義務を履行できない場合には、雇用契約上の債務不履行（不完全履行）となります。

したがって、使用者は、労働者の能力不足を理由として、労働契約を解約（解雇）することができます。

もっとも、解雇権濫用法理（労契法16条）により大幅に解雇が制限されているため、解雇理由があれば直ちに解雇が有効になるわけではありません。解雇理由があっても、具体的な事情の下において、当該解雇が社会通念上相当であると認められなければ、解雇は無効と判断されてしまいます。

2.能力不足を理由とする解雇の留意点

上記のとおり、能力不足は解雇理由になり得ますが、能力不足といっても平均的な水準に達していないといった程度か、劣悪とまでいえる程度かなど、その程度、評価はさまざまですし、入社後の社内教育や職務経験によって能力・スキルが培われる面がありますので、能力不足を理由とする解雇を検討する場合には、能力不足の程度と、教育・研修、改善の機会等の付与の有無を検討する必要があります。

[1] 能力不足の程度

能力不足の程度については、平均的な水準に達していないだけでは足りず、著しく能力不足であることが必要です。

例えば、人事考課の結果3回がいずれも下位10％未満の考課順位であった従業員を能力不足等を理由として解雇した**セガ・エンタープライゼス事件**（東京地裁　平11.10.15決定　労判770号34頁）において、裁判所は、就業規則の解雇事由である「労働能率が劣り、向上の見込みがないと認めたとき」に該当するためには、「平均的な水準に達していないというだけでは不十分であり、著しく労働能率が劣り、しかも向上の見込みがないときでなければならない」と判示し、考課順位が下位10％未満であっても、当該会社における人事考課が、「相対評価であって、絶対評価ではないことからすると、そのことから直ちに労働能率が著しく劣り、向上の見込みがないとまでいうことはできない」として、解雇を無効と判断しました。

また、「長期雇用システム下で定年まで勤務を続けていくことを前提として長期にわたり勤続してきた正規従業員を勤務成績・勤務態度の不良を理由として解雇する場合は、労働者に不利益が大きいこと、それまで長期間勤務を継続してきたという実績に照らして、それが単なる成績不良ではなく、企業経営や運営に現に支障・損害

を生じ又は重大な損害を生じる恐れがあり、企業から排除しなければならない程度に至っていることを要し、かつ、その他、是正のため注意し反省を促したにもかかわらず、改善されないなど今後の改善の見込みもないこと、使用者の不当な人事により労働者の反発を招いたなどの労働者に宥恕(ゆうじょ)すべき事情がないこと、配転や降格ができない企業事情があることなども考慮して濫用の有無を判断すべきである」と判示した裁判例もあります(**エース損害保険事件**　東京地裁　平13.8.10決定　労判820号74頁)。

　このように、能力不足を理由とする解雇は、ハードルが高く、能力不足の程度が、相対評価による下位評価という程度、平均的水準に達していないといった程度にとどまる場合、それを理由とする解雇は無効とされる可能性が高くなります。そのため、能力不足を理由とする解雇を検討するに当たっては、まず、能力不足の程度が著しいものであるか否かを検討する必要があります。

[2] 教育・研修、改善の機会等の付与

　労働者の能力、スキルは、入社後の社内教育、研修や職務経験によって培われる点が多いですし、注意・指導によって改善されたり、配置転換によって発揮されたりする可能性があります。

　そのため、能力不足を理由とする解雇においては、前述した能力不足の程度が著しいものであることに加えて、入社後の社内教育、研修、注意・指導や配置転換により、改善や能力発揮の機会を与えたにもかかわらず、改善が見られない場合であるか否かも重視されます。

　例えば、前掲セガ・エンタープライゼス事件においては、使用者が労働者に対して、「さらに体系的な教育、指導を実施することによって、その労働能率の向上を図る余地もあるというべきであり(実際には、債権者の試験結果が平均点前後であった技術教育を除いて

は、このような教育、指導が行われた形跡はない。)、いまだ『労働能率が劣り、向上の見込みがない』ときに該当するとはいえない」と判断しました。

また、前掲エース損害保険事件においても、前述したとおり、能力不足の程度が著しいことに加え、是正のため注意し反省を促したにもかかわらず、改善されないなど今後の改善の見込みもないことを、解雇の有効性判断の考慮要素にしています。

3.中途採用の解雇
[1] 裁判例の傾向

上記のとおり、長期雇用システム下で勤務を続ける正社員の場合、能力不足を理由とする解雇が解雇権の濫用に当たるか否かは、厳格に判断される傾向にあります。特に、わが国の新卒採用者のように、職種や職務内容を限定せずに採用され、長期雇用システムの中で入社後の社内教育や研修、配置転換によるさまざまな職種、職務内容を経験することにより、能力、スキルを身につけていくことが本来的に予定されている労働者については、一時期の職務遂行能力が低いからといって、それを理由に直ちに能力不足として解雇することは無効になる可能性が高いことから、慎重にならざるを得ません。

他方で、中途採用者、特に、高度な能力、スキル、役割等を期待して採用した者については、即戦力としての活躍が期待され、それに見合った待遇が保証されていることが通常です。このような者が、採用時に期待された能力、スキル等が発揮できないのであれば、債務不履行の程度が重く、解雇が有効になる可能性が高いといえます。

例えば、裁判所は、人事本部長として中途採用した者（月額報酬75万3700円）を、約半年後に解雇した**フォード自動車（日本）事件**（東京地裁　昭57.2.25判決　労判382号25頁、東京高裁　昭59.3.30判決　労判437号41頁）において、「人事本部長という職務上の地位

を特定した雇用契約であって、原告に特段の能力の存在を期待して中途採用したという本件契約の特殊性」を指摘した上で、「業務の履行又は能率が極めて悪いといえるか否かの判断も、およそ『一般の従業員として』業務の履行又は能率が極めて悪いか否かまでを判断するものではなく、人事本部長という地位に要求された業務の履行又は能率がどうかという基準で」検討すれば足りると判示し、解雇を有効と判断しました。

また、裁判所は、新設したマーケティング部長付部長として中途採用した者（月額報酬51万7000円。なお、賞与や支度金等を含めると年収1000万円以上）を、約10カ月後に解雇した**持田製薬事件**（東京地裁　昭62.8.24決定　労判503号32頁、東京高裁　昭63.2.22決定　労判517号63頁）において、「勤務態度ないし勤務状況はマーケティング部長付部長（身分は次長）として雇用された抗告人（筆者注：労働者）に対する相手方（筆者注：会社）の信頼と期待とを裏切り、雇用契約の目的を達することができないものと認められる」と判示して、解雇を有効と判断しました。

さらに、裁判所は、業務上必要な日英の語学力、品質管理能力を備えた即戦力と判断して品質管理部の主事として中途採用した者（月額報酬35万4700円）を、約4カ月半後に解雇した**ヒロセ電機事件**（東京地裁　平14.10.22判決　労判838号15頁）において、「本件は、原告の職歴、特に海外重要顧客であるN社での勤務歴に着目し（中略）、業務上必要な日英の語学力、品質管理能力を備えた即戦力となる人材であると判断して品質管理部海外顧客担当で主事1級という待遇で採用し、原告もそのことは理解して雇用された中途採用の事案であり、長期雇用を前提とし新卒採用する場合と異なり、被告が最初から教育を施して必要な能力を身につけさせるとか、適性がない場合に受付や雑用など全く異なる部署に配転を検討すべき場合ではない。労働者が雇用時に予定された能力を全く有さず、これを

改善しようともしないような場合は解雇せざるを得ない」と判示して、解雇を有効と判断しました。

このように、採用時に高度な能力等を期待して即戦力として中途採用された労働者の場合には、期待された高度な能力等の有無が解雇の判断基準となります。

[2] 実務上の対応
①配置転換(異動)の検討の要否

高度な能力等を期待して中途採用した者については、地位や職務を特定していることが多いので、一方的な異動は原則としてできません。また、解雇に先立って解雇回避として配置転換(異動)を検討する必要もありません。実際に、前掲フォード自動車(日本)事件においても、「人事本部長という地位を特定した雇用契約であるところからすると、被告会社としては原告を他の職種及び人事の分野においても人事本部長より下位の職位に配置換えしなければならないものではな(い)」と判断され、前掲持田製薬事件でも「マーケティング部の責任者に就任することで、雇用されたのであるから、解雇するに際し、債務者は、下位の職位に配置換えすれば、雇用の継続が可能であるかどうかまでも、検討しなければならないものではない」と判断されています。

②紛争予防のための施策

中途採用といえども、その能力等は実際に勤務を開始するまで未知数であることが多いので、試用期間を設けるべきです(なお、中途採用者にも試用期間の規定が適用される旨明記すべき点は、143ページで説明したとおりです)。

また、採用の経緯や雇用契約書の記載次第では、そもそも地位を特定して採用されたか否かが争点になることがあります(前掲フォード自動車(日本)事件においても争点となりました)。その

ため、どのような地位で、どのような能力、スキル、役割、職務内容、成果等を期待しているのかを雇用契約書等において明らかにしておくことが重要です。このように期待すべき能力等を明記しておけば、後に紛争になった際、期待される役割・職務を主張立証していくことが容易になります。

 勤怠不良を理由とする解雇

遅刻・欠勤が多い労働者がいるのですが、解雇することができますか。

 遅刻・欠勤の頻度、理由、悪質性、当該遅刻・欠勤が業務に与えた影響や、改善の機会を与えたかなどといった事情に照らして、解雇できる場合があります。

解説

1. 勤怠不良が解雇理由になる理由

多くの企業で、就業規則上の解雇事由として、「勤務状況が著しく不良で、改善の見込みがないとき」などと規定し、勤怠不良を解雇事由の一つに挙げています。

労働契約において、労働者は、使用者の指揮命令に従って業務を遂行する義務（労務提供義務）を負っています。遅刻、欠勤により、本来勤務しなければならない日数や時間を勤務できないのであれば、労務提供義務を履行できていないことになり、雇用契約上の債務不履行（不完全履行）となります。

したがって、使用者は、労働者の勤怠不良を理由として、労働契約を解約（解雇）することができます。

もっとも、解雇権濫用法理（労契法16条）により解雇が大幅に制限されているため、解雇理由があれば直ちに解雇が有効になるわけ

ではありません。解雇理由があっても、具体的な事情の下において、当該解雇が社会通念上相当であると認められなければ、解雇は無効と判断されてしまいます。

2.勤怠不良を理由とする解雇の留意点

上記のとおり、勤怠不良は解雇理由になり得ますが、勤怠不良といっても、数回、ほんの数分遅刻しただけなのか、それとも遅刻・欠勤が常態化しているのか、遅刻・欠勤の理由はどのようなものなのかなどと、その態様はさまざまですので、勤怠不良を理由とする解雇を検討する場合には、その程度、理由、悪質性（故意か過失か）、当該遅刻・欠勤が業務に与えた影響、当該労働者の反省の有無、従前の勤務態度、同種事案における処分の重さとの均衡や従前の取り扱い等、さまざまな要素を検討する必要があります。

実際に、アナウンサーが宿直勤務の際、2週間の間に2回寝坊し、2度にわたって定時ラジオニュースを放送することができなくなったため、当該アナウンサーを解雇した**高知放送事件**（最高裁二小昭52.1.31判決　労判268号17頁）では、裁判所は、「いずれも被上告人（筆者注：労働者）の寝過しという過失行為によって発生したものであって、悪意ないし故意によるものではなく、また、通常は、ファックス担当者が先に起きアナウンサーを起こすことになっていたところ、本件第一、第二事故ともファックス担当者においても寝過し、定時に被上告人を起こしてニュース原稿を手交しなかったのであり、事故発生につき被上告人のみを責めるのは酷であること、被上告人は、第一事故については直ちに謝罪し、第二事故については起床後一刻も早くスタジオ入りすべく努力したこと、第一、第二事故とも寝過しによる放送の空白時間はさほど長時間とはいえないこと、上告会社において早朝のニュース放送の万全を期すべき何らの措置も講じていなかったこと（中略）、被上告人はこれまで放送

事故歴がなく、平素の勤務成績も別段悪くないこと、第二事故のファックス担当者Aはけん責処分に処せられたにすぎないこと、上告会社においては従前放送事故を理由に解雇された事例はなかったこと、第二事故についても結局は自己の非を認めて謝罪の意を表明していること、等の事実があるというのであって、右のような事情のもとにおいて、被上告人に対し解雇をもってのぞむことは、いささか苛酷にすぎ、合理性を欠くうらみなしとせず、必ずしも社会的に相当なものとして是認することはできない」と判示し、解雇を無効と判断しました。

3.実務上の対応

前述したとおり、遅刻・欠勤を繰り返す労働者がいたとしても、直ちに解雇できるわけではありません。

特に、裁判所は、遅刻・欠勤の態様だけではなく、解雇に至る前に、使用者が当該労働者に対してその都度注意・指導をして改善の機会を与えたか、事前に軽い処分を行ったかといった点も重視します。

使用者は、遅刻・欠勤を繰り返す労働者に対して、いきなり解雇とするのではなく、遅刻・欠勤がなされるたびに適切な対応（注意・指導、処分）を行うことが求められます。

そして、これらの対応については、記録化（証拠化）しておく必要がありますので、書面や電子メールで行うようにすることが肝要です。

Q3 ユニオン・ショップ協定に基づく解雇

ユニオン・ショップ協定に基づく解雇は、常に有効ですか。

 原則として有効ですが、除名が無効の場合、およびユニオン・ショップ協定を締結した労働組合に加入しなかったり、脱退した者または除名された者が、別の組合に加入したり、新たな組合を結成したりした場合は、無効となります。

解説

1.ユニオン・ショップ協定の意義

ユニオン・ショップ協定（ユ・シ協定）とは、使用者に、自ら雇用する労働者のうち、協定締結組合に加入しない労働者および当該組合の組合員でなくなった労働者を解雇する義務を課すものです。

つまり、労働組合とユニオン・ショップ協定を締結している場合、使用者は、ある労働者がその労働組合に加入しなかったり、除名または脱退したりした場合には、その労働者を解雇しなければならないことになります。

2.ユニオン・ショップ協定に基づく解雇の効力

[1] 原則

ユニオン・ショップ協定は、労働組合と使用者との間において、一定の場合における使用者の解雇義務を設定する協定にすぎませんので、同協定に基づく解雇の有効性は、理論的には解雇権濫用規制に照らして別個の検討が必要になります。もっとも、ユニオン・ショップ制の効用、労働者は当該組合または他の組合に加入することによって解雇を免れ得ること、使用者は協約上の義務に基づいて解雇するのであり恣意的な解雇とは異なることなどから、解雇権の濫用にならないと解されています（菅野和夫『労働法（第11版）』

803頁・弘文堂)。

　ただし、使用者がユニオン・ショップ協定に基づいて行った解雇は、常に有効になるのかが別途問題となります。具体的には、①除名が無効の場合、②ユニオン・ショップ協定を締結した労働組合に加入しなかったり、脱退した者または除名された者が別の組合に加入したり、新たな組合を結成した場合が問題になります。

[2] ユニオン・ショップ協定に基づく解雇の判断
①除名が無効の場合
　この点につき、裁判所は、「労働組合から除名された労働者に対しユニオン・ショップ協定に基づく労働組合に対する義務の履行として使用者が行う解雇は、ユニオン・ショップ協定によつて使用者に解雇義務が発生している場合にかぎり、客観的に合理的な理由があり社会通念上相当なものとして是認することができるのであり、右除名が無効な場合には、前記のように使用者に解雇義務が生じないから、かかる場合には、客観的に合理的な理由を欠き社会的に相当なものとして是認することはでき(ない)」と判示しました（**日本食塩製造事件　最高裁二小　昭50.4.25判決　民集29巻4号456頁**）。
②別の組合に加入したり、新たな組合を結成した場合
　この点につき、裁判所は、「ユニオン・ショップ協定は、労働者が労働組合の組合員たる資格を取得せず又はこれを失った場合に、使用者をして当該労働者との雇用関係を終了させることにより間接的に労働組合の組織の拡大強化を図ろうとするものであるが、他方、労働者には、自らの団結権を行使するため労働組合を選択する自由があり、また、ユニオン・ショップ協定を締結している労働組合（以下『締結組合』という。）の団結権と同様、同協定を締結していない他の労働組合の団結権も等しく尊重されるべきであるから、ユニオン・ショップ協定によって、労働者に対し、解雇の威嚇の下に特

定の労働組合への加入を強制することは、それが労働者の組合選択の自由及び他の労働組合の団結権を侵害する場合には許されないものというべきである。したがって、ユニオン・ショップ協定のうち、締結組合以外の他の労働組合に加入している者及び締結組合から脱退し又は除名されたが、他の労働組合に加入し又は新たな労働組合を結成した者について使用者の解雇義務を定める部分は、右の観点からして、民法90条の規定により、これを無効と解すべきである（憲法28条参照）。そうすると、使用者が、ユニオン・ショップ協定に基づき、このような労働者に対してした解雇は、同協定に基づく解雇義務が生じていないのにされたものであるから、客観的に合理的な理由を欠き、社会通念上相当なものとして是認することはでき（ない）」と判示しました（三井倉庫港運事件　最高裁一小　平元.12.14判決　労判552号6頁）。

  整理解雇の4要件（4要素）

整理解雇の4要件（4要素）とは、どのようなものですか。

 ①人員削減の必要性、②解雇回避努力、③被解雇者選定の合理性、④手続きの妥当性という要件（要素）をいいます。

解説

　整理解雇に当たっては、①人員削減の必要性、②解雇回避努力、③被解雇者選定の合理性、④手続きの妥当性を充足していなければなりません。

　上記①〜④が、どれか一つでも欠けた場合は無効になるという意味での「要件」か（4要件説）、解雇権濫用か否かを判断するに際

して考慮すべき主要な「要素」を類型化したものと考えるか（4要素説）という点については、前述したとおりです（138ページ**[2]**参照）。

いずれにせよ、整理解雇に当たっては、上記①～④を充足するか否かを慎重に検討する必要がありますので、これらについて個別に説明します。

[1] 人員削減の必要性

人員削減の必要性が認められるためには、企業が倒産必至の状況に陥っていることが必要であるとする裁判例もありましたが、現在では、そこまでの差し迫った状況までは求められておらず、「企業の合理的運営上やむをえない必要に基づく」ものであれば足りるとされるなど（**東洋酸素事件**　東京高裁　昭54.10.29判決　労判330号71頁）、人員削減の必要性の有無については緩やかな基準によって判断されています。つまり、人員削減の必要性については、経営判断に属する事項であるため、広く認められる傾向にあります。

ただし、整理解雇に近接した時期に新規採用が行われている場合には、必要性を否定する方向に働きます（**泉州学園事件**　大阪高裁　平23.7.15判決　労判1035号124頁）。

なお、人員削減の必要性については、その有無のみならず、程度（高度であるかどうか）を加味して検討されます（**クレディ・スイス証券事件**　東京地裁　平23.3.18判決　労判1031号48頁）（197ページの**書式4-8**「経営状況悪化に関する説明文書」参照）。

[2] 解雇回避努力

整理解雇は、労働者の責に帰すべき事由がない解雇ですから、整理解雇が有効となるためには、使用者に、解雇以外の措置を講じて、解雇を回避する努力が求められます。

具体的な措置としては、次のようなものが挙げられます。

- 新規採用の停止
- 経費の削減
- 遊休資産の売却
- 役員報酬の不支給・減額
- 上級管理職の給与の削減
- 賞与や昇給の停止
- 時間外労働・休日労働の削減
- 一時帰休
- パート・アルバイト・契約社員等の解雇・雇止め
- 配転、出向、転籍
- 派遣・業務委託などの外部労働力の整理
- 不採算部門の削減・閉鎖
- 希望退職者の募集

　これらのうち、どの措置を必ず講じなければならない、という確立した基準があるわけではありません。しかし、希望退職者の募集については、一般的に整理解雇に先立って行われるのが通常であり、これを行わないまま整理解雇を行った場合には、解雇回避努力を尽くしていないと判断される可能性が高くなりますので、注意が必要です。

　また、役員報酬の不支給・減額についても、これを何ら行わないまま労働者を解雇するというのは、経営責任を負うべき役員が何ら痛みを伴わず、労働者のみに重大な不利益を甘受させるということになりますので、労働者の理解を得るのが難しいことは容易に想像できますし、社会的に見ても印象が悪く、相当ではありません。したがって、この措置についても、解雇に先立って行うことを検討すべきです。

　いずれにしても、個別具体的ケースにおいて、企業規模、経営状態、従業員構成等に照らして、できる限りの努力を行うことが重要といえます。

[3] 被解雇者選定の合理性

　一部門を廃止したり、一事業所を閉鎖したりしたことに伴い、当該部門、事業所に所属する全労働者を整理解雇する場合は別として、整理解雇の対象者を選定する場合には、客観的で合理的な基準をあらかじめ設定し、その基準を公平・公正に適用して選定しなければなりません。

　例えば、労働組合員のみを狙い撃ちする基準や、男性のみ、または女性のみをターゲットにする基準は、合理性が認められません。

　また、使用者による恣意的な選定が可能になるような曖昧な基準に基づく選定では、合理性がないと判断されるおそれがあります。判例では、「将来の活用可能性」の有無という基準を用いて選別したという事案において、使用者の裁量が入り込む余地が高いとして、整理解雇を無効と判断した例があります（**ジャパンエナジー事件　東京地裁　平15.7.10決定　労判862号66頁**）。このほかにも「業務能率が低い者」「経営改善を図る上で不要と思われる者」というような基準だけでは、人選基準を設けていないのに等しく、使用者が恣意的に選定したと評価されてしまいます。

　ポイントは、第三者が見てもどのような基準で選定したかが分かるような基準を設定することが必要です。

　なお、人選基準を公正に運用しなければならないことは言うまでもありません（198ページの**書式4-9**「人員整理計画に関する説明会の実施告知文」参照）。

[4] 手続きの妥当性

　整理解雇を行うに当たっては、労働組合や労働者との間で、整理解雇の必要性、時期・方法・規模、被解雇者の選定基準等について、誠実に協議や説明をしなければなりません。

労働組合との労働協約で、人員削減について事前協議が義務づけられている場合に、協議を経ないで行った整理解雇は労働協約違反として原則として無効となりますが（詳細は、149ページの「解雇同意約款、解雇協議約款」を参照）、このような協約条項がない場合でも、前記のような説明・協議をすることが求められます。

　また、協議や説明をまったく行わない場合だけでなく、形式的に説明を行ったにすぎず抽象的な説明に終始した場合、労働者側の理解を得ることなく一方的に協議・説明を打ち切った場合、あえて整理解雇の直前に初めて説明を行い、協議のための時間的余裕を与えようとしない場合などは、妥当な手続きを行っていないとして、整理解雇が無効と評価されるおそれがあります。

　できれば、整理解雇を行う半年－1年ほど前から説明を開始し、何度も繰り返して協議・説明を行い、労働組合や労働者の理解が得られるように十分な手続きを踏むことが適切です（199ページの書式4-10「労働組合宛ての協議要請文書」参照）。

Q5 採用内定取り消しが認められる場合

採用内定取り消しは、どのような場合に認められますか。

客観的に合理的と認められ社会通念上相当として是認できる場合に該当するか否かを、原則として、採用内定通知書や入社誓約書に記載された取り消し事由を参考に判断されます。

解説

1.内定取り消し事由

　採用内定取り消しの適法性は、使用者が留保した解約権行使の適法性の問題となり、この解約権の行使は、「採用内定当時知ること

ができず、また知ることが期待できないような事実」であって、これを理由として採用内定を取り消すことが解約権留保の趣旨・目的に照らして客観的に合理的と認められ社会通念上相当として是認することができるものに限られます（**大日本印刷事件　最高裁二小昭54.7.20判決　民集33巻5号582頁**）。

では、どのような場合に「客観的に合理的と認められ社会通念上相当として是認」できる場合に該当するかが問題になりますが、これは、原則として、採用内定通知書や入社誓約書に記載された取り消し事由を参考に判断されます（201ページの**書式4-12**「採用内定通知書」、203ページの**書式4-13**「採用内定時の誓約書」、204ページの**書式4-14**「採用内定取消通知書」参照）。

ただし、採用内定通知書等に記載された採用内定の取り消し事由があったとしても直ちに採用内定取り消しが有効になるわけではなく、「客観的に合理的と認められ社会通念上相当として是認」できる場合に該当するか否かを個別のケースごとに判断していく必要があります。

以下、個別に採用内定の取り消し事由を検討します。

[1] 新規学卒者が所定の時期に学校を卒業できなかった場合

採用内定の取り消し事由として、新規学卒者が所定の時期に学校を卒業できなかった場合を挙げていることが一般的ですが、これを理由とする採用内定取り消しが「客観的に合理的と認められ社会通念上相当として是認」できる場合に該当するという点については、あまり異論はないものと考えます。

そこで、使用者は新規学卒者が所定の時期に学校を卒業できなかったことを理由に、採用内定を取り消すことができます。

[2] 心身の故障により、業務に耐えられないと認められた場合

　心身の故障といった健康状態を理由として採用内定取り消しをする場合には、その健康状態に照らして個別に判断するほかありませんが、業務に耐えられないことが明らかな場合や、回復する見込みがない場合であれば、これを理由とする採用内定取り消しが「客観的に合理的と認められ社会通念上相当として是認」できる場合に該当するものと考えます。

[3] 履歴書その他の申告事項が事実と異なる場合

　履歴書等に記載された申告事項が事実と異なる場合、これを理由とする採用内定取り消しは、当然に有効になるわけではありません。これが有効になるためには、虚偽の申告事項の内容や程度が重大なものであって、それによって従業員としての不適格性が認められるような場合であることが必要です。

　判例、裁判例では、国籍を隠していたことを理由としてなされた採用内定取り消しは無効とされ（**日立製作所事件　横浜地裁　昭49.6.19判決　労判206号46頁**）、他方、公務員としての特殊性はあるものの、無届けデモに参加して起訴猶予処分を受けていたことを隠していたことを理由としてなされた採用内定取り消しは有効とされました（**電電公社近畿電通局事件　最高裁二小　昭55.5.30判決　労判342号16頁**）。

[4] 犯罪行為により逮捕や起訴猶予処分を受けた場合

　採用内定後、入社までの間に、犯罪行為によって逮捕や起訴猶予処分を受けた場合には、その犯罪行為の性質にもよるものの、採用内定取り消しが有効になる可能性は高いでしょう。

[5] 経営状況の悪化

　経営状況の悪化など、会社都合による採用内定取り消しは、使用者の帰責事由に基づく解約となるため、前記[1]～[4]の取り消し事由に基づく採用内定取り消しに比べ、その有効性は厳格に判断される場合もあります。

　具体的には、整理解雇の4要素（人員削減の必要性、解雇回避努力、被解雇者選定の合理性、手続きの妥当性）を充足する必要があります。中途採用者の内定取り消しの事案ですが、**インフォミックス（採用内定取消）事件**（東京地裁　平9.10.31決定　労判726号37頁）において、裁判所は、「採用内定者は、現実には就労していないものの、当該労働契約に拘束され、他に就職することができない地位に置かれているのであるから、企業が経営の悪化等を理由に留保解約権の行使（採用内定取消）をする場合には、いわゆる整理解雇の有効性の判断に関する①人員削減の必要性、②人員削減の手段として整理解雇することの必要性、③被解雇者選定の合理性、④手続の妥当性という4要素を総合考慮のうえ、解約留保権の趣旨、目的に照らして客観的に合理的と認められ、社会通念上相当と是認することができるかどうかを判断すべきである」と判示しました。

[6] その他

　採用内定者の印象がグルーミーといったことを理由とする採用内定取り消しは、「採用内定当時知ることができず、また知ることが期待できないような事実」を理由とするものとはいえないため、無効です（前掲大日本印刷事件）。

　また、前の職場で「悪い噂」があったということを理由とする採用内定取り消しも、採用内定前に調査することができた以上、「採用内定当時知ることができず、また知ることが期待できないような事実」を理由とするものとはいえないため、無効となります（**オプトエ**

レクトロニクス事件　東京地裁　平16.6.23判決　労判877号13頁）。

2.違法な採用内定取り消し

採用内定取り消しが、「客観的に合理的と認められ社会通念上相当として是認」できる場合に該当しない場合には、解約権の行使は違法となります。その結果、採用内定取り消しは無効になり、採用内定者は従業員たる地位の確認を求めることができます。

また、違法な採用内定取り消しにより、採用内定者が精神的苦痛を被った場合には、使用者に対する不法行為に基づく損害賠償請求が認められる可能性があります（前掲の大日本印刷事件では、100万円の慰謝料請求が認められました）。

そのため、使用者は採用内定取り消しをする際には、「客観的に合理的と認められ社会通念上相当として是認」できる場合に該当するか否かを慎重に判断する必要があります。

なお、採用内定取り消しが有効であっても、採用内定取り消しまでの過程において、使用者が採用内定者に対して誠意ある説明を行わない場合には、そのこと自体が損害賠償の対象となることがあるので、この点にも注意が必要です（パソナ（ヨドバシカメラ）事件　大阪地裁　平16.6.9判決　労判878号20頁）。

3.採用内定取り消しに関する補足
[1] 採用内定取り消しと労基法20条

労基法20条1項本文は、「使用者は、労働者を解雇しようとする場合においては、少くとも30日前にその予告をしなければならない。30日前に予告をしない使用者は、30日分以上の平均賃金を支払わなければならない」と規定しているところ、使用者が採用内定取り消しを行った場合、採用内定者に同条が適用されるかが問題となります。

この点については、14日以内の試用期間中の労働者に同条の適用がない（労基法21条4号）こととの均衡上、現実に就労すらしていない採用内定者には、労基法20条の解雇予告の規制は適用されないと考えます。

[2] 採用内定取り消しと企業名の公表
　新規学卒者の採用内定取り消しを行う場合には、あらかじめ公共職業安定所長および学校長など施設の長にその旨を通知するものとされており（職業安定法施行規則35条2項2号）、厚生労働大臣は、採用内定取り消しが2年度以上連続した場合等厚生労働大臣が定める場合に該当するときは、学生生徒等の適切な職業選択に資するよう学生生徒等に情報を提供するため、その内容を公表できるとされています（同則17条の4、平21.1.19　厚生労働省告示5号）。

Q6 入社前研修の不参加を理由とする採用内定取り消しの可否

入社前研修に参加しない採用内定者について、同研修への不参加を理由とした採用内定取り消しは、有効でしょうか。

A 採用内定取り消しが無効になる可能性が高いです。

解説

1.入社前研修への参加やレポートの提出を義務づけることの可否
　入社前に、採用内定者に対して研修に参加させたり、レポートを提出させたりすることがありますが、法的に義務づけることができるか否かは、使用者と採用内定者との間で、どのように内定期間中の権利義務について合意したか、という契約解釈の問題になります。

すなわち、使用者と採用内定者との間で、内定期間中であっても研修への参加やレポートの提出について合意していた場合には、その合意内容が不合理なものでない限り、使用者は採用内定者にそれらを義務づけることができます。

他方、使用者と採用内定者との間で、内定期間中に研修への参加やレポートの提出をまったく予定していなかったような場合には、使用者が採用内定者にそれらを義務づけることは難しいでしょう。

そこで、使用者は上記の合意の存在を明らかにするために、採用内定者との間で、採用内定時に内定期間中に研修などに参加することについて合意したことを明らかにする書面を作成しておく等の措置をとっておくべきです。

2.採用内定取り消しの可否

上記のように、入社前研修への参加などを義務づけられる場合であっても、その義務の違反があったからといって、それを理由とする採用内定取り消しが適法になるわけではありません。

この点に関して、採用内定者が入社前研修を欠席したことなどを理由に採用内定者の内定を取り消した宣伝会議事件（東京地裁　平17.1.28判決　労判890号5頁）において、裁判所は、「効力始期付の内定では、使用者が、内定者に対して、本来は入社後に業務として行われるべき入社日前の研修等を業務命令として命ずる根拠はないというべきであり、効力始期付の内定における入社日前の研修等は、飽くまで使用者からの要請に対する内定者の任意の同意に基づいて実施されるものといわざるを得ない」「使用者は、内定者の生活の本拠が、学生生活等労働関係以外の場所に存している以上、これを尊重し、本来入社以後に行われるべき研修等によって学業等を阻害してはならないというべきであり、入社日前の研修等について同意しなかった内定者に対して、内定取消しはもちろん、不利益な

取扱いをすることは許されず、また、一旦参加に同意した内定者が、学業への支障などといった合理的な理由に基づき、入社日前の研修等への参加を取りやめる旨申し出たときは、これを免除すべき信義則上の義務を負っていると解するのが相当である」と判示し、その上で、「本件内定取消しに客観的合理的理由があるとするには十分でなく、本件内定取消しは違法というべきである」と判断しました。

このように、学生によっては自己の学業・研究のために入社前の研修に参加できない等といったことが十分にあり得るにもかかわらず、一方的に内定期間中に研修への参加義務やレポート提出義務を課し、この義務を果たさなかったことをもって採用内定取り消しを行うというのは、合理性を欠くと判断される可能性があります。

実務的には、かかる義務づけをするのであれば、事前に説明して採用内定者の意思を確認すべきです。もし、採用内定者が研修会への参加やレポートの提出をしない場合に内定取り消しをせざるを得ないのであれば、使用者はその点をあらかじめ説明して、採用内定者から承諾があったことを書面で明らかにしておくべきです。

 採用内定と採用内々定の違い

採用内定と採用内々定の違いはどこにあるのでしょうか。

 主に、労働契約の成否、学生が有している地位、取り消しになった場合の対抗手段が異なります。

解説

1. 採用内々定の意義

採用内々定については、法的な定義があるわけではありませんが、一般的には、採用選考手続きがある程度終了し、採用内定の方向で

あるけれども、経団連の「採用選考に関する指針」との関係などから内定通知をすることができないため、内定開始日以前に、学生に対して内定の見込みであることを口頭などで伝えている状態をいいます。

実務上は、学生は複数の使用者から内々定を取得し、最終的に、使用者が内定開始日に書面による内定通知を発出し、これに対して学生が承諾書を提出するか、内定式に出席するなどして1社に絞り込むことで、その使用者と学生は採用内定関係に入っていきます。つまり、採用内々定は、契約成立前の段階であって、労働契約が成立している状態である内定とは異なります。

2.内定と内々定の違い

内定と内々定の違いをまとめると、**図表4-4**のとおりです。

では、内々定の段階と内定段階をいかに区別するかが問題になりますが、基本的には、正式な内定通知を交付されたか否かであると考えられます。

もっとも、形式的に「内々定通知」を発出したという段階であっても、実態的には内定と変わらない状態であると評価されるケースもあり得るため、最終的に内々定か内定かを判別するのは、その採用手続き全体からみた実態による、ということになります。

例えば、コーセーアールイー（第1）事件（福岡高裁　平23.2.16

| 図表 | 4-4 | **内定と内々定の違い** |

事項	内定	内々定
労働契約の成否	成立している	成立していない（成立前）
学生が有している地位	契約関係	単なる期待にとどまる
取り消しになった場合の対抗手段	地位確認、損害賠償	損害賠償のみ

判決　労判1023号82頁）では、経団連倫理憲章（当時）の存在を理由に、10月1日に正式な内定を行うことを前提として、7月上旬に内々定通知を発送しました。また、内々定後に、学生に対して具体的労働条件の提示、確認や入社に向けた手続き等は行われておらず、会社が入社承諾書の提出を求めていましたが、その内容は、「今回は当社求人へご応募頂き誠にありがとう御座いました。厳正なる選考の結果、貴殿を採用致すことを内々定しましたのでご連絡致します。つきましては、同封の書類をご用意頂き当社までご郵送下さい」というもので、また、「※正式な内定通知授与は平成20年10月1日（水）を予定しております」との文言が記載されていました。

　このような事案において、裁判所は、「本件内々定は、内定（労働契約に関する確定的な意思の合致があること）とは明らかにその性質を異にするものであって、内定までの間、企業が新卒者をできるだけ囲い込んで、他の企業に流れることを防ごうとする事実上の活動の域を出るものではないというべきである。したがって、控訴人（注：使用者）が確定的な採用の意思表示（被控訴人（注：学生）の申込みに対する承諾の意思表示）をしたと解することはできず、また、被控訴人は、これを十分に認識していたといえるから、控訴人及び被控訴人が本件内々定によって労働契約の確定的な拘束関係に入ったとの意識に至っていないことが明らかといえる」と判示し、労働契約は成立していないと判断しました。

3.採用内々定取り消しの限界

　前述したとおり、採用内々定は労働契約関係の成立前の段階であるため、使用者と学生の双方に、契約を締結しない自由が認められます。

　もっとも、採用内々定であるからといって、いかなる場合にもその取り消しが認められるわけではなく、一定の限界があります。す

なわち、契約締結に至っていないものの、契約交渉が一定程度成熟している場合には、契約を締結しようとしている相手方の信頼を裏切るような行為をしてはならないという契約締結上の過失が問題になり得ます。

　例えば、前掲コーセーアールイー（第1）事件においては、「本件内々定によって始期付解約権留保付労働契約が成立したとはいえないが、契約当事者は、契約締結のための交渉を開始した時点から信頼関係に立ち、契約締結という共同目的に向かって協力関係にあるから、契約締結に至る過程は契約上の信義則の適用を受けるものと解すべきである。かかる法理は労働契約締結過程においても異ならない」と判示した上で、一審判決（福岡地裁　平22.6.2判決　労経速2077号15頁）の「被告の本件内々定取消しは、労働契約締結過程における信義則に反し、原告の上記期待利益を侵害するものとして不法行為を構成するから、被告は、原告が被告への採用を信頼したために被った損害について、これを賠償すべき責任を負うというべきである」という判示部分を正当として、22万円の損害賠償請求を認容しています（そのほかにも、使用者側の責任を認めた事例として、**かなざわ総本舗事件**（東京高裁　昭61.10.14判決　金融・商事判例767号21頁）、**わいわいランド（解雇）事件**（大阪高裁　平13.3.6判決　労判818号73頁）など）（200ページの**書式4-11**「採用内々定通知書」参照）。

書式

書式 4-1　指導書

平成○年○月○日

○○○○　殿

人事部長　　○○○○

指　導　書

　平成○年○月○日、貴殿は、上司である○○部長から、○○プロジェクトに関連してクライアントに提供する○○を、平成○年○月○日までに同部長宛てに提出するよう指示されました。しかし、貴殿は上記期限までに○○を提出しませんでした。

　そのため、同部長が貴殿に対し、平成○年△月△日までに提出するように催促をしましたが、それでもなお、貴殿は上記期限までに提出しませんでした。

　最終的に、貴殿が○○を提出したのは、上記期限を2週間も過ぎた○月○日でした。しかも、貴殿から提出された○○は、金額の誤り、誤字脱字といった初歩的なミスが散見されるだけでなく、……といった重大な誤りまで含むものでした。この点は、○○部長から平成○年○月○日付メールで指摘、注意したとおりです。

　結局、貴殿が作成、提出するはずの○○は、到底クライアントに提供できるレベルのものではなかったため、提出期限まで時間がないこともあり、○○部長自らが引き取って、一から作り直すということになりました。

　このような経緯に照らし、貴殿は○○担当としての職責を果たしておらず、かかる貴殿の業務遂行状況は極めて問題があると言わざるを得ません。

　そこで、○月○日までに、本件に関する業務改善についての意見書を提出すると共に、今後はこのような事態が再発しないよう、鋭意努力されることを求めます。

以　上

解説

指導書は、抽象的な注意を記載するにとどまるのではなく、具体的な問題点が第三者から見ても分かるように、具体的かつ明確に記載することが重要です。また、注意するだけでなく、問題点に対する改善意見を提出させることにより、反省を促すとともに、以降の業務内容に対する取り組みについてあらためて評価するきっかけとなります。仮に提出した意見に反する事象が再度発生した場合には、改善の見込みがないものとして、解雇につながります。

書式4-2　解雇予告通知書

平成〇年〇月〇日

〇〇〇〇　殿

株式会社〇〇〇〇
代表取締役　〇〇〇〇

解雇予告通知書

　会社は、貴殿の下記行為が就業規則第〇条第〇項第〇号に該当するため、貴殿を、本日から〇日後である平成〇年〇月〇日付をもって解雇することを予告します。
　なお、平成〇年〇月分の賃金については、通常どおり、翌月25日に支給します。

記

　貴殿は、平成〇年〇月〇日、……。

以　上

解説

30日以上の予告期間をおいて解雇する場合の通知書です。

注意点としては、郵送で解雇予告通知書を発送する場合、30日の起算点は、本人に到達した日の翌日になる点です。

書式 4-3　解雇通知書

平成○年○月○日

○○○○　殿

株式会社○○○○
代表取締役　　○○○○

解雇通知書

　会社は、貴殿の下記行為が就業規則第○条第○項第○号に該当するため、就業規則第○条第○号に基づき、貴殿を、本日付で即時解雇します。
　労働基準法第20条の定めによる解雇予告手当として、平均賃金30日分である金○円を、本日付で、貴殿の給与振込口座に振り込んでおりますので、ご確認ください。
記
　貴殿は、平成○年○月○日、……。

以　上

解説

解雇予告手当を支払って即時解雇する場合の通知書です。解雇予告手当を支給したことを明記すべきです。

書式4-4　解雇予告通知書（手当併用型）

平成○年○月○日

○○○○　殿

株式会社○○○○
代表取締役　　○○○○

解雇予告通知書

　会社は、貴殿の下記行為が就業規則第○条第○項第○号に該当するため、就業規則第○条第○号に基づき、貴殿を、本日から○日後である平成○年○月○日付をもって解雇することを予告します。
　法定の予告期間に満たない日数分（○日分）の解雇予告手当として金○円を、上記解雇日までに、貴殿の給与振込口座に振り込みますので、ご確認ください。

記

　貴殿は、平成○年○月○日、……。

以　上

解説

　解雇予告期間が30日に満たないため、解雇予告と手当を併用する場合の解雇予告通知書です。前述したとおり、この場合、解雇予告時に解雇予告手当を支払う必要はなく、解雇予告日数と予告手当で支払う日数が明示されている限り、解雇の日までに支払えばよいとされているため、上記のような書式の記載例としています。

書式4-5　解雇予告除外認定申請書

```
様式第3号（第7条関係）
                    解雇予告除外認定申請書

┌─────────────┬─────────────────┬─────────────────┐
│ 事 業 の 種 類 │  事 業 の 名 称  │  事 業 の 所 在 地  │
├─────────────┼───┬──────┬──────┼─────────────────┤
│ 労働者の氏名  │性別│雇入年月日│業務の種類│ 労働者の責に帰すべき事由 │
│             │男女│ 年 月 日 │      │                 │
│             │男女│ 年 月 日 │      │                 │
│             │男女│ 年 月 日 │      │                 │
│             │男女│ 年 月 日 │      │                 │
│             │男女│ 年 月 日 │      │                 │
└─────────────┴───┴──────┴──────┴─────────────────┘
     年 月 日
                       使用者  職名
                              氏名          ㊞

労働基準監督署長　殿
```

解説

「労働者の責に帰すべき事由」については、具体的かつ詳細に記載する必要があります。書ききれない場合は、別紙に記載します。なお、除外認定の申請に当たっては、当該申請書だけを提出すれば足りるものではありません。裏づけとなる資料も併せて提出します。具体的には、時系列にまとめた経緯書、当該労働者から事情を聴取した事情聴取録、就業規則、その他当該労働者の問題行動を証明できる資料（他の労働者の陳述書等）などを提出します。

書式 4-6　退職証明書

退職証明書

_____殿

　以下の事由により、あなたは当社を　　年　　月　　日に退職したことを証明します。

　　　　　　　　　　　　　　　　　　　　　　年　　月　　日

　　　　　　　　　　事業主氏名又は名称
　　　　　　　　　　使 用 者 職 氏 名

---

① あなたの自己都合による退職　（②を除く。）
② 当社の勧奨による退職
③ 定年による退職
④ 契約期間の満了による退職
⑤ 移籍出向による退職
⑥ その他（具体的には　　　　　　　　　）による退職
⑦ 解雇（別紙の理由による。）

※　該当する番号に○を付けること。
※　解雇された労働者が解雇の理由を請求しない場合には、⑦の「（別紙の理由による）」を二重線で消し、別紙は交付しないこと。

解説

　書式は、特に定められていないため、任意のものを使用できます。上記書式は、東京労働局のホームページに掲載されているひな型です。

書式 4-7　解雇理由証明書

解 雇 理 由 証 明 書

　　　　　　　　　　　殿

　当社が、　　年　　月　　日付けであなたに予告した解雇については、以下の理由によるものであることを証明します。

　　　　　　　　　　　　　　　　　　　　　　年　　　月　　　日
　　　　　　事業主氏名又は名称
　　　　　　使 用 者 職 氏 名

〔解雇理由〕※1、2
1　天災その他やむを得ない理由（具体的には、

　　によって当社の事業の継続が不可能となったこと。）による解雇
2　事業縮小等当社の都合（具体的には、当社が、

　　　　　　　　　　　　　　となったこと。）による解雇
3　職務命令に対する重大な違反行為（具体的には、あなたが

　　　　　　　　　　　　したこと。）による解雇
4　業務について不正な行為（具体的には、あなたが

　　　　　　　　　　　したこと。）による解雇
5　勤務態度又は勤務成績が不良であること（具体的には、あなたが

　　　　　　　　　　　したこと。）による解雇
6　その他（具体的には、

　　　　　　　　　　　　　　　　）による解雇

※1　該当するものに○を付け、具体的な理由等を（　）の中に記入すること。
※2　就業規則の作成を義務付けられている事業場においては、上記解雇理由の記載例にかかわらず、当該就業規則に記載された解雇の事由のうち、該当するものを記載すること。

解説

　書式は、特に定められていないため、任意のものを使用できます。上記書式は、東京労働局のホームページに掲載されているひな型です。

書式4-8　経営状況悪化に関する説明文書

平成○○年○月○日

従業員各位

○○株式会社
代表取締役　○○○○

当社の経営状況について

　リーマンショック以降の不況の影響を受け、受注が大幅に減少した結果、当社の経営状況は極めて厳しい状況に陥っています。当社の経営状況の詳細につきましては別紙のとおりであり、現時点では、好転も期待できない状況です。

　当社は、経営陣が一丸となって、経営努力を尽くしてきました。具体的には、役員報酬の一律50％カット、新規採用の停止、遊休資産の売却、取引先に対する値上げ要請、賞与の減額などです。しかし、経済状況の悪化が想定を上回っており、このままの状況が続けば経営破綻の可能性すらあります。

　そこで、経営破綻を回避し、事業を継続していくために、今後、希望退職募集を行う予定です。

　希望退職においては、応じて頂ける方の負担を少しでも軽減するために、割増退職金を支給するなどの策を講じることにより、計画人数に達することを目指しています。しかし、万が一、計画人数に達しない場合は、苦渋の決断となりますが、整理解雇を行う可能性がありますので、予めお伝えしておきます。

　当社の置かれた状況をご理解いただき、ご協力をお願い致します。

以　上

解説

　整理解雇を行うための手順としては、経営状況悪化に関する説明→説明会の実施→（場合によっては）質疑応答の機会→希望退職募集→（計画人数に応募者が達しない場合）整理解雇というのが一般的です。上記書式は、最初の「経営状況悪化に関する説明」で使用するものです。

書式 4-9　人員整理計画に関する説明会の実施告知文

平成○年○月○日

従業員各位

○○株式会社
代表取締役　○○○○

人員整理計画に関する説明会のお知らせ

　平成○年○月○日付「当社の経営状況について」と題する書面においてお知らせしたとおり、リーマンショック以降の不況の影響を受け、受注が大幅に減少した結果、当社の経営状況は極めて厳しい状況に陥っています。現時点では、好転も期待できない状況です。

　当社は、経営陣が一丸となって、経営努力を尽くしてきました。具体的には、役員報酬の一律50％カット、新規採用の停止、遊休資産の売却、取引先に対する値上げ要請、賞与の減額などです。しかし、経済状況の悪化が想定を上回っており、このままの状況が続けば経営破綻の可能性すらあります。

　このような状況を踏まえ、経営破綻を回避し、事業を継続していくために、希望退職募集を行うこととなりました。

　希望退職においては、応じて頂ける方の負担を少しでも軽減するために、割増退職金を支給するなどの策を講じることにより、計画人数に達することを目指しています。しかし、万が一、計画人数に達しない場合は、苦渋の決断となりますが、整理解雇を行う可能性がありますので、予めお伝えしておきます。

　そこで、下記のとおり従業員説明会を開催し、現在の経営状況、希望退職募集の実施内容、整理解雇の選定基準等についてご説明申し上げますので、皆様ご参加ください。

記

日時：平成○年○月○日午後○時
場所：本館第1会議室

本件に関するお問い合わせは、人事部○○までお願いします。

以　上

解説

　労働者に対して、不意打ち的に整理解雇を行ったのではなく、適切に説明を行っていたことを証拠化するために、上記書式のような内容の告知文を作成したほうがよいでしょう。その際、どのような説明を行ったのかといった点についても証拠化しておく観点から、告知文には、あえて説明会において説明する事項（トピック）を記載すべきです。

書式 4-10　労働組合宛ての協議要請文書

平成○年○月○日

○○労働組合
執行委員長　○○○○殿

○○株式会社
人事部長　○○○○

協議の申入れ

　リーマンショック以降の不況の影響を受け、受注が大幅に減少した結果、当社の経営状況は極めて厳しい状況に陥っています。当社の経営状況の詳細につきましては別紙のとおりであり、現時点では、好転も期待できない状況です。
　当社は、経営陣が一丸となって、経営努力を尽くしてきました。具体的には、役員報酬の一律50％カット、新規採用の停止、遊休資産の売却、取引先に対する値上げ要請、賞与の減額などです。しかし、経済状況の悪化が想定を上回っており、このままの状況が続けば経営破綻の可能性すらあります。
　そこで、経営破綻を回避し、事業を継続していくために、今後、希望退職募集を行う予定です。
　希望退職においては、応じて頂ける方の負担を少しでも軽減するために、割増退職金を支給するなどの策を講じることにより、計画人数に達することを目指しています。しかし、万が一、計画人数に達しない場合は、苦渋の決断となりますが、整理解雇を行う可能性がありますので、予めお伝えしておきます。
　つきましては、貴組合のご意見をうかがったうえで協議させていただきたいと思います。
　まずは、貴組合に対して、現在の経営状況、希望退職募集の実施内容、整理解雇の選定基準等についてご説明させていただきたく、下記の日時・場所にて、貴組合との協議の場を設けたいと思います。

記

　日時：平成○年○月○日午後○時
　場所：本館第2会議室

以　上

解説

　手続きの妥当性においては、使用者と労働組合との協議が開始された時期、回数、内容、資料提供の有無などが問題となります。
　そこで、労働組合との協議の実施状況が分かるように、口頭で協議を申し入れるのではなく、必ず上記書式のような書面で申し入れることが重要です。このような書面を残しておけば、一定程度は協議の実施状況を立証することができます。

書式4-11　採用内々定通知書

平成○年○月○日

○○○○　殿

株式会社○○
代表取締役　○○○○

採用内々定通知書

拝啓　時下益々ご清栄のこととお慶び申し上げます。
　先日は、ご多忙の中、弊社の採用試験にお時間を頂きまして、誠にありがとうございました。
　厳正なる選考の結果、貴殿を採用致すことを内々定しましたのでご連絡致します。つきましては、同封の書類をご用意頂き弊社までご郵送ください。
　なお、内定通知授与は平成○年○月○日を予定しており、正式な内定手続きはこの際に行います。また、貴殿の採用に関して事情の変更があった場合には速やかに御連絡致します。

敬具

解説

　採用内々定は口頭でなされる場合も多いですが、採用内定と誤解されることを防ぐ観点からは、書面で「内々定」という言葉を用いることが重要です（上記書式例では、タイトルにおいて「採用内々定通知書」と明記し、また本文で「貴殿を採用致すことを内々定しました」と明記しています）。また、採用内定は別に予定していることを示すこともポイントです（上記書式では、「内定通知授与は平成○年○月○日を予定しており、正式な内定手続きはこの際に行います」という部分）。

　このような通知書を作成して交付すれば、後に紛争になった場合にも証拠として利用できますし、学生側にも誤解を生じさせずに済むというメリットがあります。

書式 4-12　採用内定通知書

平成○年○月○日

○○○○　殿

株式会社○○
代表取締役　○○○○

採用内定通知書

拝啓　時下益々ご清栄のこととお慶び申し上げます。
　先日は、ご多忙の中、弊社の採用試験にお時間を頂きありがとうございました。
　さて、弊社にて○○○○殿の採用について検討させていただいた結果、下記の条件にて貴殿の採用を内定させていただくこととなりましたので、その旨ご通知致します。

記

1　契約期間　　：期間の定めなし
2　入社予定日：平成○年4月1日
3　試用期間　　：入社日より6カ月間
4　就業の場所：当社の指定による
5　所属・職務：当社の指定による
6　勤務時間　　：9時00分から18時00分まで（休憩は12時00分から13時00分まで）
7　休日　　　　：土曜日、日曜日、国民の祝日、その他当社が指定する日
8　休暇　　　　：年次有給休暇、慶弔、夏季、年末年始など
9　給与及び手当：基本給　　　　　　　　　円
　　　　　　　　能力給　　　　　　　　　円
　　　　　　　　住宅手当　　　　　　　　円
　　　　　　　　月額給与　　　　　　　　円
　　※所定時間外、休日又は深夜に対して支払われる割増賃金率
　　所定時間外　法定超25％
　　休日　　　　法定休日35％
　　深夜　　　　25％
　　※締切日　毎月20日　　支払日　毎月25日
　　※昇給　年1回（4月）　　退職金　有（退職金規程による）
10　賞与　　　　：年2回（6月、12月）
11　通勤交通費：実費3万円を上限として支給
12　各種保険　　：雇用保険、労働者災害補償保険、健康保険、厚生年金保険

第4章 普通解雇

13 退職に関する事項：
　①定年
　　定年60歳（65歳までの継続雇用制度有）
　②自己都合退職の手続き
　　退職する30日前に届け出ること
　③解雇の事由
　　普通解雇・懲戒解雇
14 その他　：本通知書に記載なき事項は、弊社の就業規則に従います。

　なお、以下に該当する事由が判明した場合には、本採用内定が取り消されることがありますので、予めご承知おきください。
①入社日までに現在在籍している学校を卒業できないことが判明したとき。
②履歴書、その他弊社に提出した書類の内容や採用面接時に確認した事項と事実が相違するとき。
③入社までの健康状態の変化又は当社が実施する入社時の健康診断において、正常な勤務ができないと判断されるとき。
④刑事上の処分を受けたとき。
⑤弊社が提出するよう指示した書類を指定期日までに提出しないとき。
⑥その他、弊社で就労が継続できない事由が発生したとき。

　ご不明点等ございましたら、弊社人事部の○○宛てにお問い合わせください。

敬具

解説

　上記書式のポイントは、採用内定の取り消し事由のところです。使用者が採用内定を取り消すことができるのは、採用内定通知書に記載された内定取り消し事由に限られませんし（**宣伝会議事件**　東京地裁　平17.1.28判決　労判890号5頁）、そもそも採用内定通知書に採用内定の取り消し事由を記載しなければならない法的義務はありません。しかし、内定者に対して、どのような事由が取り消し事由になるのかを示すことによって、取り消し事由に該当しないように意識させることができますので、採用内定通知書に採用内定の取り消し事由を具体的に記載すべきです。

書式4-13　採用内定時の誓約書

平成○年○月○日

○○株式会社
代表取締役　○○○○殿

○○○○（氏名）

誓　約　書

　私は、貴社から採用内定通知を受けましたので、以下の事項に了承の上、平成○年4月1日付をもって貴社に入社することを誓約いたします。

記

1　貴社の就業規則等に従い、誠実に勤務します。
2　入社までに住所の異動、その他身上に関する事項について重大な変更があった場合には、直ちに貴社に報告します。
3　入社日までに、下記の事由が生じた場合には、採用内定取消しをされても異議を述べません。
　①入社日までに現在在籍している学校を卒業できないことが判明したとき。
　②履歴書、その他貴社に提出した書類の内容や採用面接時に確認した事項と事実が相違するとき。
　③入社までの健康状態の変化又は貴社が実施する入社時の健康診断において、正常な勤務ができないと判断されるとき。
　④刑事上の処分を受けたとき。
　⑤貴社から提出するよう指示された書類を指定期日までに提出しないとき。
　⑥その他、貴社で就労が継続できない事由が発生したとき。
4　入社日の前後を問わず、貴社によって行われるインターネット・SNSの利用に関する研修の内容を遵守します。

以　上

解説

　採用内定通知書だけでなく、誓約書においても、採用内定の取り消し事由を具体的に記載すべきです。

　なお、近年では、採用内定者がFacebookやTwitterに、不適切な内容を投稿し、「炎上」してしまうことが散見されます。また、社内研修の内容等を無断で投稿するケースも見られます。このような内定者のSNSやインターネットをめぐるトラブルを防止する観点から、入社前研修としてインターネットやSNSの利用に関する研修を行い、それを遵守することを誓約書に入れることをお勧めします。

書式4-14　採用内定取消通知書

平成○年○月○日

○○○○　殿

○○株式会社
代表取締役　○○○○

採用内定取消通知書

拝啓　時下ますますご清栄のこととお慶び申し上げます。
　弊社は、貴殿に対し、平成○年○月○日付採用内定通知書をもって、貴殿の採用を内定する旨通知致しました。
　しかし、今般、貴殿から弊社に対して、入社予定日である平成○年4月1日までに、取得単位不足により、貴殿が○○大学を卒業できなくなった旨のご連絡をいただきました。
　入社日までに在籍する学校を卒業できないことは、上記採用内定通知書及び貴殿が提出した入社誓約書第3条第1号の採用内定の取消事由に該当します。
　つきましては、本通知書をもって、貴殿の採用内定を取消すことをご通知申し上げます。

敬具

解説

　採用内定取り消しをする場合には、トラブル防止の観点から、採用内定取消通知書に、内定者のいかなる行為が取り消し事由に該当するかを明記したほうがよいでしょう。
　なお、採用内定取り消しが有効であっても、採用内定取り消しまでの過程において、使用者が内定者に対して誠意ある説明を行わない場合には、そのこと自体が損害賠償の対象となることがあるので注意が必要です（パソナ（ヨドバシカメラ）事件　大阪地裁　平16.6.9判決　労判878号20頁）。

書式4-15　本採用拒否通知書

```
                                    平成○年○月○日
○○○○　殿
                              ○○株式会社
                              代表取締役　○○○○

                    本採用拒否通知書

　当社は、貴殿との間で、平成○年○月○日付で、試用期間を平成○年4月1日から同年9月30日までの6カ月として雇用契約を締結致しました。
　上記試用期間中、貴殿は無断欠勤や遅刻を繰り返し、上司である○○課長が再三に亘り注意・指導を行ったにもかかわらず、一向に改善がみられず、注意・指導の後も遅刻、欠勤を繰り返しました。
　また、○○○○〔具体的な問題行動を記載〕。
　このような貴殿の勤務態度や言動から、当社は、貴殿が当社の従業員として不適格であると判断致しました。
　そこで、当社は、本通知書をもって、貴殿の本採用を拒否することをご通知申し上げます。
                                              敬具
```

解説

　本採用拒否通知書においては、どのような行為を理由として本採用を拒否したのかという点を具体的かつ明確に記載すべきです。

　なお、前述したように、**三菱樹脂本採用拒否事件**(最高裁大法廷昭48.12.12判決　労判189号16頁)判決が、「採用決定後における調査の結果により、または試用中の勤務状態等により、当初知ることができず、また知ることが期待できないような事実」を本採用拒否の理由とすることができる旨判示していることから、本採用拒否の理由については、これに該当する事実を記載する必要があります。

第5章

懲戒解雇

1 懲戒処分総論

1 懲戒処分の意義

　懲戒処分とは、労働者の企業秩序維持違反行為に対する制裁罰であることが明確な、労働関係上の不利益措置をいいます（菅野和夫『労働法（第11版）』658頁・弘文堂）。

　懲戒処分は、企業秩序の維持・回復のための制裁（一種の刑罰）という機能を有すると同時に、懲戒処分対象者に対して、改善の機会を与えることによって再発防止を図る機能も有しています。ただし、退職を前提とする懲戒処分（懲戒解雇・諭旨解雇（諭旨退職））には、後者の機能はありません。

　そこで、いかなる懲戒処分を科すかを決定する際には、後者の機能を考慮に入れるか否かという点も、念頭に置くべきです。

2 根拠規定

[1] 根拠規定の要否

　懲戒解雇を含めた懲戒処分を科すための根拠規定の要否について、最高裁判例は、「使用者が労働者を懲戒するには、あらかじめ就業規則において懲戒の種別及び事由を定めておくことを要する」と判示しており、根拠規定が必要であると解しています（**フジ興産事件**　最高裁二小　平15.10.10判決　労判861号5頁）。つまり、使用者が労働者を懲戒するためには、あらかじめ就業規則等において懲戒処分の根拠規定や、懲戒事由、種類を定めておくことが必要になります（労働基準法（以下、労基法）89条9号）。

したがって、就業規則等においてあらかじめ懲戒処分の根拠規定等を定めておかなければ、企業秩序違反行為（非違行為）を行った労働者に対して、懲戒処分を科すことはできません。

これは、就業規則の作成義務が課せられていない、労働者が10人未満の企業（労基法89条本文）においても、同様です。つまり、根拠規定がないにもかかわらず懲戒処分を科した場合には、無効となります（**洋書センター事件** 東京高裁 昭61.5.29判決 労判489号89頁）。そのため、労基法上の就業規則作成義務の有無を問わず、非違行為を行った労働者に対して懲戒処分を科すためには、懲戒処分の根拠規定が必要になります。

［2］懲戒処分に関する規定の内容

前述したフジ興産事件最高裁判決において、「使用者が労働者を懲戒するには、あらかじめ就業規則において懲戒の種別及び事由を定めておくことを要する」と判示されている以上は、懲戒の種別および事由を定めなければなりません。以下、懲戒の種別および事由について説明します。

（1）懲戒処分の種類

懲戒処分の「種類」および「程度」に関して、具体的に定めなければなりません（労基法89条9号）。

まず、「種類」とは、戒告、譴責（けんせき）、減給、出勤停止、降格・降職、諭旨解雇、懲戒解雇等の懲戒処分の種類を意味します（図表5-1）。懲戒処分の種類として「降格」が定められていなかったにもかかわらず、降格処分を科したケースとして、**アメリカン・スクール事件**（東京地裁 平13.8.31判決 労判820号62頁）がありますが、懲戒処分としての降格処分は無効と判断されました（人事権の行使としての降格処分は有効と判断しました）。

各懲戒処分の意義は、次のとおりです。具体的な就業規則での定

| 図表 | 5-1 | 代表的な懲戒処分の種類

懲戒の種類	懲戒の内容
戒告	始末書を提出させずに将来を戒めるもの
譴責	始末書を提出させて将来を戒めるもの
減給	本来ならば支給されるべき賃金の一部を差し引かれるもの
出勤停止	労働者の就労を一定期間禁止するもの
降格・降職	等級や資格等の格付けを降ろし、または職位を下げるもの
諭旨解雇	就業規則上の懲戒処分として、退職届の提出を勧告するもの
懲戒解雇	懲戒処分として労働契約を使用者が一方的に解消するもの

め方については、218ページ以下の〔就業規則の規定例〕を参照ください。なお、実務上、「注意」や「警告」など懲戒処分には該当しない処分もあります（ただし、これらについても、懲戒処分として規定していれば、懲戒処分として扱われます）。

①譴責、戒告

譴責とは、始末書を提出させて将来を戒める処分です。また、譴責に代えて、または、譴責と併存する形で戒告（将来を戒めるのみで始末書の提出を伴わない処分）を規定する企業も少なくありません。これらは通常、労働者に直接不利益を与えるものではありませんが、人事考課の際に考慮したり、一時金（賞与）の額や昇給・昇格に影響を与えたりすることがあります。

②減給

減給とは、労働者が受け取ることができるはずの賃金を減額する処分です。減給には上限が設けられており、無制限に減給できるわけではありません。すなわち、労基法91条に「1回の額が平均賃金の1日分の半額を超え、総額が一賃金支払期における賃金の総額の10分の1を超えてはならない」という制限があります。なお、遅刻、早退や欠勤といった労務の不提供を理由とする賃金

カットは、原則としては懲戒処分としての減給には該当しません。ただしこの場合、本来差し引くべき金額を超える賃金カットは減給に該当します（昭63.3.14　基発150・婦発47）。

③出勤停止（停職）

　出勤停止（停職）とは、労働契約を存続させつつ、労働者の労働義務の履行を停止する処分です。出勤停止期間中は賃金が不支給となるのが一般的ですが、これはノーワーク・ノーペイの原則によるものであり、労基法91条は適用されません（昭23.7.3　基収2177）。

　なお、出勤停止期間の上限等について、法律上の制限はありませんが、一般的には、7日から30日程度を定める企業が多いものと思われます。

④降格・降職

　（懲戒処分としての）降格・降職とは、制裁を目的として労働者の役職や職能資格を低下させる処分です。例えば、部長職にあった労働者を課長職にするなどです。

　ただし、降格・降職によっても、労働契約の同一性の認められる範囲でなされなければならず、契約の基本的内容を変更することはできない点に注意が必要です。例えば、期間の定めのない常勤教諭を任期1年の非常勤講師に降職させる降職処分の効力を否定した裁判例として、**倉田学園降職事件**（高松高裁　平9.12.19判決　労民集48巻5・6号660頁）があります。

⑤諭旨解雇（諭旨退職）

　諭旨解雇（諭旨退職）とは、勧告に応じない場合には懲戒解雇をすることを前提として即時退職を勧告して、本人の願い出による形式（辞職）をとって退職させる処分です。後述の懲戒解雇と異なり、諭旨解雇の場合には退職金が一部または全部支給されるのが通常です。

⑥懲戒解雇

　懲戒解雇とは、懲戒処分としての解雇です。懲戒解雇が科される場合には、退職金を支給しないという規定を設ける企業が多いこともあり、労働者にとって最も重い処分となっています。

(2) 懲戒処分の程度

　次に、「程度」とは、一定の事由に該当する場合の制裁の程度をいいます。制裁の程度は、制裁の事由との均衡を十分に考慮して規定されなければならず、この均衡を破るような懲戒処分は、公序良俗に反する法律行為として無効と解されます（厚生労働省労働基準局編『平成22年版 労働基準法・下（労働法コンメンタール③）』902頁・労務行政）。

　なお、例えば、正当な理由のない遅刻が、1カ月に3回以内の場合には譴責または減給、4回以上10回以内の場合には減給または出勤停止といったような懲戒処分の量定・基準については、労基法上、就業規則等に定めておくことは求められていません。この懲戒処分の量定・基準については、具体的に就業規則で定めてしまうと懲戒制度の運用を硬直化させてしまい、結果として使用者の裁量の幅を狭めてしまいかねないので、就業規則には定めないほうが無難です。ただし、懲戒処分の妥当性を確保する観点からは、就業規則という形ではなく、内規やガイドライン等で定めておくことをお勧めします（236ページの**書式5-1**）。

(3) 懲戒事由

　前述したように、フジ興産事件において「懲戒の事由」を定めなければならないと判示されており、就業規則等において、懲戒事由を列挙しておかなければなりません。なお、具体的な懲戒事由の規定例は、後段〔**就業規則の規定例**〕を参照ください。

　ところで、労働者の非違行為は多種多様ですから、これらを懲戒事由として網羅することは極めて困難です。

そこで、包括条項として、規程に「その他前各号に準ずる行為があったとき」というような文言を設けることが必須となります。

　このような包括条項を設けておけば、具体的に挙げたそれ以外の懲戒事由に該当しない非違行為に対しても、懲戒処分を科すことが可能になり得ます。裁判所は、**メディカルサポート事件**（東京地裁平12.2.28判決　労経速1733号9頁）において、経費の不正請求および不正精算について、包括条項以外の懲戒事由には該当しないものの、「その他各号に準ずる行為があった者」という包括条項に該当するとして、懲戒解雇は有効であると判示しました。

　ただし、包括条項があればどのような非違行為に対しても懲戒処分を科すことが可能となるわけではなく、上記メディカルサポート事件において裁判所が「抽象的表現の概括条項が設けられている場合に、このような条項に該当するというためには、懲戒の対象となる当該行為が、それ以外に列挙された事由と近似した内容のものであることのほか、企業秩序維持の観点からそれらと同程度の反価値性を有することも必要であると解すべき」と判示するように、具体的に懲戒事由として掲げている非違行為と同程度か、それ以上に企業秩序を乱す行為についてのみ適用できると考えるべきです。そのため、包括条項のみで懲戒処分を科すような事態はできるだけ避けるべきであり、具体的な懲戒事由については、できる限り多種多様な非違行為を対象とするような規定の仕方にすることが望ましいといえます。

3 懲戒処分に関する諸原則

　懲戒処分は、就業規則上の懲戒事由に該当すれば、直ちに有効となるわけではありません。以下に述べる懲戒処分に関する諸原則に照らして、有効性が判断されます。特に、懲戒解雇は、労働者にとっ

て重大な影響を与えることから、厳格な判断がなされます。

[1] 相当性

　労働契約法（以下、労契法）15条は「使用者が労働者を懲戒することができる場合において、当該懲戒が、当該懲戒に係る労働者の行為の性質及び態様その他の事情に照らして、客観的に合理的な理由を欠き、社会通念上相当であると認められない場合は、その権利を濫用したものとして、当該懲戒は、無効とする」と規定し、懲戒処分に相当性を要求しています。つまり、相当性を欠く場合には、当該懲戒処分は無効になります。

[2] 二重処罰禁止の原則（一事不再理の法理）

　懲戒処分は、労働者の行った非違行為に対する一種の刑罰であることから、刑事罰と同様の法理に服することになります。すなわち、刑事罰の場合と同様に、二重処罰禁止の原則（一事不再理の法理）が適用され、同一の非違行為に対して再度懲戒処分を科すことは許されません（渡島信用金庫（懲戒解雇）事件　札幌高裁　平13.11.21判決　労判823号31頁等）。

　例えば、軽い懲戒処分を科した後に重い懲戒処分を科す場合、二重処罰禁止の原則（一事不再理の法理）の観点から、最初の軽い懲戒処分の対象とした非違行為は、後の重い懲戒処分の対象にはできません。他方、懲戒処分には該当しない注意や警告であれば、それらの対象となった非違行為をも含めて重い懲戒処分の理由とすることができます。

[3] 不遡及の原則

　懲戒処分の根拠規定は、それが設けられる以前の非違行為に対して遡及的に適用されるべきではないとする見解が一般的であるため

(不遡及の原則。**富士タクシー事件**　新潟地裁　平7.8.15判決　労判700号90頁)、懲戒処分の根拠規定を作成した後の非違行為に対してのみ適用すべきです。

[4] 平等原則

　同等の非違行為については、同等の処分がなされるべきであり(平等原則)、懲戒処分を科す際には、企業における同等の懲戒処分事例について先例を調べた上で、これを踏まえてどのような懲戒処分を科すかを検討することが必要です。平等原則違反の懲戒処分は、前述した相当性を欠くものとして無効となります。

　ただし、非違行為を特定した上で、今後はその非違行為については厳罰に処する旨を労働者に告知し、周知徹底していれば、先例にとらわれずに重い処分を科すことは可能と解されます。周知徹底することが重要なポイントになります。

　従来黙認してきた非違行為を懲戒処分の対象とする場合にも、労働者に対して事前に十分な告知や警告をすることが適切です(238ページの**書式5-2**)。

2 懲戒制度の運用

1 事前の注意・警告、軽い懲戒処分の重要性

　初回の非違行為に対しては、懲戒解雇や諭旨解雇といった重い懲戒処分を科すのではなく、まずは注意・警告を行ったり、戒告、譴責、出勤停止など、懲戒解雇や諭旨解雇に比べて軽い懲戒処分を科したりして、再度同じような非違行為を行った場合に重い懲戒処分を科すほうが、懲戒処分の有効性は高まるといえます（239ページの書式5-3）。改善の機会が与えられていたにもかかわらず、同じような非違行為を行ったものとして、当該行為の悪質性が増すからです。

　実際に、重い懲戒処分を科す前に注意・警告や軽い懲戒処分を科さなかったことを理由として、懲戒処分を無効とした裁判例にX市事件（大阪地裁　平18.4.26判決　労経速1946号3頁）、Y社（セクハラ・懲戒解雇）事件（東京地裁　平21.4.24判決　労判987号48頁）等があります。

　ただし、軽い懲戒処分を科した後に重い懲戒処分を科す場合、二重処罰禁止の原則（一事不再理の法理）の観点から、最初の軽い懲戒処分の対象とした非違行為は後の重い懲戒処分の対象にはできないので、その点の注意が必要となります。

　他方、懲戒処分ではない注意や警告であれば、その対象となった非違行為をも含めて重い懲戒処分の理由とすることができます。

2 手続きの相当性

[1] 懲戒手続き

　懲戒処分の手続きに関しては、何も定めない企業が多いですが、懲戒処分の適正さを確保する観点から、就業規則や労働協約で定める企業もあります。そして、就業規則等において、懲戒手続きを定めている場合には、その手続きを遵守することは当然であって、懲戒手続きを履践せずに科した懲戒処分は、社会通念上相当なものと認められず、懲戒権の濫用となり、無効になる可能性が高いといえます（**千代田学園（懲戒解雇）事件**　東京高裁　平16.6.16判決　労判886号93頁、**中央林間病院事件**　東京地裁　平8.7.26判決　労判699号22頁等）。ただし、有効と判断する裁判例（**日本工業新聞社事件**　東京高裁　平15.2.25判決　労判849号99頁等）もあります。

　しかし、例外的に手続き的要件を緩和する条項や、手続きを不要とする条項を設けておくことによって、懲戒手続きを履践しなくても懲戒処分が有効になる可能性があります。例えば、懲罰委員会規程において、懲戒処分を科す際には「委員会の決定は、全員一致による。ただし、やむをえない事情ある場合、委員長は、出席者の過半数をもって決議することができる」と規定していた事案で、例外規定に基づいて委員の全員一致がなくても懲戒手続きに瑕疵はないと判断した裁判例があります（**南海電気鉄道事件**　大阪地裁堺支部　平3.7.31決定　労判595号59頁。ただし、結局、懲戒解雇は無効と判断しました）。そのため、可能であるならば、懲戒手続きに上記のような例外規定を設けることをお勧めします（221ページ〔**就業規則の規定例**〕を参照ください）。

[2] 弁明の機会の付与

　就業規則に弁明の機会の付与といった手続きが規定されている場合に、弁明の機会を付与せずに科した懲戒処分は無効となります(前掲千代田学園（懲戒解雇）事件等)。

　他方、そのような手続きが就業規則に規定されていない場合には、同手続きを付与することが求められるわけではなく、弁明の機会を付与しなかったことをもって直ちに当該懲戒処分が無効になるわけではありません（**日本電信電話（大阪淡路支店）事件**　大阪地裁平8.7.31判決　労判708号81頁、**日本HP社（セクハラ解雇）事件**　東京地裁　平17.1.31判決　判時1891号156頁等)。

　ただし、適正手続き保障の見地から見て、懲戒処分に際し、被懲戒者に対し弁明の機会を与えることが望ましいことから、懲戒解雇といった重い懲戒処分や、懲戒処分の対象となる従業員が事実関係を争っている場合には、弁明の機会を付与することをお勧めします（240ページの**書式5-4**)。

■就業規則の規定例

> （懲戒処分の種類）
> 第○条　懲戒は、その情状に応じて、以下の区分に従って行う。
> 　①譴責　始末書を提出させて将来を戒める。
> 　②減給　始末書を提出させるとともに、賃金を減額する。ただし、減給の額は、一つの事案に対して平均賃金の1日分の半額とし、複数の事案に対しては減給総額が1賃金支払期における賃金総額の10分の1を超えないものとする。
> 　③出勤停止　始末書を提出させるとともに、30日以内の期間を定めて出勤を停止し、その期間は無給とする。
> 　④降格・降職　始末書を提出させるとともに、職位若しくは資格等級の一方又は双方の引き下げを行う。
> 　⑤諭旨解雇　退職届を提出するように勧告する。但し、勧告から10日以内に退職届を提出しない場合には、懲戒解雇とする。

⑥懲戒解雇　予告期間を設けることなく、即時解雇する。所轄労働基準監督署長の認定を受けたときは、第○条所定の解雇予告手当を支給しないものとする。

解説

　懲戒解雇に関して、「労働基準監督署長の認定を受けたときは、解雇予告手当を支給せずに即時解雇する」というように、除外認定が懲戒解雇の要件（前提条件）と解されるような記載をしている企業もあります。この点に関しては、除外認定は懲戒解雇の要件ではないと一般的には考えられているので（**グラバス事件**　東京地裁　平16.12.17判決　労判889号52頁、**フットワークエクスプレス事件**　京都地裁　平6.3.15判決　労判664号75頁）、このような記載であっても懲戒解雇の効力に影響はないと思われます。しかし、無用な紛争を生じさせかねないので、このような記載は避け、上記の規定例のような記載にすべきです。

　（懲戒事由）
　第○条　従業員が、次の各号の一に該当するときは、その軽重に応じ、前条に定める懲戒処分を行う。
　（1）　重要な経歴を偽り、その他不正な方法を用いて採用されたとき
　（2）　正当な理由なく遅刻、早退し、又は任務を離れるなど誠実に勤務しないとき
　（3）　正当な理由なく無断欠勤したとき
　（4）　会社の業務上の指示、命令に従わなかったとき
　（5）　正当な理由なく、配置転換、転勤、出向などを拒否したとき
　（6）　第○条に定める服務規律に関する事項に違反したとき
　（7）　会社の秘密を漏らし、又は漏らそうとしたとき
　（8）　性的言動により、他の従業員に不快な思いをさせ、職場の

環境を悪くしたとき
(9) 職務上の地位や人間関係などの職場内の優位性を背景に、業務の適正な範囲を超えて、他の従業員その他の関係者に精神的身体的苦痛を与え、又は職場環境を悪化させたとき
(10) 職務を利用して私利を図ったとき
(11) 会社の承認を受けず在籍のまま、他に雇われたとき
(12) 会社の金品を盗み、又は横領するなど不正行為に及んだとき
(13) 会社内で、暴行、脅迫、傷害、暴言、又はこれに類する行為をなしたとき
(14) 故意に会社の業務を妨害し、又は妨害しようとしたとき
(15) 故意又は過失によって会社の建物・施設・物品・商品等を汚損し、又は破壊したとき
(16) 故意又は重大な過失により会社に損害を与え、又は会社の信用を失墜させたとき
(17) 会社外において、会社又は役員、従業員の名誉・信用を毀損したとき
(18) 会社を誹謗・中傷し、又は虚偽の風説を流布し、会社の業務に重大な影響を与えたとき
(19) 刑罰法規に違反したとき
(20) 部下及び職場の管理監督、業務上の指導、又は必要な指示注意を怠ったとき
(21) 違法な争議により、会社の業務の運営に重大な影響を与えたとき
(22) 会社の施設内で、許可なく集会をし、又は文書の配布・掲示、演説、放送を行ったとき
(23) その他前各号に準ずる行為があったとき

解説

前述したとおり、包括条項（上記規定例の23号）は必ず入れるようにしなければなりません。

また、企業ごとに、特に懲戒処分の対象としたい事由を入れることも可能です（例えば、女性の顧客が多い業態におけるセクシュア

ルハラスメント、運送会社や自動車メーカーにおける飲酒運転など）。

インターネット上に散見される就業規則のサンプルに記載された懲戒事由だけではなく、企業それぞれの実情に応じた懲戒事由の設定が重要となります。実情に応じた懲戒事由を設定することにより、従業員に対して、会社が当該懲戒事由を重く見ていることを示すことができるというメリットもあります。

（懲戒手続き）
第○条　会社は、降格、諭旨解雇又は懲戒解雇を科すに当たっては、懲罰委員会の諮問を経て行う。但し、会社は、やむを得ない事由がある場合には、懲罰委員会の諮問を経ずに懲戒処分を科すことができる。
2　前項の懲罰委員会の構成や運営については、懲罰委員会規則の定めるところによるものとする。

解説

前述のとおり、懲戒手続きを履践せずに科した懲戒処分は無効になる可能性が高いので、例外規定を設けて、懲戒手続き違反にならないようにしておくことをお勧めします。

また、あらゆる懲戒処分について懲戒手続きを履践しなければならないとすると、煩雑な上に懲戒制度の運用が硬直化してしまいますので、上記の規定例のように、比較的重い懲戒処分についてのみ懲戒手続きを要するという規定の仕方にしておくほうが無難です。

Q&A

 懲戒事由ごとの考慮要素および重視要素

懲戒処分を検討するに当たって、どのような要素を考慮したり、重視したりすればよいでしょうか。

 懲戒事由ごとに考慮要素、重視要素は異なるので、個別に検討する必要があります。

解説

懲戒処分は、懲戒事由に該当するだけで直ちに有効となるのではなく、処分として社会通念上相当なものでなければなりません（労契法15条）。

その判断は、行為の内容、結果の重大性、頻度、期間、業務内容、過去の処分歴、行為者の反省の有無などを総合してなされますが、懲戒事由ごとに考慮する要素や重視する要素が異なりますので、懲戒処分をする場合には、その見極めが重要になります。そして、懲戒処分の有効性に関する裁判所の判断は事案によりまちまちであるため画一的な基準を見いだすことは難しいですが、裁判例を俯瞰すると、おおむね以下のような要素が重視されていることが分かります。

1.セクシュアルハラスメントによる懲戒処分（懲戒解雇）

労働者がセクシュアルハラスメント行為を行ったことを理由とする懲戒処分については、第一に、強制わいせつ罪に当たるような行為であるか否かという要素が最も重視されているようです。強制わいせつ罪に当たるような行為であれば、原則として懲戒解雇は有効になる可能性が極めて高くなります。

また、強制わいせつ罪に当たらないものでも、過去の裁判例の傾向に照らすと、身体的接触があれば懲戒解雇は有効になる可能性が高くなるようです。ただし、身体的接触があったとしても、具体的事案によっては懲戒解雇を無効とする裁判例（前掲Y社（セクハラ・懲戒解雇）事件等）もあるので、行為態様、セクシュアルハラスメント行為が行われた状況、当該行為者の地位・立場、当該行為者と被害者の関係、被害者側の落ち度の有無、セクシュアルハラスメントに対する使用者の方針・態度、当該行為者の反省の有無、当該行為者の使用者への貢献度、セクシュアルハラスメント行為についての指導や注意の有無などを総合的に勘案して、懲戒解雇を科すか否かを検討する必要があります（**富士通エフサス事件　東京地裁　平22.12.27判決　労判1022号70頁**、前掲Y社（セクハラ・懲戒解雇）事件、前掲日本HP社（セクハラ解雇）事件等）。

　他方、過去の裁判例の傾向に照らすと、性的な発言など身体的接触を伴わないセクシュアルハラスメント行為については、懲戒解雇が有効になる可能性は高くありません。

2.勤怠不良（遅刻・欠勤・私用外出）

　労働者が無断で遅刻・欠席・私用外出を行ったことを理由とした懲戒処分については、その頻度、継続性、理由、使用者の注意・指導の有無、それに対する労働者の対応、平素の勤務状況、業務に与えた影響、使用者における従来の取り扱い等を考慮要素として、懲戒処分の有効性を判断する傾向にあります（**東京電力（諭旨解職処分等）事件　東京地裁　平21.11.27判決　労判1003号33頁等**）。

　ここで実務上、注意が必要なのは、使用者が注意・指導を行わない場合には、労働者の勤怠不良を使用者が許容ないし黙認したと認定されてしまう可能性があるという点です。そのため、勤怠不良の労働者に対しては、指導書等の証拠として残る書面や電子メールで、

勤怠不良を改善するように注意する必要があります。

3.不正受給

　労働者が交通費や出張旅費などを不正に受給したことを理由とする懲戒処分については、不正受給の金額、期間、当該行為者の地位・役職、動機、使用者への返金の有無（または返金の準備の有無）、使途（遊興費に使ったか等）、態様の悪質さ、反省の有無等を考慮要素として、懲戒処分の有効性を判断する傾向にあります（**光輪モータース（懲戒解雇）事件**　東京地裁　平18.2.7判決　労判911号85頁、**ジェイティービー事件**　札幌地裁　平17.2.9判決　労経速1902号3頁等）。

　なお、交通費に関しては、不正受給した金額が約35万円であった事案で、会社に生じた損害が大きいとはいえないと判断した裁判例があります（前掲光輪モータース（懲戒解雇）事件）。

4.横領・着服

　労働者が金品を横領・着服したことを理由とする懲戒処分については、当該行為者の職務内容、横領・着服した金額、回数、期間、使用者への返金の有無、使途、事後の対応、使用者に与える影響等を考慮要素として、懲戒処分の有効性を判断する傾向にあります（**東武トラベル事件**　東京地裁　平15.12.22判決　労経速1862号23頁等）。

　特に、金銭を取り扱うことを職務内容とする労働者（バスやタクシーの運転手、レジ係、集金係等）が金品を横領・着服した場合には、金額の多寡にかかわらず懲戒解雇を含む懲戒処分を有効と判断する傾向にあります（100円を横領した事案で懲戒解雇を有効とした裁判例として、**茨城交通事件**　水戸地裁　昭47.11.16判決　判時705号112頁、3800円を横領した事案で懲戒解雇を有効とした裁判例として、**川中島バス事件**　長野地裁　平7.3.23判決　労判678号57頁）。

5.暴行・暴言

　労働者が社内で暴行を加えたり、暴言を吐いたりしたことを理由とする懲戒処分については、被害の重大さ、行為態様の悪質さ、偶発性の有無、当該行為者の地位・役職、被害者側の落ち度、反省の有無等を考慮要素として、懲戒処分の有効性を判断する傾向にあります（**豊中市不動産事業協同組合事件　大阪地裁　平19.8.30判決　労判957号65頁等**）。

6.取引先からの饗応

　労働者が、取引先から饗応を受けることを禁止されていたにもかかわらず饗応を受けたことを理由とする懲戒処分については、当該行為者の地位・職務権限、饗応により受けた利益の大小、饗応を受けた回数、期間、態様、饗応と当該行為者による業務上の判断の関連性の有無等を考慮要素として、懲戒処分の有効性を判断する傾向にあります（**りそな銀行事件　東京地裁　平18.1.31判決　労判912号5頁等**）。

7.兼職（兼業）

　労働者が兼職（兼業）していたことを理由とした懲戒処分については、労務の提供、事業運営、または使用者の信用・評価に支障が生ずるおそれの有無等を考慮要素として、懲戒処分の有効性を判断する傾向にあります（**上智学院（懲戒解雇）事件　東京地裁　平20.12.5判決　労判981号179頁等**）。

　なお、使用者が兼職（兼業）を知りながら黙認していた場合や、兼業が半ば公然と行われていた場合には、懲戒処分は権利の濫用になるとして無効と判断される場合がありますので（**都タクシー解雇事件　広島地裁　昭59.12.18決定　労民集35巻6号644頁**）、兼業をしている労働者に対しては黙認していたと評価されないような対応

（注意・指導等）を取ることが肝要です。

8.電子メール・インターネットの私的利用

労働者が使用者から貸与されたパーソナルコンピューターを使用して、電子メールやインターネットを私的に利用したことを理由とした懲戒処分については、当該労働者の地位・役職、回数、時間、期間、勤務時間内か否か、使用者のメールアドレスの利用の有無、電子メールや閲覧したサイトの内容、使用者に生じた損害の有無等を考慮要素として、懲戒処分の有効性を判断する傾向にあります（K工業技術専門学校（私用メール）事件　福岡高裁　平17.9.14判決　労判903号68頁、リンクシードシステム事件　東京地裁八王子支部　平15.9.19判決　労判859号87頁等）。

 長期間経過後の懲戒解雇の可否

懲戒解雇事由が発生してから長期間が経過してしまいましたが、懲戒解雇することはできるでしょうか。

 非違行為から時間が経過しているからといって、そのことから直ちに懲戒処分が無効になるわけではありませんが、相当期間が経過した後に懲戒処分を科した場合には、無効になる場合があります。

解説

1.懲戒処分の時間的限界

［1］使用者の裁量

使用者は、懲戒処分の種類の選択だけでなく、懲戒権の行使時期についても裁量を有しています。つまり、懲戒権を行使する時期は、使用者の判断に委ねられています。

したがって、非違行為から長期間が経過した後に懲戒処分を科したからといって、そのことから直ちに懲戒処分が無効になるわけではありません（学校法人B（教員解雇）事件　東京地裁　平22.9.10判決　労判1018号64頁）。

[2] 例外的に懲戒処分が無効になる場合

しかし、非違行為を行った労働者は、長期間にわたって懲戒権の行使がなされていない場合には、懲戒処分は行われないであろうと期待を持ちますが、突如として懲戒権を行使した場合にはその期待を侵害し、その法的地位を著しく不安定にします。

また、懲戒処分は労働者の非違行為によって乱された企業秩序を回復させるために実施されるという側面があることから、対象となった非違行為から相当期間が経過すれば、企業秩序は回復されたり、懲戒処分を科してまで回復する必要がなくなったりする状況になることもあり得ます。

このような観点から、判例・裁判例は、非違行為から相当期間が経過した後に懲戒処分を科した場合には、その懲戒処分が無効になる場合があることを認めています（ネスレ日本（懲戒解雇）事件　最高裁二小　平18.10.6判決　労判925号11頁、前掲学校法人B（教員解雇）事件等）。

2.実務上のポイント
[1] 速やかな懲戒処分

前述したように、懲戒事由が発生してから長期間が経過した後に懲戒処分を科した場合には、無効になる可能性があることから、使用者は、懲戒事由が発覚した場合には、速やかに懲戒処分を科すべきです。

[2] 懲戒処分までに時間を要する場合の対応

　ただし、懲戒処分の前提となる非違行為に関する事実関係を十分に調査せずに処分するのは、後に労働者と懲戒処分の有効性が争いになったときに、使用者に不利な事情が発見されかねず、妥当ではありません。そのため、十分な事実関係の調査を行った上で懲戒処分を科すべきですが、事実関係の調査は、場合によっては多大な時間を要してしまうことがあります。

　この点については、「使用者においても、当該懲戒事由を認知した後、事実関係の調査、いかなる懲戒処分を選択するかについての調査、事務分配の調整、業務の停滞を回避するための事務の引き継ぎを図る必要などがあるから、就業規則に懲戒権行使の時間的限界について特別な定めがない場合には、懲戒事由を認知した後、事実の確認その他の調査、調整に必要な相当な期間内に懲戒権を行使すれば足り、それ以上に長期間が経過した後に懲戒権を行使したとの事実は、原則として懲戒権の濫用に該当するか否かを判断する際の一事情として考慮すれば足りる」などと判示している裁判例（**医療法人清風会（光ケ丘病院）事件**　山形地裁酒田支部　平9.2.20決定　労判738号71頁）があるとおり、事実関係の確認などのために、懲戒事由が発生してから多少時間が経過した後に行った懲戒処分が直ちに無効になるわけではなく、相当な期間内に行われていれば有効であると解されています。

　ただし、前述したとおり、非違行為から相当期間が経過した後に懲戒処分を科した場合には、その懲戒処分が無効になることがありますので注意が必要です（前掲ネスレ日本（懲戒解雇）事件および前掲学校法人B（教員解雇）事件）。

　そこで、懲戒事由が発覚した後、処分までに時間を要している場合には、使用者は、労働者に非違行為は不問に付されたとの期待を抱かせないように、社内手続きにおいて、非違行為を不問に付さな

いで懲戒処分をする旨を決議したり、当該労働者に対して、懲戒処分に関する調査や審議が継続している旨を通告したりしておくべきです（241ページの**書式5-5**）。

 懲戒事由の追加主張の可否

懲戒処分を科した後に、懲戒事由を追加主張することはできますか。

 特段の事情がない限り、懲戒処分当時に使用者が認識していなかった非違行為は、当該懲戒処分の有効性を根拠づけることはできません。他方で、懲戒処分時に使用者が認識していた非違行為については、一定の場合、追加主張することができます。

解説

1.懲戒処分時に使用者が認識していなかった非違行為

　懲戒処分を科した後に、懲戒処分時に使用者が認識していなかった非違行為が発覚した場合、懲戒処分の相当性を補強するために、使用者としては新たに発覚した非違行為を懲戒事由として追加したいと考えることは少なくありません。

　しかし、懲戒処分当時に使用者が認識していなかった非違行為は、特段の事情がない限り、当該懲戒の理由とされたものでないことが明らかですから、その存在をもって当該懲戒処分の有効性を根拠づけることはできません（山口観光事件　最高裁一小　平8.9.26判決　労判708号31頁）。

　そのため、使用者としては事前に十分に調査した上で、非違行為を立証できる十分な証拠を集め、懲戒処分通知書に網羅的に非違行為を記載すべきです（242ページの**書式5-6**）。

2. 懲戒処分時に使用者が認識していた非違行為

他方、懲戒処分時に使用者が認識していた非違行為については、たとえ懲戒処分時に告知されなかったとしても、懲戒処分時に告知された非違行為と実質的に同一性を有し、あるいは同種もしくは同じ類型に属すると認められるものまたは密接な関連性を有するものである場合には、懲戒事由として追加主張できるとされています（富士見交通事件　東京高裁　平13.9.12判決　労判816号11頁）。

懲戒解雇の普通解雇への転換および予備的解雇の可否

懲戒解雇としては無効であるとされても、懲戒解雇の意思表示が同時に普通解雇の意思表示を含むケースでは、普通解雇として有効になるのでしょうか。また、懲戒解雇と同じ事由をもって、後に懲戒解雇が無効になった場合に備えて、予備的に普通解雇をすることは認められるのでしょうか。

懲戒解雇の普通解雇への転換は認められず、普通解雇として有効にはなりません。他方、予備的解雇は認められています。

解説

1. 普通解雇への転換

懲戒解雇は、普通解雇よりも厳格にその有効性が判断されます。そこで、懲戒解雇としては無効であるとしても、懲戒解雇の意思表示が同時に普通解雇の意思表示をも含むものとして、普通解雇として有効になるかが問題となります。

この点に関しては、懲戒解雇と普通解雇は、要件・効果が異なるものであり、懲戒解雇として無効である場合に、無効行為の転換を認めれば、労働者を著しく不安定な地位に置くことになることから、

裁判例では認められていません（**硬化クローム工業事件　東京地裁昭60.5.24判決　判時1160号153頁**、**三菱重工業（相模原製作所）事件　東京地裁　平2.7.27判決　労判568号61頁**、**日本メタルゲゼルシャフト事件　東京地裁　平5.10.13決定　労判648号65頁**）。

2.予備的普通解雇

　他方、懲戒解雇と同じ事由をもって、後に予備的に普通解雇をすることは認められています。

　実際、前掲三菱重工業（相模原製作所）事件では、懲戒解雇の有効性が争われた訴訟が係属中、会社側が予備的に普通解雇をしたところ、普通解雇が有効と判断されました。

Q5　退職金の不支給・返還の可否

懲戒解雇した元従業員に対して、退職金を不支給にしたり、すでに支払っていた場合に返還させたりすることはできますか。

　一定の場合には、不支給としたり、返還させたりすることができます。

解説

1.退職金を不支給または減額できる場合

　懲戒解雇処分となった労働者に対しては、退職金を支給しないまたは支給する退職金を減額するという取り扱いにしている企業が多く見られます。このように不支給としたり減額したりするためには、その旨を就業規則に定めておかなければなりません。

　ただし、懲戒解雇処分になったからといって、直ちに退職金の不支給・減額が認められるわけではありません。退職金は功労報償的

な性格だけでなく、賃金後払い的な性格をも有するため、退職金の不支給・減額規定を適用できるのは、労働者のそれまでの勤続の功労を抹消してしまうほどの背信行為があった場合に限られます（**小田急電鉄（退職金請求）事件**　東京高裁　平15.12.11判決　労判867号5頁、**日音（退職金）事件**　東京地裁　平18.1.25判決　労判912号63頁等）。

2.退職後に懲戒解雇事由が発覚した場合

　退職後に懲戒解雇事由が発覚した場合には、すでに労働契約は解消されているので、あらためて当該労働者に対して懲戒解雇を科すことはできません。

　そうだとすると、就業規則上に「懲戒解雇された場合には、退職金の全額又は一部を支給しない」とだけ規定していた場合、「懲戒解雇された場合」には該当しなくなってしまうので、退職金を不支給または減額することはできなくなってしまいます。

　もっとも、企業が、非違行為を行った者に対して懲戒解雇を科したい理由の多くは、退職金を不支給にしたいというものですから、たとえ懲戒解雇を科せなくても、退職金不支給条項を工夫することによって対処することができます。

　具体的には、退職金不支給条項を「懲戒解雇された場合には」とするだけではなく、その規定に「懲戒解雇相当事由が存在する場合には」という文言を追加するか、そもそも「懲戒解雇の場合には」という文言に代えて、「懲戒解雇相当事由が存在する場合には」とすることで、退職金の支払いを拒絶することが可能になります。また、退職金を支払った後に、懲戒解雇事由が存在したことが判明したようなケースも発生し得ますが、これに対応するために、すでに支払った退職金を返還請求できる旨の規定を設けておいたほうがよいでしょう。具体的には、次のように規定します。

■就業規則(退職金規程)の規定例

> (退職金の不支給・減額)
> 第○条　懲戒解雇された場合又は懲戒解雇相当事由が存在する場合には、退職金を全額支給しない。ただし、情状により一部減額して支給することができる。
> (退職金の返還)
> 第○条　従業員が解雇され、又は退職した後に、在職期間中に第○条に該当する懲戒事由があったことが判明した場合には、会社は当該従業員に対して支給した退職金の返還を求めることができる。

解説

　退職金の不支給事由を規定するだけでなく、事情により減額して支給することができる旨の規定を設けておいたほうが、使用者にとっては柔軟な運用が可能になります。そのため、「ただし、情状により一部減額して支給することができる」という規定を設けたほうがよいでしょう。

Q6 社内公表の可否

懲戒処分を科した者の氏名、所属部署、対象行為、処分内容等を、社内で公表することは問題ないですか。

A 社内公表が違法となる場合があるので、公表する内容には慎重な検討が必要です。

解説

1.社内公表の可否

　懲戒処分を受けた者の氏名や所属部署、対象行為、処分内容を社内に公表することがあります。これは、同種の非違行為の再発を防

ぐ目的でなされるため、一応の合理性が認められますので、社内公表をすることは可能です。

ただし、裁判例は「一般に、解雇、特に懲戒解雇の事実およびその理由が濫りに公表されることは、その公表の範囲が本件のごとく会社という私的集団社会内に限られるとしても、被解雇者の名誉、信用を著しく低下させる虞れがあるものであるから、その公表の許される範囲は自から限度があり、当該公表行為が正当業務行為もしくは期待可能性の欠如を理由としてその違法性が阻却されるためには、当該公表行為が、その具体的状況のもと、社会的にみて相当と認められる場合、すなわち、公表する側にとって必要やむを得ない事情があり、必要最小限の表現を用い、かつ被解雇者の名誉、信用を可能な限り尊重した公表方法を用いて事実をありのままに公表した場合に限られると解すべきである」と判示しており（**泉屋東京店事件** 東京地裁 昭52.12.19判決 労判304号71頁）、懲戒処分の公表が違法となる場合があることを明らかにしています。

2.公表内容

上記裁判例が判示するとおり、社内公表には一定の配慮が求められており、懲戒対象行為と処分内容のみ公表すれば、同種の非違行為の再発を防ぐという目的を達成できるのであれば、被懲戒者の氏名や所属まで公表する必要性があるかという点については、慎重に検討すべきものと考えます。

例えば、痴漢等の犯罪行為により逮捕され、マスコミ報道により企業名が報道されたケースにおいて、当該労働者を懲戒解雇したようなケースでは、懲戒解雇したことを公表することが、企業の名誉の保持ないし回復に資することになるでしょうから、このような公表行為は許容される可能性が高いと思われます。

他方、軽微な手続き違反行為につき譴責や減給といった比較的軽

い処分を実施した場合であれば、処分対象となった行為と処分内容を社内にのみ公表しておけば目的は達し得るのであって、被処分者の氏名や所属を公表することは許容されない可能性が高いといえるでしょう。

なお、社内公表の可否については賛否が分かれるところであり、トラブル防止の観点から、社内公表について以下のように就業規則で言及したほうが無難でしょう。

■**就業規則の規定例**

> （社内公表）
> 第○条　懲戒処分を科した場合には、原則として、対象者の氏名、所属部署、対象行為、処分内容を社内に公表する。

解説

社内公表の規定を就業規則に設けたとしても、必ずしもその公表行為が許されるわけではなく、前述したように、公表が許されない場合（違法と評価される場合）があります。そのため、懲戒処分を科した場合に機械的に公表するのではなく、その必要性や表現内容について十分に検討する必要があります（243ページの**書式5-7**）。

書式

書式 5-1　懲戒処分基準（内規）

懲戒処分基準（内規）

第1　基本事項

1. 本基準は、当社における過去の社員の非違行為に関する懲戒処分の事例や、同業他社における実例、裁判例等を参考に、標準的な処分量定を掲げた内規である。

　　具体的な量定の決定に当たっては、
   ① 非違行為の動機、態様及び結果はどのようなものであったか
   ② 故意又は過失の度合いはどの程度であったか
   ③ 非違行為をした社員の職位又は職責はどのようなものであったか。その職位又は職責は、非違行為との関係でどのように評価すべきか
   ④ 他の社員及び社会に与える影響はどのようなものであるか
   ⑤ 過去に懲戒処分歴があるか、非違行為を行っていたか
   ⑥ 非違行為後の対応はどのようなものであったか
   等のほか、日ごろの勤務態度等も含め総合的に考慮の上、判断する。

2. 個別の事案の内容によっては、標準例に掲げる懲戒処分の種類以外とすることもあり得るところである。例えば、標準例に掲げる処分の種類より重いものとすることが考えられる場合としては、
   ① 非違行為の動機、若しくは態様が、極めて悪質であるとき又は非違行為の結果が極めて重大であるとき
   ② 非違行為を行った社員が、管理又は監督の地位にあるなどその職責が特に高いとき
   ③ 非違行為の及ぼす影響が特に大きいとき
   ④ 処分の対象となり得る複数の異なる非違行為を行っていたとき
   ⑤ 過去に類似の非違行為を行ったことを理由として懲戒処分を受けたことがあるとき
   ⑥ 非違行為後に隠蔽行為を行ったとき
   などが挙げられる。

3.他方、標準例に掲げる処分の種類より軽いものとすることが考えられる場合としては、
　①社員が自らの非違行為が発覚する前に、自主的に申し出たとき
　②非違行為を行うに至った経緯その他の情状に特に酌量すべきものがあると認められるとき
などが挙げられる。

第2　標準例
1.重要な経歴を偽り、その他不正な方法を用いて採用されたとき（就業規則第○条第1号）
　　降格、諭旨解雇又は懲戒解雇とする。
2.正当な理由なく遅刻、早退し、又は任務を離れるなど誠実に勤務しないとき（就業規則第○条第2号）
　（1）正当な理由なく1カ月につき○回以内の遅刻・早退・職場離脱があった場合には、譴責又は減給とする。
　（2）正当な理由なく1カ月につき○回以上○回以内の遅刻・早退・職場離脱があった場合には、減給又は出勤停止とする。
〈（3）以下は省略〉

解説

　懲戒処分基準（内規）のサンプルです。どのような懲戒事由を重く見るのかという点については、基本的には使用者に裁量がありますので、使用者として、特に厳罰をもって対応すべき懲戒事由があれば、それを重く設定することも可能です（運送会社や自動車メーカーにおける飲酒運転など）。ただし、あまりに重く設定すると、相当性を欠くものとして無効になり得るため注意が必要です。

　なお、懲戒事由や懲戒処分の程度（量定）については、人事院の公務員に関する「懲戒処分の指針について」(http://www.jinji.go.jp/kisoku/tsuuchi/12_choukai/1202000_H12shokushoku68.htm)と題する通知が参考になります。

第5章 懲戒解雇

書式 5-2　懲戒処分に関する社内通達

> 　　　　　　　　　　　　　　　　　　　　　平成○年○月○日
> 　　　　　　　　　　　　　　　　　　代表取締役　　○○○○
> 従業員各位
>
> 　　　　　　　　懲戒処分に関する社内通達
>
> 　当社では、以前から、セクシュアルハラスメントの撲滅を全社的な方針として掲げ、そのために従業員の皆様にご協力を頂いていたところですが、実際にセクシュアルハラスメントが行われた場合、加害者に対して重い懲戒処分を科していませんでした。
> 　しかし、当社の製品は女性のお客様を対象とするものが多く、社内でセクシュアルハラスメントが行われて、それが公になった場合には、当社の企業イメージのダウンは計り知れません。また、快適な職場環境を維持するために、セクシュアルハラスメントを撲滅する必要があることはいうまでもありません。
> 　そこで、当社としては、セクシュアルハラスメントの撲滅により一層注力していくと共に、セクシュアルハラスメントが行われた場合には、先例にとらわれず、その態様が悪質でなかったとしても、加害者を厳罰に処することにしましたので、その旨周知します。
> 　　　　　　　　　　　　　　　　　　　　　　　　　　以　上

解説

　上記のような社内通達を発することにより、重く処分をする行為を労働者に認識させることが重要です。そのためには、上記のように、「セクシュアルハラスメント」と特定したり、「社内暴力」「飲酒運転」などと具体的な行為を特定することが肝要です。

　具体的な行為を特定せずに、漠然と「非違行為全般について今後厳罰に処する」と社内通達に記載したとしても、労働者は重く処分されることになる行為を認識できないので、前例に比し厳罰に処するのは難しいでしょう。

書式5-3　警告書

平成〇年〇月〇日

××××殿

人事部長　〇〇〇〇

警　告　書

1. 貴殿は、平成〇年〇月〇日に、貴殿の上司である〇〇〇〇から口頭で厳重注意を受けているにもかかわらず、以下の行為を行いました。
　　日時　　：平成〇年〇月〇日の午前〇時〇分頃
　　場所　　：〇〇支店の大会議室
　　行為内容：貴殿は、部下である〇〇〇〇に対して、……。
2. 上記の行為は、当社の就業規則第〇条第〇号に違反するものです。今後、貴殿がこのような行為を行わないよう本書面をもって警告します。
　　なお、この警告を受けたにもかかわらず、貴殿に改善が見られない場合は、当社は貴殿に対して、上記行為も含めて厳重な処分を行う方針であることを、あらかじめお伝えします。

以　上

解説

　警告書や注意書は、注意喚起をすることによって非違行為を行った労働者に改善を求めるという目的のほかに、前述のとおり、懲戒処分の有効性を高める目的があります。後に行う懲戒処分と同一または類似の非違行為であることを示すために、警告書や注意書には、非違行為が行われた日時・場所・非違行為の内容等を、できる限り明確に記載すべきです。

　また、当該労働者が、警告や注意を受けていたにもかかわらず同様の行為を繰り返す場合には、当該労働者の非違行為の悪質性が増すものと考えます。したがって、懲戒処分の有効性を高めるために、

上記書式のなお書きの部分（最終段落）の記載も入れておくべきです。同様に、懲戒処分の有効性を高める観点から、口頭の注意が以前にもなされたことがあれば、その旨も記載すべきです（具体的には、上記警告書の「平成○年○月○日に、貴殿の上司である○○○○から口頭で厳重注意を受けているにもかかわらず」という箇所です）。

書式5-4　弁明の機会の付与に関する通知書

```
                                      平成○年○月○日
                            懲罰委員会委員長　○○○○
××××殿
              弁明の機会の付与に関する通知書

　貴殿には、○○○○に違反する行為があったものとして、就業規則第○条により、懲戒処分を科すことを審査しています。
　つきましては、本件に関して、貴殿に対して弁明の機会を付与しますので、弁明があれば、下記の日時に開催される懲罰委員会において、口頭で行うか、平成○年○月○日までに懲罰委員会宛てに弁明書（様式自由）を提出してください。
　出頭されず、弁明書の提出もない場合には、弁明がないものとみなします。
                          記
1.日時　平成○年○月○日○時
2.場所　第1会議室
                                            以　　上
```

解説

弁明の機会を付与する場合には、口頭だけでなく、書面による弁明も可能とすることを検討すべきです。書面による弁明がなされた場合で、仮に不合理な弁解が記載してあれば、反省していない証拠

として利用できますし、使用者が懲戒処分対象者の言い分をしっかりと聞いたという証拠が残るからです。

書式5-5　懲戒処分を不問にした趣旨ではない旨の通告書

```
                                       平成〇年〇月〇日
                           懲罰委員会委員長　〇〇〇〇
××××殿

              通　告　書

　貴殿は、平成〇年〇月〇日、〇〇支店の第1会議室において、〇〇という行為を行いました。
　当該行為については、（社内調査及び）懲罰委員会において懲戒処分に関する審議が継続している状況であり、現時点では貴殿に懲戒処分を科していません。しかし、これは当該行為を不問に付すという趣旨ではありません。
　（社内調査及び）懲罰委員会における懲戒処分に関する審議が終わり、貴殿の処分が決定しましたら、直ちに処分を言い渡します。
                                           以　　上
```

解説

　前述したように、懲戒処分までに時間を要している場合には、使用者は、労働者に非違行為が不問に付されたとの期待を抱かせないように、当該労働者に対して、懲戒処分に関する調査や審議が継続している旨を通告しておくべきです。その際、後に争いになった場合に備えて、口頭ではなく書面を交付しておくことが肝要です。

　なお、社内調査も行っている場合は、上記書式の「（社内調査及び）」という部分を付加すればよいでしょう。

書式 5-6　懲戒処分通知書

平成○年○月○日
代表取締役　○○○○

××××殿

懲戒処分通知書

　当社は、貴殿に対して、下記の懲戒処分に処することを決定しましたので、通知いたします。

記

1. 懲戒処分の理由
　①貴殿は、平成○年○月○日に……（具体的に記載）。
　②貴殿は、平成○年○月○日に……（具体的に記載）。
2. 懲戒処分の内容
　　貴殿の上記1.記載の各行為は、就業規則第○条第○号に該当するため、同第○条第○号に基づき、平成○年○月○日付で貴殿を懲戒解雇と致します。

以　上

解説

　前述したとおり、懲戒当時に使用者が認識していなかった非違行為は、特段の事情がない限り、その存在をもって当該懲戒処分の有効性を根拠づけることはできません。そのため、原則として懲戒処分通知書に記載した懲戒事由を後から追加することはできません。

　したがって、使用者としては事前に十分に調査した上で、非違行為を立証できる十分な証拠を集め、懲戒処分通知書に網羅的に非違行為を記載すべきです。

書式5-7　懲戒処分の社内公表文

```
                                    平成○年○月○日
                                    人事部長　　○○○○
従業員各位
                    懲戒処分の実施について


　当社は、以下の非違行為に対して、就業規則第○条に基づき、平成○年○月○日付で以下の懲戒処分を行った。今後このようなことがないよう、就業規則、服務規律等の遵守を徹底されたい。
　懲戒処分対象行為：集金した金銭の横領
　懲戒事由　　　　：就業規則第○条第○号
　懲戒処分　　　　：懲戒解雇
```

解説

　懲戒処分の対象となった労働者の氏名および所属を公表しない場合の懲戒処分の社内公表文です。前述したとおり、氏名および所属まで公表する場合には、慎重な検討が必要になります。

第6章 雇止め

1 有期労働契約の意義

1 意義

　有期労働契約とは、期間の定めのある労働契約のことです。アルバイト、契約社員、嘱託等の名称のいかんを問わず、また時給制、月給制を問わず、期間の定めのあるものは、すべて有期労働契約です。

　労働契約に契約期間の定めが存在することには、二つの意義があります。1点目は、契約期間が満了すれば、有期労働契約は自動的に終了する点です。契約終了に関する合意や、使用者による解雇の意思表示がなくとも、契約期間が満了すれば、有期労働契約は原則として自動的に終了します。そのため、有期労働契約を継続するためには、更新（新しい労働契約の締結）が必要です。2点目は、契約期間中は、雇用が保障される点です。労働契約法（以下、労契法）17条1項により、有期労働契約が締結された場合、使用者は当該契約期間が満了するまでの間、「やむを得ない事由」がない限り労働者を解雇することができません。

2 契約期間

　労働基準法（以下、労基法）は、長期にわたる労働者の人身拘束を防ぐ趣旨から、労働契約上3年を超える契約期間を定めることを原則として禁止しています（労基法14条1項）。

　ただし、上限規制には、次の①～③について例外が定められています（同条項）。

① 一定の事業の完了に必要な期間を定める労働契約
② 高度な専門的知識、技術、経験を有する労働者（当該高度の専門的知識等を必要とする業務に就く者に限る）との間に締結される労働契約
③ 満60歳以上の労働者との間に締結される労働契約

　まず、上記①一定の事業の完了に必要な期間を定めるものについては、3年（高度な専門的知識等を有する労働者または満60歳以上の労働者については5年）を超える期間の定めを置くことが認められています。この「一定の事業の完了に必要な期間を定めるもの」とは、ダム、トンネル、橋梁工事などその事業が有期的事業であることが客観的に明らかな場合であり、その事業の終期までの期間を定めることを指すと解されています。

　次に、上記②高度な専門的知識等を有する労働者との間に締結される労働契約については、3年を超え5年以内の期間を定めることが認められています。厚生労働大臣は、これに該当する基準として、以下のとおり定めています（「労働基準法第14条第1項第1号の規定に基づき厚生労働大臣が定める基準」平15.10.22　厚生労働省告示356号）。

① 博士の学位を有する者
② 公認会計士、医師、歯科医師、獣医師、弁護士、一級建築士、税理士、薬剤師、社会保険労務士、不動産鑑定士、技術士、弁理士の資格を有する者
③ システムアナリスト、アクチュアリーの資格試験に合格した者等
④ 特許発明の発明者、登録意匠の創作者、登録品種の育成者
⑤ 大学卒業で5年以上、短期大学・高等専門学校卒業で6年以上、高等学校卒業で7年以上の実務経験を有する農林水産業・鉱工業・機械・電気・土木・建築の技術者、システムエンジニア、デザイナー、または、システムエンジニアとして5年以上の実務経験を有するシステムコンサルタントであって、契約期間中に支払われること

> が確実に見込まれる賃金額を1年当たりに換算した額が1075万円以上の者
> ⑥国、地方公共団体、一般社団法人等により知識等が優れたものであると認定されている者

　また、上記③満60歳以上の労働者との間に締結される労働契約については、これまで培ってきた経験や能力を活かせる雇用の場を確保できるように、契約期間の上限が5年とされています。

2 有期労働契約の更新拒絶（雇止め）について

1 雇止めと有期労働契約における解雇

　雇止めとは、有期労働契約の期間満了時において、契約更新を拒絶することをいいます。

　他方、解雇とは、契約期間中に、使用者が労働者に対して、一方的に契約終了の意思表示を行うことをいいます（詳細は第4章参照）。

　つまり、雇止めと解雇は、契約終了の場面が、契約期間満了時か契約期間中かということで異なります。

　そして、有期労働契約における解雇は、無期労働契約の解雇よりもさらに厳格な解雇理由が求められており、前述したとおり、「やむを得ない事由」がなければ解雇できません（労契法17条1項）。これは、契約期間を定めている以上、なるべくその期間中の雇用は保障されるべきとの考えに基づいています。

　そのため、有期契約労働者を契約期間途中に解雇することには、慎重な対応が必要となります。

2 雇止め法理

[1] 改正労契法19条の制定経緯

　民法上の原則によれば、有期労働契約は、契約上定められた期間が満了となれば、当事者間において契約を更新しない限り、自動的に契約は終了します。つまり、有期労働契約を更新するか終了させるかは、当事者の自由ということになります。

　しかし、有期労働契約について、更新回数や継続期間についての

上限に関する法規制がないことから、更新を繰り返すことが多く、その結果、実態が期間の定めのない契約と同様のものとなっていたり、契約が反復更新されることについて労働者が期待を抱いていたりするケースなどがあり、実務上、反復更新した後の雇止めに関するトラブルが発生することが多々あります。

このような状況の中、判例上、有期労働契約であっても一定の場合には解雇権濫用法理が類推適用され、合理的な理由のない雇止めは無効と判断されてきました。このような判例法理を、「雇止め法理」と呼んでいます。

そして、有期労働契約の更新等に関するルールをあらかじめ明らかにすることにより、雇止めに際して発生する紛争を防止し、その解決を図るため、この雇止め法理をそのままの内容で法文化したのが労契法19条です(「雇止め法理」の法文化の施行日は平成24年8月10日、その他の項目は平成25年4月1日から施行)。

[2] 労契法19条の要件の整理

前述したように、労契法19条は、最高裁判例で確立した雇止め法理をそのままの内容で規定したものです。労契法19条の要件を整理すると、図表6-1のとおりです。以下、個別に説明します。

3 労契法19条の要件～対象となる労働契約該当性～

[1] 概説

上記のとおり、当該有期労働契約が、①実質的には無期労働契約と異ならない状態となっているか、②労働者において有期労働契約の契約期間の満了時に当該有期労働契約が更新されるものと期待することについて合理的な理由があると認められるものについては、解雇権濫用法理が類推適用された場合と同様、使用者が雇止めをす

| 図表 | 6-1 | 労契法19条の要件

(1)対象となる労働契約該当性
①過去に反復して更新された有期労働契約で、その雇止めが無期労働契約の解雇と社会通念上同視できると認められること（19条1号）
または
②労働者において、有期労働契約の契約期間の満了時に当該有期労働契約が更新されるものと期待することについて合理的な理由があると認められること（同条2号）

(2)労働者からの申し込み
　上記①か②に該当する場合に、有期契約労働者から以下の申し込みがなされた場合
（ア）期間満了前に当該有期労働契約更新の申し込み
（イ）期間満了後に遅滞なく有期労働契約締結の申し込み

ることが「客観的に合理的な理由を欠き、社会通念上相当であると認められないとき」には、雇止めが無効となります。

　上記①については**東芝柳町工場事件**（最高裁一小　昭49.7.22判決　労判206号27頁）、上記②については**日立メディコ事件**（最高裁一小　昭61.12.4判決　労判486号6頁）の判例の要件を規定したものです。それぞれその内容や適用範囲を変更することなく規定したものであり、その趣旨が施行通達（平24.8.10　基発0810第2、平27.3.18　基発0318第2）で明らかにされています。

　なお、労契法19条1号と2号はその根拠を異にし、条文上の要件も異なることから、労契法19条1号（上記①）および2号（上記②）の該当性は、それぞれ別個に判断されます。すなわち、いずれか一方が他方に優先するという関係にはありません。

|図表|6-2|有期労働契約の該当性判断要素

判断要素	具体例
①業務の客観的内容	○従事する仕事の種類・内容・勤務の形態（業務内容の恒常性・臨時性、業務内容についての正社員との同一性の有無など）
②契約上の地位の性格	○地位の基幹性・臨時性（嘱託・非常勤講師など） ○労働条件についての正社員との同一性の有無
③当事者の主観的態様	○継続雇用を期待させる当事者の言動・認識の有無・程度等（採用に際しての雇用契約の期間や、更新ないし継続雇用の見込み等についての雇主側からの説明など）
④更新の手続き・実態	○契約更新の状況（反復更新の有無・回数、勤続年数など） ○契約更新時における手続きの厳格性の程度（更新手続きの有無・時期・方法、更新の可否の判断方法など）
⑤他の労働者の更新状況	○同様の地位にある他の労働者の雇止めの有無など
⑥その他	○有期労働契約を締結した経緯 ○勤続年数・年齢等の上限の設定など

資料出所：厚生労働省「労働契約法改正のあらまし」16頁

[2] 労契法19条1号・2号該当性に関する判断要素

　労契法19条1号・2号に規定する有期労働契約に該当するか否かは、**図表6-2**の六つの判断要素に係る事情を総合考慮して、個別の事案ごとに判断されています（厚生労働省「労働契約法改正のあらまし」16頁）。

　労契法19条1号・2号の該当性判断において、それぞれ個別に注意すべき事項は、以下のとおりです。

①労契法19条1号について

　労契法19条1号は、有期労働契約が更新を重ねた結果、あたかも期間の定めのない契約と実質的に異ならない状態となった場合を対象とします。

労契法19条1号の該当性判断に際して、契約期間の定めがあるが故に要求される手続き（契約更新の意思確認や契約更新時の手続き）などを、使用者が適切に履践していないという事情（有期労働契約の更新手続きの形骸化）は、労契法19条1号該当性が肯定される事情として考慮されます（ただし、更新手続きを適切に行っていても、その他の事情を勘案した結果、当該有期労働契約が実質的に無期労働契約と異ならない状態と認められれば、労契法19条1号に該当するので注意が必要です）。

また、労契法19条1号は、これまで1回も更新されていない有期労働契約を対象にするものではありません。1回も更新されていないケースでは、労契法19条2号の該当性が問題となり得ます。

②労契法19条2号について

労契法19条2号の要件である、労働者において有期労働契約の契約期間の満了時に当該有期労働契約が更新されるものと期待することについて合理的な理由があるか否かは、有期労働契約の期間「満了時」に判断されます（荒木尚志、菅野和夫、山川隆一『詳説労働契約法（第2版）』214頁・弘文堂）。

そして、「満了時」における雇用継続の合理的期待の有無は、最初の有期労働契約の締結時から雇止めされた有期労働契約の満了時までの間におけるあらゆる事情が総合的に勘案されることを明らかにするために規定したものであるため、いったん、労働者が雇用継続への合理的な期待を抱いていたにもかかわらず、当該有期労働契約の契約期間の満了前に使用者が更新年数や更新回数の上限などを一方的に宣言したとしても、そのことのみをもって直ちに同号の該当性が否定されることにはなりません（平24.8.10基発0810第2、平27.3.18　基発0318第2）。

有期労働契約の期間満了後も雇用が継続するものと有期契約労

図表 6-3 雇用継続への期待の合理性の判断要素

雇用継続への期待の合理性を 肯定する要素	雇用継続への期待の合理性を 否定する要素
・無期労働契約が有期労働契約に変更されたこと ・多数回の更新 ・長期間の雇用継続 ・雇用継続の期待を持たせる言動・制度の存在 ・他に雇止めの事例が存在しないこと ・正社員登用試験に不合格となった者も継続して雇用されていること ・更新時の手続きがルーズで形式的なものとなっていること ・正社員と異ならない職務を担当していること	・定年後の再雇用であること ・恩情、縁故による一時的雇用であること ・「学生向け」アルバイトであること ・国庫援助を受けているために、有期契約労働者の雇用の長期化を避ける必要があり、更新しないことを当初から明示していたこと ・操業開始後間がないために必要人員の予測がつかないこと

働者が期待することに合理性があるか否かは、「雇用継続への期待の合理性を肯定する要素」と「否定する要素」を総合的に考慮して判断されます。図表6-3は、それぞれの要素の例です（山口幸雄・三代川三千代・難波孝一編『労働事件審理ノート（第3版）』55～56頁・判例タイムズ社）。

[3] 雇止めに関する紛争の類型化

「有期労働契約の反復更新に関する調査研究会報告」（平成12年9月）を基にした厚生労働省の資料によれば、労契法19条が制定される以前の雇止めに関する裁判例を類型化すると、以下のようになります。

> (1) 純粋有期契約型 ➡ 判断の傾向：雇止めは有効
> 　期間満了後も雇用継続するものと期待することに合理性が認められない
> (2) 実質無期契約型 ➡ 判断の傾向：雇止め無効のケースが多い
> 　無期契約と実質的に異ならない状態に至っていると認められる
> (3) 期待保護（反復更新）型 ➡ 判断の傾向：事情によるが、雇止め有効のケースが多い
> 　雇用継続への合理的期待が認められ、その理由として相当程度の反復更新の実態が挙げられている
> (4) 期待保護（継続特約）型 ➡ 判断の傾向：事情によるが、雇止め無効のケースが多い
> 　雇用継続への合理的期待が、当初の契約締結時等から生じていると認められる

　労契法19条1号は上記(2)、同法19条2号は上記(3)および(4)に該当します。以下、各類型における留意点を説明します。

(1) 純粋有期契約型

　純粋有期契約型は、期間満了後も雇用関係が継続するものと期待することに合理性が認められない類型です。例えば、あるプロジェクトにおける業務遂行のためだけに雇用された専門職などが、この類型に該当する可能性が高いといえます。

　この類型では、そもそも雇用継続に対する合理的期待が発生していませんので、原則どおり、契約期間満了によって当然に労働契約が終了するので、雇止めは有効です。

　裁判例において純粋有期契約型に分類されている事案の特徴としては、業務内容が臨時的なものであったり、契約上の地位自体が臨時的なものであったり、労使ともに期間満了によって契約関係が終了するとの認識が明確であったり、更新手続きも厳格に行われていたり、同様の立場にある労働者について過去に雇止めの実績があったりする場合が多く見られます。

この類型を維持するためには、以下の点に留意しなければなりません。

　まず、契約更新を予定していない場合には、有期労働契約書において、不更新条項、すなわち、更新はしない旨を明記する必要があります。

　他方、契約を更新する場合には、更新手続きが形骸化していると言われないようにする必要があります。すなわち、期間満了前に、更新するか否かについて意思確認を行ったり（面談するほうが望ましい）、更新契約書は期間満了前に作成し、期間満了後に日付だけさかのぼらせて作成するようなことにならないようにすることが必要です。なお、更新回数が複数回にわたると、当該労働者が契約更新に対して期待を抱きやすくなってしまいますので、安易な契約更新は避けるべきです。

　さらに、使用者が長期雇用を期待させるような言動をしてしまうと、有期契約労働者が契約更新に対して期待を抱いてしまいますので、このような言動も避けなければなりません。

(2)実質無期契約型

　実質無期契約型は、無期契約と実質的に異ならない状態に至っている契約であると認められる類型です。

　裁判例において実質無期契約型に分類されている事案の特徴としては、業務内容に臨時性がなく、恒常的なものであったり、更新手続きが形骸化していたり、使用者において雇用継続を期待させるような言動をしていたり、同様の立場にある労働者について過去に雇止めした例がほとんどなかったりする場合が多く見られます。

　この類型は、雇止めが無期契約における解雇と同視され、<u>雇止めが無効と判断されるケースが多いのが特徴</u>です。

　この類型と判断されないためには、以下の点に留意しなければなりません。

　まず、契約更新手続きを厳格に行い、更新手続きが形骸化してい

ると主張されないようにする必要があります。

次に、使用者が雇用継続を期待させるような言動をすることは避けなければなりません。

(3) **期待保護（反復更新）型**

期待保護（反復更新）型は、雇用継続に対する合理的期待が認められ、その理由として、相当程度の反復更新の実態が挙げられている類型です。

この類型に該当する場合、雇止めが権利濫用に該当するかが検討されることになります。

裁判例において期待保護（反復更新）型に分類されている事案の特徴としては、一応の更新手続きが行われているものの、業務内容が恒常的なものであったり、契約更新の回数が多く、通算契約期間も比較的長期になっていたりする場合が多い一方、事情にもよりますが雇止めが有効とされる例も見られます。

この類型と判断されないためには、以下の点に留意しなければなりません。

まず、有期契約労働者に恒常的な業務を遂行させる必要があるかどうかという点を十分に検討し、可能な限り有期契約労働者には臨時的な業務を行わせるようにすべきです。契約を多数回にわたって反復更新し、恒常的な業務を長年にわたって遂行させていれば、雇用継続に対する合理的期待が発生してしまうからです。

また、やむを得ず有期契約労働者に恒常的な業務を行わせる場合であっても、短期間の契約を多数回にわたって反復更新したり、不必要に雇用を継続したりしないようにしなければなりません。当該業務を遂行する上で必要な人員を把握し、余剰人員が発生しないようにすることも重要です。

(4) **期待保護（継続特約）型**

期待保護（継続特約）型は、当初の契約締結時から契約更新する

ことが当然の前提になっている等の特殊事情が存在し、雇用継続への合理的期待が契約締結時から認められる類型です。

この類型に該当する場合、雇止めが権利濫用に該当するかが検討されることになります。なお、当初の契約締結時から更新を行うことが前提とされている等の事情が存在する以上、使用者において、契約を更新せずに期間満了で契約終了とすることを正当化できるような特段の事情の主張・立証をしなければならず、更新回数が少なくても雇止めが無効とされるケースが多くなっています。

この類型と判断されないためには、更新を前提とした有期労働契約を安易に締結しないことが重要です。契約締結当時に長期雇用が見込まれても、更新を前提とした契約を締結するのではなく、期間満了前に、その都度、使用者において更新の必要性を十分に検討した上で、厳格な手続きの下に更新していくべきです。

4 労契法19条の要件～労働者からの申し込み～

[1] 労働者からの申し込み

図表6-1に記載したとおり、労契法19条が適用されるためには、有期契約労働者が、使用者に対し、(ア)契約が満了するまでの間に更新の申し込みを行うか、(イ)満了後遅滞なく有期労働契約の締結の申し込みを行う必要があります。

[2] 「申し込み」について

「申し込み」とは、使用者の労働者に対する更新しないという意思表示（雇止めの意思表示）に対して、有期契約労働者による何らかの反対の意思表示が使用者に伝われば足りると考えられています。例えば、労働者が使用者に対して、「雇止めは困る」「嫌だ」と言うことでも、ここでいう「申し込み」に該当します。

また、雇止めの効力について紛争となった場合における「申し込み」をしたことの主張・立証については、労働者が雇止めに異議があることが、例えば、訴訟の提起、紛争調整機関への申し立て、団体交渉等によって使用者に直接または間接に伝えられたことを概括的に主張・立証すればよいと解されています（以上につき、平24.8.10　基発0810第２、平27.3.18　基発0318第２）。

[3]「遅滞なく」について

「遅滞なく」とは、有期労働契約の契約期間の満了後であっても、正当なまたは合理的な理由による申し込みの遅滞は許容されることを意味します（前掲通達）。

遅滞なく申し込みしたか否かは、最終的に、個別の事情に即して判断されますが、一般的には、期間満了の日から労契法19条の申し込みをするまでの期間が社会通念上許容される範囲にとどまるものであれば、満了後遅滞なく有期労働契約の締結の申し込みをした場合に該当するものと解されます（参議院厚生労働委員会会議・金子順一政府参考人発言　平成24年７月31日）。

例えば、有期労働契約の期間満了により雇止めにあい、労働者が雇止めに納得できず、遅滞なく弁護士等の専門家に相談し、その助言を受け直ちに有期労働契約の申し込みをするに至った場合であれば、これに該当する場合が多いものと考えられます（同発言）。

5　雇止めの留意点

雇止めの際の留意点としては、まず、雇止めの予告が挙げられます。すなわち、使用者は、有期労働契約（雇入れの日から起算して１年を超えて継続勤務している者にかかるものに限り、あらかじめ当該契約を更新しない旨明示されているものを除く）を更新しない

こととしようとする場合には、少なくとも当該契約の期間の満了する日の30日前までに、その予告をしなければならない、とされています（「有期労働契約の締結、更新及び雇止めに関する基準」（平15.10.22　厚生労働省告示357号）１条）。本条の対象となる有期労働契約とは、以下のとおりです。

① １年以下の契約期間の労働契約が３回以上更新された場合
② １年以下の契約期間の労働契約が更新または反復更新され、当該労働契約を締結した使用者との雇用関係が初回の契約締結時から継続して通算１年を超える場合
③ １年を超える契約期間の労働契約を締結している場合

使用者は、上記の雇止めの予告を行った場合に、労働者が更新しないこととする理由について証明書を請求したときは、遅滞なくこれを交付しなければなりません（同２条１項）。また、期間の定めのある労働契約が更新されなかった場合において、使用者は、労働者が更新しなかった理由について証明書を請求したときは、遅滞なくこれを交付しなければなりません（同条２項）。

この場合、「更新しないこととする理由」および「更新しなかった理由」は、契約期間の満了とは別の理由を明示することを要します。例えば、以下のようなものが考えられます。

① 前回の契約更新時に、本契約を更新しないことが合意されていたため
② 契約締結当初から、更新回数の上限を設けており、本契約は当該上限に係るものであるため
③ 担当していた業務が終了・中止したため
④ 事業縮小のため
⑤ 業務を遂行する能力が十分ではないと認められるため
⑥ 職務命令に対する違反行為を行ったこと、無断欠勤をしたこと等勤務不良のため

契約を更新する際の注意点

契約を更新する際には、どのような点に注意すべきでしょうか。

A 将来行う可能性がある雇止めに関する紛争を未然に防ぐ観点からは、契約更新に当たって、①使用者において更新するか否かを検討すること、②更新することを希望するか有期契約労働者に確認すること、③契約書を契約期間満了までに新たに締結すること——が必要になります。

1.契約更新の手続き

有期労働契約における契約期間が満了する際、契約を更新する場合があります。この更新の手続きについては、法律上、特段の制限等はありません（ただし、有期労働契約の締結（更新）に際し、使用者が書面で明示しなければならない事項として、「労働契約の期間に関する事項」「期間の定めのある労働契約を更新する場合の基準に関する事項」も含まれています（労基法15条、労基法施行規則5条1号、同1号の2）。そのため、有期労働契約を締結（更新）する際には、使用者は、期間の定めや更新の基準等を契約書等に明記する必要があります）。

しかし、契約更新の手続きが形骸化していた場合には、当該労働者に契約更新に対する合理的な期待が生じてしまい、労契法19条2号が適用される結果、雇止めが無効になる可能性が生じてしまいます。

そこで、更新を行う場合でも、将来行う可能性がある雇止めに関

する紛争を未然に防ぐことを意識する必要があります。また、更新手続きを適切に行うことにより、労働者の納得感を得て、そもそも紛争が起こらないようにするという観点を意識することも重要です。

2.契約更新に関するポイント

上記のとおり、契約締結（更新）の際、使用者には、更新の有無（更新しない、更新する場合がある、自動更新など）や、更新する場合の基準の明示が義務づけられています（労基法15条、労基法施行規則5条1号、同1号の2）。

それだけではなく、将来行う可能性がある雇止めに関する紛争を未然に防ぐ観点からは、契約更新に当たって、以下の3点が必要になります。

> ①使用者において更新するか否かを検討すること
> ②更新することを希望するか有期契約労働者に確認すること
> ③契約書を契約期間満了までに新たに締結すること

②に関しては、更新することの希望の有無を確認するため、可能であれば個別面談も実施したほうがよいでしょう。

③に関しては、更新する際の契約書について、契約期間満了後に日付だけさかのぼらせて作成するようなことにならないように注意しなければなりません。

以上の手順を踏んでおけば、更新が形骸化していたと主張されるリスクを減らすことができるでしょう。

なお、上記に加えて、「有期労働契約の締結、更新及び雇止めに関する基準」（平15.10.22 厚生労働省告示357号）3条では、使用者は、期間の定めのある労働契約（当該契約を1回以上更新し、かつ、雇入れの日から起算して1年を超えて継続勤務している者にかかる

ものに限る）を更新しようとする場合においては、当該契約の実態および当該労働者の希望に応じて、契約期間をできる限り長くするよう努めなければならないとされているので、注意が必要です。

この場合の「労働契約の実態」とは、例えば、有期労働契約の反復更新を繰り返した後、雇止めをした場合であっても、裁判において当該雇止めが有効とされる場合のように、業務の都合上、必然的に労働契約の期間が一定の期間に限定され、それ以上の長期の期間では契約を締結できないような実態を指します。

Q2 不更新条項を定め、雇止めすることは可能か

有期労働契約を更新する際、今回が最後の更新であることを条件とすることは可能でしょうか。

有期契約労働者が不更新条項を十分に理解し、真意から同意したのであれば、雇止めは可能です。

解説

1.不更新条項の効果

使用者が有期契約労働者と契約を更新する際などに、「契約期間満了時に更新を行わない」といった不更新条項のある契約を締結して、次回以降の更新を拒もうとする場合があります。

不更新条項の効力に関しては、労働者が不更新条項を十分に理解し、真意から同意したのであれば、いったん発生した雇用継続への期待を労働者が放棄した、といえると考えます。

この点に関して、裁判所は、「本契約は、前項に定める期間（筆者注：契約期間を指す）の満了をもって終了とし、契約更新はしないものとする」という不更新条項が付加された有期労働契約を締結

した有期契約労働者の雇止め事案の高裁判決において、「不更新条項を含む経緯や契約締結後の言動等も併せ考慮して、労働者が次回は更新されないことを真に理解して契約を締結した場合には、雇用継続に対する合理的期待を放棄したものであり、不更新条項の効力を否定すべき理由はないから、解雇に関する法理の類推を否定すべきである」と判示しました（**本田技研工業事件**　東京高裁　平24.9.20判決　労経速2162号3頁、最高裁三小　平25.4.9決定　労経速2182号34頁）。なお、不更新合意があることを理由にして雇止めを認めた例としては、**近畿コカ・コーラボトリング事件**（大阪地裁　平17.1.13判決　労判893号150頁）、**JALメンテナンスサービス事件**（東京高裁　平23.2.15判決　判時2119号135頁）などがあります。

2.実務上の留意点

不更新条項の入った契約書を締結したとしても、雇止め時に紛争になることは少なくありません。すなわち、不更新条項により雇止めされた労働者が、後になって、不更新条項が入った契約に署名・捺印したのは真意ではなかったなどと主張し、紛争になるケースが散見されます。

例えば、**東芝ライテック事件**（横浜地裁　平25.4.25判決　労判1075号14頁）では、「雇用期間は平成23年7月1日から平成23年9月30日までとする」「今回をもって最終契約とする」と有期労働契約書に記載されていましたが、裁判所は、これまで長年にわたって勤務してきた原告（労働者）にとって、「労働契約を終了させることは、著しく不利益なことであるから、労働契約を終了させる合意があったと認めるためにはその旨の労働者の意思が明確でなければならない」と判示した上で、「原告が労働契約を終了させる明確な意思を有していたと認めることはできず」「本件労働契約書の『今回をもって最終契約とする』との記載は、いわゆる雇止めの予告を

したものであると解するのが相当」と判断しました(ただし、同裁判例では、解雇権の濫用には当たらないとして、雇止めを有効と結論づけています)。

　このように判断されるリスクを回避する観点からは、不更新条項が入った契約書に署名・捺印したのは真意に基づくものであったと主張しやすくするために、①不更新条項の入った有期労働契約書を締結する際に、退職届（278ページの**書式6-3**）をあらかじめ提出させること、②退職一時金を特別に支給すること、③従業員説明会を実施し、不更新条項を入れる趣旨や、不更新条項の内容について理解させること——などの措置を取ることをお勧めします。

　なお、上記③に関して非常に参考になる判例として、前掲本田技研工業事件（東京高裁判決、最高裁決定）が挙げられます。裁判所は、本件雇用契約の期間満了後における雇用継続に対する期待利益を有しているとは認められないのであるから、解雇権濫用法理の類推適用の前提を欠くものとして、雇止めを有効と判断しました。この判断を導く過程で、労働者に対して説明会を実施し、不更新条項を入れることになった経緯や不更新条項の内容をきちんと説明したことが評価されています。

　さらに、不更新条項を設けた場合、例外なくそれを適用する必要があります。不更新条項があるにもかかわらず、使用者の都合等により例外を認めて更新してしまっては、更新への合理的期待が生じかねません。例外が認められ更新されている実態があれば、結局、労働者がその例外に当てはまるものと考えて、更新への期待を抱いてしまいかねません。そうなると、更新への合理的期待があるものとして、雇止めが無効になる可能性があるからです。

　そのため、不更新条項に関わる運用には注意が必要です。

契約更新の上限条項を定め、更新を拒む（雇止めする）ことはできるか

就業規則等で、「更新の上限は 3 回までとする」といった更新上限規定を定めて、更新を拒む（雇止めをする）ことはできますか。

 更新上限規定について労働者が認識しているのであれば、更新への合理的期待が認められないため、更新を拒む（雇止めをする）ことができます。

解説

1. 更新上限条項の効果

使用者は、就業規則等で、「更新の上限は 3 回までとする」といった更新上限規定を定めて、これに基づき上限を超えた更新を拒もうとする場合があります。

このような更新上限規定を設けた場合の効果について、裁判所は、更新上限を 3 回（3 年ルール）とする社内ルールを適用して雇止めした**京都新聞COM事件**（京都地裁　平22.5.18判決　労判1004号160頁）において、「原告らと被告との間で 3 年ルールが契約内容として認識されているのであれば、原告らが 3 年を超えて雇用契約が更新されることについて合理的な期待を持つことはありえないということができる」と判示しました。つまり、更新上限規定について労働者が認識しているのであれば、更新への合理的期待は認められないと判断しました（ただし、同事件では結局、3 年ルールについて労働者が認識していなかったため、雇止めは無効と判断されました）。

なお、前掲施行通達（平24.8.10　基発0810第 2、平27.3.18　基発0318第 2）では、「いったん、労働者が雇用継続への合理的な期待を抱いていたにもかかわらず、当該有期労働契約の契約期間の満了前に使用者が更新年数や更新回数の上限などを一方的に宣言したとしても、そのことのみをもって直ちに同号（筆者注：労契法19条

2号）の該当性が否定されることにはならないと解される」としている点に注意が必要です。

2.実務上の留意点

更新上限規定の適用においては、その条項を労働者が認識していたか否かが大きな争点になります。

そこで、使用者としては、労働者に更新上限規定を認識させるために、就業規則で規定して周知し、さらに、個別契約書等でも明記しておくべきです。これにより更新上限規定に基づく雇止めが必ず有効になるとは限りませんが、就業規則に定めることで、雇止めの対象となる当該労働者が更新上限規定を認識していたと主張しやすくなり、有効性を高めることができるでしょう。

また、更新上限規定を就業規則に設けた場合、有期契約労働者に対して、一律にそれを適用する必要があります。更新上限規定があっても、例外が認められ更新されている実態があれば、結局、労働者がその例外に当てはまるものと考えて、更新への期待を抱いてしまいかねません。そうなると、更新への合理的期待があるものとして、雇止めが無効になる可能性があるからです。実際に、前掲京都新聞COM事件においても、例外が認められるケースが少なくなかったことが指摘されています。

そのため、更新上限規定に関する運用には注意が必要です。

契約更新時に賃金等の労働条件を切り下げられるか。また、合意に至らなかった場合、雇止めができるか（変更解約告知）

有期労働契約の契約更新時に、賃金等の労働条件を切り下げることはできますか。また、提示した労働条件を労働者が拒否した結果、合意に至らなかった場合、雇止めができますか。

 有期労働契約の類型により異なりますが、賃金等の労働条件を一方的に切り下げることは、当然にはできません。雇止めも同様です。

解説

1.変更解約告知

質問のように、有期労働契約の契約更新時に、賃金等の労働条件の切り下げを申し込み、これが拒否された場合に雇止めをすることは、いわゆる「変更解約告知」の一つと呼ばれています。変更解約告知とは、労働契約内容の変更または新たな労働条件による新契約締結の申し出を伴った解雇をいいます（山川隆一『雇用関係法（第4版）』270頁・新世社）。

2.有期労働契約の類型による分類

有期労働契約は、法的には契約期間ごとにそれぞれ独立した契約です。そのため、契約更新の際に、使用者が労働者に対して、新たな契約内容、条件を提示することは当然あり得ることです（労働者側からの提案も、当然あり得ます）。そして、このことの帰結として、その交渉が成立しなければ、更新をしない（雇止め）ということも予定されています。

ただし、無条件にこのような雇止めが認められてしまっては、有期契約労働者があまりに不利な立場に立たされてしまうので、上記帰結は、労働者保護の観点から、一定の修正を受けます。

なお、有期労働契約には、①期間の定めのない契約と実質的に異ならない状態の類型（労契法19条1号の類型）、②更新への期待に合理性のある類型（労契法19条2号の類型）があり、どちらに該当するかで結果も異なります。

①期間の定めのない契約と実質的に異ならない状態の類型の場合

この類型では、労働契約に契約期間の定めがあるからといっても、実質的には期間の定めのない契約と同視できるため、契約更新に、新たな契約の締結という側面はありません。

したがって、更新時に労働条件を切り下げるのは、従前の労働条件の不利益変更の問題となります。

そのため、原則として、賃金等の労働条件を切り下げるためには、当該労働者からの個別同意が必要となります。

②更新への期待に合理性のある類型の場合

この類型では、更新は、新たな有期労働契約の締結ですから、更新の際に、切り下げた労働条件を提示し、当該労働者がこれに同意をしない場合には、更新しない（雇止め）ということも可能です。

もっとも、当該雇止めの有効性の判断の中で、雇止めの理由となった切り下げた労働条件を提示したことの合理性が判断されるものと考えます（日本ヒルトンホテル（本訴）事件　東京高裁　平14.11.26判決　労判843号20頁）。

無期転換権発生を阻止することのみを目的とする雇止めは有効か

無期転換権が発生する前に、無期転換権が発生することを阻止することのみを目的として雇止めを行おうと考えていますが、このような雇止めは有効ですか。

 無期転換権の発生を阻止することのみを目的とする雇止めは、無効になる可能性が高いです。

解説

1. 有期労働契約の無期労働契約への転換（労契法18条）

[1] 労契法18条の概要

労契法18条は、同一の使用者との間で締結された2以上の有期労働契約の契約期間を通算した期間（「通算契約期間」）が5年を超える労働者が、当該使用者に対し、期間の定めのない労働契約の締結の申し込みをしたときは、使用者は当該申し込みを承諾したものとみなす旨を規定しています（同条1項）。これは、有期労働契約が5年を超えて更新された場合に、労働者に無期労働契約を締結する申込権（以下、無期転換申込権）を認めて、無期労働契約への転換を認めるものです。本条の趣旨は、有期労働契約の濫用的な利用を抑制し、有期契約労働者の雇用の安定を図る点にあります。

本条は、平成25年4月1日に施行され、同日以降新たに締結または更新された有期労働契約（同日以降を初日とする有期労働契約）から、通算契約期間の算定が始まります。したがって、本条によって無期労働契約への転換が行われるのは、平成30年4月1日からとなります。

[2] 無期転換申込権の発生要件

無期転換申込権は、通算契約期間が5年を超える労働者について、

現に締結している有期労働契約の契約期間が満了する日までの期間中に、発生します。例えば、1年契約の場合には5回更新されて6回目以降の契約に至っている場合（図表6-4の[1]）、3年契約の場合には1回更新され2回目以降の契約に至っている場合（図表6-4の[2]）、5年契約の場合には1回更新されて2回目以降の契約に至っている場合（図表6-4の[3]）、その契約（1年契約では6回目以降、3年契約および5年契約では2回目以降）の期間中に、無期転換申込権が発生します。なお、1回以上の更新が必要とされているため、1回も更新がない有期労働契約で契約期間が5年を超えている場合には、無期転換権は発生しません。

[3] 無期転換申込権の行使

有期労働契約を更新し、通算契約期間が5年を超える場合（後述するクーリング期間が存在しないことも必要）、5年を超えることになる有期労働契約の期間の初日から、当該有期労働契約の期間が満了する日までの間に、労働者は無期転換申込権を行使することができます。

労働者が無期転換申込権を行使すると、使用者は当該申し込みを承諾したものとみなされ、その結果、有期労働契約の満了日の翌日を始期とする無期労働契約が成立します。

[4] 無期転換後の労働条件

無期労働契約に転換される際の労働契約の内容（労働条件）は、「別段の定め」がある場合を除き、契約期間が無期になる以外は転換前の有期労働契約と同一の内容になります（労契法18条1項）。この「別段の定め」には、労働協約、就業規則、個々の労働契約が含まれます。

無期労働契約への転換に当たり、この「別段の定め」により、労働条件を不利益に変更することが常にできるわけではありません

図表 6-4 無期転換の仕組み

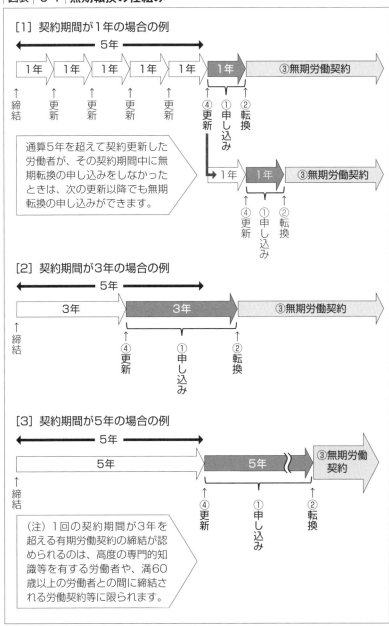

資料出所：厚生労働省パンフレット「労働契約法改正のあらまし」

が、一定の場合には許容され得るでしょう。例えば、有期労働契約の中には、有期プレミアム（契約期間が限定されていることなどから無期契約労働者よりも賃金が高いなどといった有利な労働条件）が与えられている場合があります。このような有期プレミアムがある場合には、無期労働契約への転換に伴い、有期プレミアムの分について、労働条件が引き下げられることは許容される（可能）と考えます。

通達（「労働契約法の施行について」平24.8.10　基発0810第２）においても、「無期労働契約への転換に当たり、職務の内容などが変更されないにもかかわらず、無期転換後における労働条件を従前よりも低下させることは、無期転換を円滑に進める観点から望ましいものではない」（傍点は、筆者による）とされているにすぎず、禁止していません。

[5] クーリング期間

　無期転換申込権の発生要件である通算契約期間の算定に当たっては、前の有期労働契約と次の有期労働契約の間に契約が存在しない期間（クーリング期間）が６カ月以上続いたときには、通算契約期間がリセットされます（労契法18条２項）。具体的には、**図表6-5**の[1]のとおりです。

　このクーリング期間前の通算契約期間（複数の有期労働契約がある場合にはその契約期間を通算する）が１年未満の場合には、その２分の１の期間を基準に、１カ月に満たない端数が生じたときはそれを１カ月として計算され、**図表6-5**の[2]に定めるようなクーリング期間となります（労契法18条２項、労働契約法第18条第１項の通算契約期間に関する基準を定める省令２条）。

図表 6-5 通算契約期間の計算

[1] カウントの対象となる契約期間が1年以上の場合

①契約がない期間（6カ月以上）が間にあるとき

　有期労働契約とその次の有期労働契約の間に、契約がない期間が6カ月以上あるときは、その空白期間より前の有期労働契約は通算契約期間に含めません。これをクーリングといいます。

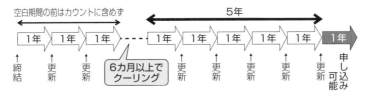

②契約がない期間はあるが、6カ月未満のとき

　有期労働契約とその次の有期労働契約の間に、契約がない期間があっても、その長さが6カ月未満の場合は、前後の有期労働契約の期間を通算します（クーリングされません）。

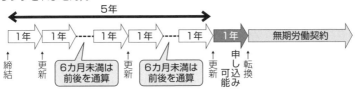

[2] カウントの対象となる契約期間が1年未満の場合

　「カウントの対象となる有期労働契約の契約期間（二つ以上の有期労働契約があるときは通算した期間）」の区分に応じて、「契約がない期間」がそれぞれ次の表の右欄に掲げる期間に該当するときは、契約期間の通算がリセットされます（クーリングされます）。

　その次の有期労働契約の契約期間から、通算契約期間のカウントが再度スタートします。

カウントの対象となる有期労働契約の契約期間	契約がない期間
2カ月以下	1カ月以上
2カ月超～4カ月以下	2カ月以上
4カ月超～6カ月以下	3カ月以上
6カ月超～8カ月以下	4カ月以上
8カ月超～10カ月以下	5カ月以上
10カ月超～	6カ月以上

資料出所：厚生労働省パンフレット「労働契約法改正のあらまし」

2. 無期転換権発生を阻止することのみを目的とした雇止めの可否

使用者としては、無期労働契約への転換を回避するために、通算契約期間が5年を超える前に有期契約労働者を雇止めにする、という対応をとることが考えられます。例えば、更新上限規定を入れたり、最後の更新時に不更新条項を入れたりして、これらに基づき雇止めをするということです。

しかし、雇止め法理（労契法19条）が適用される場合には、雇止めは客観的合理性、社会的相当性が求められます。そして、無期転換権発生を阻止することのみを目的とした雇止めは、客観的合理性、社会的相当性を欠くものとして、無効になる可能性が高いといえます。

定年後再雇用者の勤務実績に応じた契約更新の拒否

当社は、高年齢者雇用確保措置として、定年退職した労働者と1年契約の有期労働契約を締結しています。定年後再雇用者について、勤務実績に応じて、契約更新を拒むことはできますか。

更新基準に照らして更新を拒絶し得ますが、定年後再雇用者には、65歳までの継続雇用に対する合理的な期待があるので、労契法19条2号が適用されることに注意が必要です。

解説

1. 高年齢者雇用確保措置

高年齢者雇用安定法（以下、高齢法）は、定年の定めをする場合には満60歳以上でなければならないとし（同法8条）、さらに定年年齢を満60歳以上65歳未満としている事業主に対して、65歳までの安定した雇用を確保するため、①定年の引き上げ、②継続雇用制度の導入、③定年の定めの廃止のいずれかの措置（高年齢者雇用確保

措置)を講じなければならないとしています(同法9条)。

2.更新基準の定め

　定年後再雇用者との契約が有期労働契約である以上、通常の有期労働契約と同様に、「期間の定めのある労働契約を更新する場合の基準に関する事項」を書面で明示しなければなりません(労基法15条、労基法施行規則5条1号、同1号の2。詳細はＱ1参照)。

　実務上は、更新基準として「契約期間満了時の業務量」「勤務成績がC以上であること」「勤務態度」「職務能力」「直近の健康診断結果等から通常業務を支障なく遂行できること」「会社の経営状況」「従事している業務の進捗状況」などを更新基準で挙げることが一般的です。

　なお、この更新基準は、再雇用した労働者との有期労働契約を更新するか否かの基準であり、定年退職した労働者を継続雇用制度の下で再雇用の対象者とするか否かの再雇用基準(対象者基準)とは異なるので注意してください。

3.雇止めの可否

　上記のような更新基準であれば、更新の判断に当たって、勤務実績も考慮されるので、その他の事情にもよりますが、契約更新を拒み得ます。

　ただし、更新基準をどのように定めても、定年後再雇用者には、65歳までは雇用継続に対する合理的期待があると考えられますので、雇止めが認められるためには、客観的合理性・相当性が必要となる点に注意が必要です(労契法19条2号)。

書式6-1　契約更新に関するご連絡

　　　　　　　　　　　　　　　　　　　　　平成○年○月○日
○○○○殿
　　　　　　　　　　　　　　　　　　　株式会社○○
　　　　　　　　　　　　　　　　　　　人事部長　　○○○○

　　　　　　　　　　契約更新に関するご連絡

　当社と貴殿との間で平成○年○月○日付で締結した有期労働契約は、平成○年○月○日をもって期間満了となり終了となります。
　もっとも、当社において貴殿との契約更新の可否を検討したところ、貴殿と契約を更新するという方針となりました。当社から貴殿に対して提案する労働契約の内容は、添付の有期労働契約書のとおりです。
　貴殿におかれまして、当社と有期労働契約を更新する意思がございましたら、添付の有期労働契約書に署名、捺印して、平成○年○月○日午後○時から行われる個別面談時までに人事部○○宛てにご提出ください。
　なお、上記期限までに貴殿から有期労働契約書の提出がない場合には、契約更新はいたしません。

　　　　　　　　　　　　　　　　　　　　　　　　以　　上

解説

　契約を更新する場合であっても、上記のような書面を交付すべきです。会社内で更新の可否を検討したこと、および契約更新に当たって契約更新に関する労働者の意見を確認していることを記載することにより、有期労働契約が自動更新されるわけではなく、更新手続きが形骸化していない、ということを示すことができます。

> **書式 6-2　有期労働契約書（不更新条項）**
>
> （契約期間）
> 第○条　本契約の契約期間は、平成○年○月○日から平成○年○月○日までとする。
> （契約の不更新）
> 第○条　本契約は、契約期間の満了により当然に終了し、一切更新しないものとする。

解説

有期労働契約書に不更新条項を盛り込むことで、使用者と労働者の双方が、更新されることはないとの認識を共有することができます。また、この不更新条項の存在は、更新への期待の不存在を裏づける有力な事情ともなります。

> **書式 6-3　退職届**
>
> 　　　　　　　　　　　　　　　　　　　　　　　平成○年○月○日
> ○○株式会社
> 代表取締役　　○○○○殿
> 　　　　　　　　　　　　　　　　　　　　　　　営業部第二課
> 　　　　　　　　　　　　　　　　　　　　　　　○○○○　　㊞
>
> 　　　　　　　　　　　　退　職　届
>
> 　私は、貴社と締結した平成○年○月○日付有期労働契約書第○条に基づき、契約期間満了日である平成○年○月○日付をもって、貴社を退職いたします。
> 　　　　　　　　　　　　　　　　　　　　　　　　　　以　上

解説

　単に不更新条項を入れた有期労働契約書を締結するだけでなく、契約更新の時点（新たな有期労働契約書を作成する時点）で、更新された契約の期間満了時に退職する旨の退職届をあらかじめ提出させることにより、退職する合意があったことを主張しやすくなりますし、雇止めをした労働者から争われるリスクを小さくすることが可能となります。

書式6-4　不更新条項を入れる際の従業員説明会の説明資料

　　　　　　　　　　　　　　　　　　　　　　　　平成○年○月○日
従業員各位
　　　　　　　　　　　　　　　　　　　　　代表取締役　　○○○○

　　　　　　　　　　契約不更新に関するお知らせ

　○○の影響により、当社の主力製品である○○をはじめとした当社製品の売り上げが大幅に減少し（前年比30％減）、これに伴って、○工場における○の製造量も大幅に落ち込みました。

　そのため、平成○年○月以降、○工場においては雇止めを実施してきました。また、○部と○部との間で配置換えを実施したり、外部業者委託業務を自社社員で行うよう切り替えたり、○○する等の経営努力により業務量を確保し、○工場での工場稼働率の維持に努めてきました。

　しかし、その後も当社製品の売り上げは一向に増加せず、改善はまったく見られませんでした。このため、さらなる製品の減産を余儀なくされ、……○工場全部門で生産調整をせざるを得ない状況であり、経営努力によっては十分な業務量を確保できず、余剰労働力を吸収できない事態に陥っています。

　そのため、正社員分の業務量も確保できない状況下では、有期契約労働者を全員雇止めとせざるを得ない状況です。

以上のような状況に鑑み、本日お配りした有期労働契約書においては、第〇条に不更新条項を入れさせていただいております。誠に心苦しいところではございますが、当該条項により、有期契約労働者である皆様とは契約期間満了によって雇用契約関係を終了するものとし、一切の更新を行わないことといたします。
　上記のような当社の窮状をご理解いただいた上で、有期労働契約書に署名、捺印をお願い申し上げます。
　なお、皆様の退職後の生活に最大限の配慮をするために、以下の措置を特別に講じることにいたしましたので、併せてお知らせします。
①契約期間満了日までに未消化の年次有給休暇については、買い取りを実施します。
②退職金規程上、有期契約労働者に対しては退職金は支給しないこととなっていますが、勤続年数に応じた退職金を支給します。退職金の計算式は、以下のとおりです。
　　　在職月数×〇円＝支給退職金

　以上につきましてご不明点等ございましたら、相談窓口を人事部に設けましたので、そちらまでご連絡ください。
　　　　　　　　　　　　　　　　　　　　　　　　　　以　上

解説

　従業員説明会を実施する際に配布する説明資料です。対象となる有期契約労働者に、不更新条項を入れることになった理由や不更新条項の内容を十分に理解させるために、口頭だけでなく書面においても説明したほうがよいでしょう。このような資料を用意しておけば、後に紛争になった際に、使用者が労働者に対して、不更新条項についてきちんと説明した証拠として利用することができます。
　さらに、退職することを前提とする行動を取らせることによって、雇用継続への合理的期待がなかったと主張しやすくする観点から、年次有給休暇の買い取りや退職金の支給を実施し、それについて説

明資料の中で言及することをお勧めします。なお、退職金については、上記書式のように勤続期間に応じて決定するのではなく、「一律10万円」というように定める場合もあります。

書式6-5　有期労働契約書（更新上限規定）

（契約期間）
第○条　本契約の契約期間は、平成○年○月○日から平成○年○月○日までとする。

（契約更新の有無）
第○条　甲は、乙の承諾を得て本契約を更新する場合がある。更新の有無については、前条の契約期間の満了時において、以下の基準により甲が判断し、その有無を決定する。ただし、更新の回数は3回を限度とし、それ以上は更新しないものとする。
(1)　契約期間満了時の業務量
(2)　乙の勤務成績、勤務態度
(3)　乙の職務遂行能力

解説

有期労働契約書にも更新上限条項を盛り込むことで、使用者と労働者の双方が、上限回数以上更新されることはないとの認識を共有することができます。また、この更新上限条項の存在は、更新への期待の不存在を裏づける有力な事情ともなります。

第7章

私傷病休職期間満了による退職・解雇

1 休職とは

［1］休職の意義

休職とは、労働者が一時的に労務を提供することが不能または不適当である場合において、使用者がその労働者に対して、労働契約は維持しながら労務の提供を免除または禁止することです。

［2］類似の概念

休職と似た概念として、業務命令としての自宅待機命令、懲戒処分としての出勤停止処分、および休業があります。

自宅待機命令の場合、自宅待機自体が労働者に課された業務とされて、原則として賃金が発生するのに対して、休職の場合は、休職自体は業務とされず賃金が発生しないこともある点で、両者は異なっています。

また、懲戒処分としての出勤停止処分は、企業秩序維持違反に対する制裁という性格を有しているのに対し、休職はそれを有していない点で、両者は異なっています。

さらに、休業（産前産後休業、育児休業、介護休業など）は、労働義務を免除する点においては休職と同一の性格を有していますが、法律上の要件を満たしたときに労働者に請求権を生じさせる点において、休職と異なっています。以下では、法律上の要件を必要とする上記の「休業」とは区別した「休職」について、説明します。

2 休職の種類

　休職制度は、法律上、設けることが義務づけられているわけではなく、使用者が任意に設ける制度です。

　どのような種類の休職制度を設けるのかも任意であり、使用者の裁量に属します。実際にさまざまな種類の休職制度が存在しますが、一般的には、私傷病休職、公職就任休職、起訴休職、組合専従休職、私事休職、出向休職、企業が必要と認めた場合の休職等があります。

[1] 私傷病休職

　私傷病休職とは、業務外の傷病（私傷病）による欠勤が一定期間以上に及んだ場合に、労務提供を一定期間免除し、その期間中に回復（治癒）すれば復職、期間満了時に回復していなければ退職（自然退職または解雇）となるものです。

　この休職制度の主な目的は、私傷病になった労働者に療養の機会を与え、解雇を猶予する点にあります（解雇猶予措置）。

[2] 公職就任休職

　公職就任休職とは、各種議員への就任等公職に就任することによって業務への従事が不能となった場合に、その就任期間、業務への従事を免除し、その期間満了時に復職させるものです。

　公職に就任すれば、労働基準法（以下、労基法）7条（公民権行使の保障）により、公民権の行使等のために必要な範囲で、労働者が請求した時間中の労働義務は消滅しますが、それとは別に身分関係を明確にするため、休職制度の一つとして位置づけるものです。

[3] 起訴休職

　起訴休職とは、刑事事件で起訴された者について、その事件が裁

判所に係属する間は、休職とするものです。

起訴されても有罪が確定するまでは無罪推定が働きますが、起訴された者（被告人）を通常業務に就かせることは相当ではないので、身分上の整理として休職させるものです。

なお、起訴休職制度を導入するか否かについては慎重な検討が必要です。刑事事件は、99％以上は自白事件（被疑者・被告人が、犯罪事実の全部またはその主要部分を認めるケース）であり、起訴された公訴事実（犯罪事実）に争いはありません。したがって、ほとんどの事件では、逮捕・勾留（起訴前）段階で事実が確定できます。そこで、使用者としては、自白している以上は刑罰が科せられることが明らかであるため、解雇を含めた検討をしようとしますが、起訴休職制度を設けると、事件が係属している間は解雇できなくなってしまいます。したがって、起訴休職制度を導入するかどうかは、これらの点を見極めて判断する必要があります。

[4] 組合専従休職

組合専従休職とは、労働者が労働組合の執行委員長等の役職に就くことによって業務への従事が不能となった場合に、その就任期間、業務への従事を免除し、その期間満了時に復職させるものです。

この休職制度の主な目的は、労働組合への便宜供与です。

[5] 私事休職

私事による休職とは、労働者への便宜として、労働者が私事（例えばボランティア等）により業務への従事が不能となった場合、その就任期間、業務への従事を免除し、その期間満了時に復職させるものです。

この休職制度の主な目的は、労働者の便宜を図るという福利厚生の点にあります。なお、私事休職制度を設ける企業はあまり多くありません。

[6] 出向休職

出向休職とは、出向により、出向元の業務への従事が不能となったとき、その就任期間、その従事を免除するものです。

部分出向（週に数回、子会社などに出向くケースなど）を除き、出向者は、出向によって出向先の業務に従事することになるので、出向元での業務への従事は不能となります。

そこで、出向者の身分関係を明らかにするために、出向中は出向元においては休職とすることが一般的です。

[7] 企業が必要と認めた場合の休職

使用者が、柔軟な対応をするために、「会社が必要と認めた場合、休職命令を発令できる」旨の規定が設けられていることは少なくありません。

例えば、言動等から精神疾患に罹患していることが明らかであるものの、本人に自覚がなく、出勤を続けるような労働者がいた場合、私傷病休職の事由を「1カ月間連続して欠勤」としか規定していなければ、欠勤していない以上は休職命令を発することができません。このような場合も、上記のような規定を設けておけば、休職命令を発することが可能になります。

なお、断続欠勤の場合についても同様に問題になりますが、これについてはQ2を参照ください。

3 私傷病休職

[1] 私傷病休職制度の目的

長期雇用を前提とする多くのわが国の企業において、その長期間の勤務の中で健康を害して働けなくなることは、誰にでもあり得ることです。そこで福利厚生の観点から、労働者に一定の期間（休職

期間）療養の機会を与え、いたずらに退職とならないようにする目的（解雇猶予措置）で設けられたのが、私傷病休職制度です。

任意の福利厚生制度なので、その設計・制度内容は、企業の文化、規模、体力などに応じてそれに適合したものをつくるべきです。

[2] 対象者

私傷病休職制度の対象者をどの範囲に設定するのかという点についても、使用者の裁量に委ねられています。

多くの会社における私傷病休職制度の趣旨は、長期雇用を前提として、会社に貢献した人材をなるべく企業内にとどめて復職後も活用しようとする点にあります。このような制度趣旨に照らして、雇用期間が定められており長期雇用を前提としていないことが多い非正規社員、および会社への貢献が少ない試用期間中の従業員や勤続年数の少ない従業員を、休職制度の適用対象者から除外する、という取り扱いが望ましいでしょう（後掲の〔就業規則の規定例〕参照）。

[3] 休職事由

休職事由や要件をどのように定めるのかという点についても、使用者の裁量に委ねられています。

なお、休職事由との関係で問題になるのが、断続欠勤の場合です。これについては、後述のQ2を参照ください。

[4] 休職期間

休職期間をどのように、どの程度設けるのかという点についても、使用者の裁量に委ねられています。

一般的に、長期雇用システムにおける福利厚生の観点から、在職期間に応じて休職期間を設定することが多く見られます。つまり、

在職期間が長い労働者には長い休職期間を設定し、在職期間が短い労働者には短い休職期間を設定する、ということになります。例えば、次表のとおりです。

在職期間	休職期間
①勤続1年以上3年未満の者	3カ月
②勤続3年以上5年未満の者	6カ月
③勤続5年以上の者	1年

[5] 休職期間満了による退職・解雇

　休職期間満了時までに、休職者から復職の申し出がない場合、自然退職となるか解雇となるかは、就業規則の定めによります。

　就業規則上、自然退職とする扱いになっていれば、休職期間満了をもって退職になります（後掲の〔就業規則の規定例〕参照）。

　他方、解雇とする扱いになっていれば、使用者は、当該休職者に対して解雇の意思表示をすることになります。この場合、労基法20条に基づく解雇手続きが必要となります。具体的には、30日前の解雇予告、または休職期間満了の時点で30日分以上の解雇予告手当を支払わなければならないので、注意が必要です。

[6] 復職

　休職期間中に病状が「治癒」して休職事由が消滅した場合には、復職を認めることになりますが、ここでいう「治癒」とは、医学上の「治癒」とは異なる概念です。

　「治癒」の意義、すなわち、私傷病により休職している労働者から、復職の申し出がなされた場合、どの程度まで回復していれば復職を認めるのか、という点については、実務上問題になることが多く、実際に裁判例も数多く出されている論点です。

　この点については、職種・職務限定の合意がない労働者と、職種・

職務限定の合意がある労働者を分けて考える必要があるので、以下、場合分けして説明します。

(1) 職種・職務限定の合意がない場合

「治癒」について、かつての裁判例では、「休職発令前の職務を通常の程度に行える健康状態に回復したこと」を指し、そこまでに至らない場合には、復職は認められないとする傾向でした。

例えば、**昭和電工事件**（千葉地裁　昭60.5.31判決　労判461号65頁）は、「休職処分は従業員を職務に従事させることが不能であるかもしくは適当でない事由が生じた時に、その従業員の地位をそのままにし、職務に従事させることを禁ずる処分であるから、病気休職者が復職するための休職事由の消滅としては、原則として従前の職務を通常の程度に行える健康状態に復したときをいうものというべき」と判示しました（そのほかにも、**平仙レース事件**　浦和地裁昭40.12.16判決　労判15号6頁など）。

しかし、その後、バセドウ病に罹患して従前の業務である現場監督業務を行えなくなった従業員への賃金支払いの要否が争われた**片山組事件**で、最高裁（最高裁一小　平10.4.9判決　労判736号15頁）は、「労働者が職種や業務内容を特定せずに労働契約を締結した場合においては、現に就業を命じられた特定の業務について労務の提供が十全にはできないとしても、その能力、経験、地位、当該企業の規模、業種、当該企業における労働者の配置・異動の実情及び難易等に照らして当該労働者が配置される現実的可能性があると認められる他の業務について労務の提供をすることができ、かつ、その提供を申し出ているならば、なお債務の本旨に従った履行の提供があると解するのが相当」と判示しました。

これを私傷病休職からの復職判断の場面に応用し、休職発令前の業務より軽微な業務への復職が可能であるかの検討を行うべきとする下級審裁判例が登場し（**東海旅客鉄道（退職）事件**　大阪地裁

平11.10.4判決　労判771号25頁など)、職種・職務限定の合意がない労働者に関する実務上の判断枠組みとして定着しました。

さらに、休職期間満了時においては従前の業務が遂行できない場合であっても、当初は軽易業務に就かせた上で徐々に通常業務に移行できる見通しが立つような場合には、そのような配慮を求める裁判例も存します（**北産機工事件**　札幌地裁　平11.9.21判決　労判769号20頁など）。

以上のような裁判例の判断基準をまとめたものとして位置づけられる**独立行政法人N事件**（東京地裁　平16.3.26判決　労判876号56頁）において、裁判所は、「休職命令を受けた者の復職が認められるためには、休職の原因となった傷病が治癒したことが必要であり、治癒があったといえるためには、原則として、従前の職務を通常の程度に行える健康状態に回復したことを要するというべきであるが、そうでないとしても、当該従業員の職種に限定がなく、他の軽易な職務であれば従事することができ、当該軽易な職務へ配置転換することが現実的に可能であったり、当初は軽易な職務に就かせれば、程なく従前の職務を通常に行うことができると予測できるといった場合には、復職を認めるのが相当である」と判断しました。復職の可否（治癒しているか否か）を判断するに当たって、非常に参考になります（なお、同事件では、休職期間満了時の解雇を有効と判断しました）。

(2) 職種・職務限定の合意がある場合

以上は、職種・職務限定の合意がない場合のものであって、職種・職務限定の合意がある場合の労働者については、労務提供の可否は、その限定された職種・職務について判断されます（**北海道龍谷学園事件**　札幌高裁　平11.7.9判決　労判764号17頁）。

この点に関して、従来は、「労働者の提供しうる労務の種類、内容が休職当時のものと異なることになった場合において、道義的に

は別として、使用者において右労務を受領すべき法律上の義務や受領のために労働者の健康状態に見合う職種、内容の業務を見つけて就かせなければならないとの法律上の義務があるものとはいえ」ないと判示して、原業務に復帰できない以上、解雇は有効であると判断する裁判例がありました（ニュートランスポート事件　静岡地裁富士支部　昭62.12.9決定　労判511号65頁）。

　しかし、その後、職種・職務限定の合意がある場合であっても、一定の配慮をすべきとする裁判例が続きました。例えば、**全日本空輸（退職強要）事件**（大阪地裁　平11.10.18判決　労判772号9頁）では、「労働者がその職種や業務内容を限定して雇用された者であるときは、労働者がその業務を遂行できなくなり、現実に配置可能な部所(ママ)が存在しないならば、労働者は債務の本旨に従った履行の提供ができないわけであるから、これが解雇事由となることはやむを得ない」とする一方で、復職後「直ちに従前業務に復帰ができない場合でも、比較的短期間で復帰することが可能である場合には、休業又は休職に至る事情、使用者の規模、業種、労働者の配置等の実情から見て、短期間の復帰準備時間を提供したり、教育的措置をとるなどが信義則上求められるというべきで、このような信義則上の手段をとらずに、解雇することはできない」と判示しました。つまり、復帰時点では当該限定された業務を100％遂行できなくても、比較的短期間において当該限定された業務への復帰が可能であれば、一定の配慮（復帰準備期間、教育訓練・リハビリ等）をすべきとするものです（なお、同事件は客室乗務員という職種限定契約の事案であることから、配置転換までは必ずしも求めるものではないという点がポイントです）。

　もっとも、必ず上記のような配慮を行わなければならないというわけではなく、**カントラ事件**（大阪高裁　平14.6.19判決　労判839号47頁）では、職種・職務限定の合意がある場合に、当該限定され

た職種・職務を通常の程度に遂行できないケースでは、原則として「労働契約に基づく債務の本旨に従った履行の提供、すなわち特定された職種の職務に応じた労務の提供をすることはできない状況にある」とし、例外的に、「他に現実に配置可能な部署ないし担当できる業務が存在し、会社の経営上もその業務を担当させることにそれほど問題がないときは、債務の本旨に従った履行の提供ができない状況にあるとはいえないものと考えられる」と判示しました。つまり、原則として、職種・職務限定の合意がある場合は、当該限定された職種・職務での復帰が前提であり、配転等の配慮をすることが会社の経営上「それほど問題がない」ときに限って、配慮すべきということになります。

したがって、経営状態が悪い会社、規模が小さい会社（従業員数が少ない会社）、転換すべき他の職種・職務が想定できない会社などは、必ずしも上記のような配慮まで求められていません。

■就業規則の規定例

> （休職制度の対象者）
> 第○条　休職制度の対象者は正社員のみとする。ただし、正社員であっても勤続1年未満の者（試用期間中の者も含む）は休職制度の対象外とする。

解説

試用期間中の従業員に休職期間の適用があるか否かが争われるケースがありますので、休職制度の対象外として「試用期間中の者も含む」と明記しておいたほうがよいでしょう。

> （自然退職）
> 第○条　休職期間満了までに復職しない場合には、休職期間満了日の経過をもって当然に退職したものとする。

解説

　休職期間が満了した時点で、「解雇」か「自然退職」とする規定を設けることになりますが、「退職」のほうがトラブルは少なくなると思われます。なぜなら、解雇とした場合には、解雇の意思表示が必要になるだけではなく、解雇制限（当初は私傷病として扱っていたものの労災認定された場合の労基法19条）や解雇予告（同法20条）の適用を受けるからです。ただし、退職扱いという規定であったとしても、当初私傷病として扱っていたものの労災認定されたようなケースでは、労基法19条を類推適用する裁判例があるので注意が必要です（**ライフ事件**　大阪地裁　平23.5.25判決　労判1045号53頁）。

復職が見込めない従業員を、私傷病休職制度を適用せずに解雇することはできるか

休職しても復職が見込めない従業員がいますが、私傷病休職制度を適用せずに、解雇することは可能でしょうか。

 私傷病休職制度がある場合には、それを適用せずに解雇することは原則としてできませんが、例外的に解雇することが可能な場合があります。

解説

1. 休職制度と解雇の関係

　私傷病休職制度は、長期雇用を前提とするわが国の多くの企業において、その長期間の勤務の中で、健康を害して働けなくなることは誰にでもあり得るので、福利厚生の観点から、労働者に一定の期間（休職期間）療養の機会を与え、いたずらに退職とならないようにする目的で設けられています（解雇猶予措置）。

　他方、解雇は、客観的に合理的な理由を欠き、社会通念上相当であると認められない場合は、その権利を濫用したものとして、無効となります（労働契約法（以下、労契法）16条。詳細は第4章参照）。

　私傷病休職制度が設けられている場合、就業規則の普通解雇事由として「健康状態が勤務に耐えられないと認められるとき」と規定されていても、私傷病により業務への従事が不能な労働者に対して、私傷病休職制度を適用せず解雇するのは、原則としてできないでしょう。

　なぜなら、前述したように、私傷病休職制度は、解雇猶予措置という意味合いがあるため、それを適用せずに解雇するのは解雇権の濫用と評価されるからです。

ただし、私傷病の症状、病状からして、休職期間内では到底治癒しないことが客観的に明らかであれば（例えば、植物状態で寝たきりとなった場合）、休職制度を適用せずに解雇しても権利濫用にはならないものと考えられます。

2. 実務上の留意点

上記のように、私傷病の症状、病状からして、休職期間内では到底治癒しないことが客観的に明らかでなければ、休職制度を適用せずに解雇した場合には、無効となる可能性が高いといえます。実務上は、休職期間内では到底治癒しないことが客観的に明らかなケースは少なく、特に、身体的な傷病であればまだしも、精神疾患である場合には、このようなケースに該当すると断言できるのはまれです。

そのため、医師の診断書を取るなどして、その判定は慎重に行う必要があります。

 断続的に欠勤する労働者への対応はどうすべきか

私傷病（メンタルヘルス疾患）により、数日間欠勤した後にいったん出勤し、また欠勤を繰り返す（断続欠勤）労働者がいます。このような労働者を休職させるために、どのような休職事由を設けておけばよいでしょうか。

 包括的な休職事由を定めるとともに、「私傷病を理由とする欠勤が3カ月継続した場合、または、これと同視できる欠勤状況のとき」といった休職事由を設けるべきです。

解説

1. 問題点

メンタルヘルス疾患の場合、体調が良くなったり悪くなったりを

繰り返すことがあるため、必ずしも連続して欠勤するわけではありません。例えば、2カ月欠勤した後に3日間だけ出勤し、その後にまた1カ月欠勤するような場合があります（ここでは「断続欠勤」と言います）。

このような場合、就業規則に「私傷病を理由とする欠勤が3カ月継続したとき」という休職事由しか規定していなければ、上記のように出勤と欠勤を繰り返している従業員に対して、当該休職事由に基づいて休職命令を出すことはできません。

2.規定の整備

そこで、このような事態に対応するために、以下の規定を設けることが考えられます。

[1] 包括的な休職事由

まず、「前各号に準ずる事由があり、会社が必要と認めたとき」というような包括的な休職事由を定めた規定があります。

ただし、このような休職事由を定めたからといって、単に会社が必要と認めさえすれば何の合理的な理由もなく休職を命じることができると解することはできず、休職させることについての合理的な理由が必要になるでしょう。

また、このような包括的な休職事由に基づいて休職命令を発令した場合には、休職事由が包括的であるが故に、休職命令の相当性が後に争われる可能性があります。

[2] 断続欠勤に対応するための休職事由

そこで、「私傷病を理由とする欠勤が3カ月継続した場合、または、これと同視できる欠勤状況のとき」という規定も設けて、断続欠勤に対応できるようにしておいたほうが、無用な紛争を防げるでしょう。

（休職事由）
第○条　会社は、従業員が次の各号に該当するときは、休職を命ずることができる。
① 私傷病を理由とする欠勤が3カ月継続した場合、または、これと同視できる欠勤状況のとき
② 公務に就任し、会社の業務に専念できないとき
③ 会社の命令により出向したとき
④ 労働協約に基づき、組合業務に専従するとき
⑤ 前各号に準ずる事由があり、会社が必要と認めたとき

解説

ポイントは、①の後半部分と、⑤の包括的な休職事由です。これらの規定があれば、使用者は断続欠勤にも柔軟な対応ができます。

Q3 復職と休職を繰り返す従業員を解雇することはできるか

メンタルヘルス疾患により復職と休職を繰り返す社員に対し、再度の休職を認めることなく、解雇または退職とすることは可能でしょうか。

原則として、休職期間が残っている以上、休職制度を適用すべきで、それをせずに解雇または退職とすることはできません。このようなケースには、通算規定や回数制限規定を設けて対応します。

解説

1.問題点

メンタルヘルス疾患の場合、いったん復職したものの、再度体調が悪化し、欠勤が続くケースも少なくありません。このような場合、復職時に当該傷病が治癒していなかった可能性が高いと考えられます。

そこで、再度の休職命令を発令せずに解雇することが考えられま

す。しかしながら、私傷病の症状、病状からして、再度の休職期間内では到底治癒しないことが客観的に明らかであれば解雇は有効ですが、そうでない限り、権利濫用として無効になる可能性が高いといえます（労契法16条）。

　そのため、後述する通算規定や回数制限規定を設けていない場合には、再度、休職を認めざるを得ません。この場合、休職期間は、一からスタートすることになったり、何度も休職制度を利用させなければならなくなったりします。

2.規定の整備

　このような状況に対応するため、通算規定（復職前の休職期間と復職後の欠勤・休職期間を通算するもの）や、回数制限規定を設けることが考えられます。

[1] 通算規定

　就業規則等において、「私傷病休職により休職していた従業員が、復職後6カ月以内に同一又は類似の傷病により欠勤する場合は、休職期間は復職前の休職期間と通算する」といった通算規定を設けることが考えられます。

　この規定でポイントとなるのは、「同一の傷病」だけでなく「類似の傷病」とするところです。うつ病で欠勤し、復職した後、今度は適応障害で欠勤するような場合、「同一の傷病」と規定するだけでは、通算ができなくなってしまうからです。

[2] 回数制限規定

　さらに、「私傷病休職は、前項の場合を除いて、同一または類似の傷病について1回限りとする」という回数制限規定も設けておけば、何度も休職制度を利用されることを防ぐことができます。

第8章

雇用保険・健康保険・厚生年金保険に関する事項

1 はじめに

退職・解雇に関して、労働事件に関係するか否かを問わず、健康保険・厚生年金保険・雇用保険の取り扱いが問題となることがあります。

例えば、雇用保険では、退職理由によって基本手当の給付制限期間や所定給付日数に違いがあることから、事業主と離職者の間で退職理由をめぐる見解の相違が生じることがあります。このような場合、事業主においてどのように対応すべきかといった問題です。

以下では、退職・解雇に関して、雇用保険・健康保険・厚生年金保険の基礎的な事項を確認しつつ、具体的な事例をQ&Aで取り上げ、その実務的対応を解説します。

2 雇用保険の目的および概要

[1] 雇用保険の目的

雇用保険法1条には「目的」として、以下の二つの事項が定められています。

① 労働者が失業した場合、労働者について雇用の継続が困難となる事由が生じた場合、労働者が自ら職業に関する教育訓練を受けた場合に「必要な給付を行う」(以下、保険給付）ことにより、「労働者の生活及び雇用の安定を図るとともに、求職活動を容易にする等その就職を促進」すること

② 「失業の予防、雇用状態の是正及び雇用機会の増大、労働者の能力の開発及び向上その他労働者の福祉の増進を図る」こと

[2] 雇用保険の制度概要

雇用保険法の目的として示された上記①②のうち、事業主・労働

者ともに実務上接する機会が多いものは、①の「保険給付」です。「保険給付」には、「求職者給付」「就職促進給付」「教育訓練給付」「雇用継続給付」の4種類の給付が設けられています。

このうち、退職・解雇と密接に関係するものは「求職者給付」で、その中でも特に重要となるのが、一般的に"失業保険"と呼ばれる「基本手当」です。

基本手当の受給資格、受給期間、所定給付日数等については後段のQ1～Q2で説明しますが、基本手当については、退職・解雇の理由や退職・解雇に至るまでのプロセスなどにより受給資格に関する区分が異なり、所定給付日数等に影響を与えることに注意してください。

3 健康保険・厚生年金保険の目的と給付の概要

[1] 健康保険の目的と給付の概要

健康保険は、被保険者とその家族（被扶養者）について、仕事中や通勤以外での病気やけが、死亡、出産した場合に「保険給付」を行い、被保険者とその家族（被扶養者）の生活の安定と福祉の向上に寄与することを目的としています（健康保険法1条）。

具体的な給付内容は、病気やけがで治療を受けたときの「療養の給付」や「家族療養費」、療養のため仕事を休んだときの「傷病手当金」、出産したときの「出産育児一時金」「出産手当金」などとなります。

[2] 厚生年金保険の目的と給付の概要

厚生年金保険は、被保険者が高齢となり働くことができなくなったり、病気・けが等により一定の障害の状態になったり、死亡し遺族が残された場合に「保険給付」を行い、被保険者とその遺族の生

活の安定と福祉の向上に寄与することを目的としています（厚生年金保険法1条）。

具体的な給付内容は、「老齢厚生年金」「障害厚生年金」「遺族厚生年金」などです。

[3] 問題となりやすい事項

退職・解雇について、健康保険・厚生年金保険では、保険料に関する事項と被保険者資格の取り扱いに関する事項が問題になりやすいものとして挙げられます。

Q&A

 基本手当の受給資格と受給期間

失業保険(基本手当)を受給するためには、どのような要件がありますか。また、失業保険はどのくらいの期間受給することができますか。

 基本手当の受給には、離職前2年間に通算して12カ月以上(特定受給資格者または特定理由離職者については離職前1年間に同6カ月以上)の被保険者期間が必要です。基本手当の受給期間は原則として1年間ですが、就職の困難度や離職理由により30日または60日の延長が認められる場合があります。

解説

1.基本手当の受給資格(雇用保険法13条)

基本手当(いわゆる"失業保険")を受けるためには、退職・解雇などにより離職した労働者が、住所地を管轄するハローワーク(公共職業安定所、以下同じ)に離職票等の必要書類を持参し、求職の申し込みを行い、受給資格の決定(基本手当の支給を受けられる資格の有無の認定)を受けなければなりません。

受給資格が認められるためには、雇用保険の被保険者資格を喪失し、労働の意思と能力を有するにもかかわらず職業に就くことができない状態にある者が、次の①②いずれかの要件を満たしていることが必要となります。

①原則として、離職の日以前2年間(算定対象期間)に通算して12カ月以上の被保険者期間(※1)があること。
②倒産・解雇等による離職(特定受給資格者 ※2)の場合、または期間の定めのある労働契約が更新されなかったことその他やむ

を得ない理由による離職の場合（特定理由離職者）は、離職の日以前1年間に通算して6カ月以上の被保険者期間があること。

※1　被保険者期間とは、雇用保険の被保険者であった期間のうち、離職日からさかのぼって1カ月ごとに区切っていった期間に賃金支払いの基礎となった日数が11日以上ある月を1カ月として計算します。
※2　特定受給資格者とは、倒産・解雇等の理由により再就職の準備をする時間的余裕なく離職を余儀なくされた者です。

2.基本手当の受給期間（雇用保険法20条1項）

　基本手当の支給を受けられる期間（受給期間）は、原則として離職の日の翌日から起算して1年間となります。ただし、次の①に該当する場合は受給期間が60日、②に該当する場合は受給期間が30日延長されます。離職理由の違い、被保険者期間の長さ、再就職に至るまでの難易度等により、受給期間には若干の差が生じます。
①受給資格者であって、離職の日において45歳以上65歳未満で、被保険者期間が1年以上の就職困難者（身体障害者等。雇用保険法施行規則32条）について、所定給付日数が360日の場合
②特定受給資格者および一定の要件を満たす特定理由離職者であって、離職の日において45歳以上60歳未満で、被保険者期間が20年以上の者について、所定給付日数が330日の場合

3.留意点

　従業員の雇用保険の資格取得について、事業主が取得すべき時期を間違えているケースがしばしば見受けられます。
　例えば、試用期間中は雇用保険に加入しなくてもよいと事業主が誤解し、試用期間終了後から雇用保険に加入している場合です。
　資格取得の時期を間違えた場合、本来的には従業員が離職する時点で基本手当の受給資格要件である被保険者期間の月数を満たしているにもかかわらず、誤った取り扱いがなされたため被保険者期間

の月数が足りなくなり基本手当を受けられなくなるといったことや、受給資格要件は満たしていても所定給付日数（Q2参照）が少なくなるなど、離職した従業員にとって不利益が生じることがあります。

基本手当の受給に関する不都合が生じると、離職した従業員から事業主およびハローワークに対し、資格取得日を訂正するよう苦情が申し立てられる場合があります。

このような場合、事業主は「雇用保険被保険者資格取得等届訂正願」に賃金台帳、タイムカード、雇用契約書などを添付の上ハローワークに提出し、資格取得日を訂正するなど適切な対応を行わなければなりません。

被保険者資格の資格取得日を遡及して訂正できるのは、被保険者資格の取得の確認（雇用保険法9条）が行われた日の2年前の日となっていますので注意を要します（雇用保険法14条2項2号）。

ただし、平成22年10月1日以降に離職した者で、雇用保険料相当が給与から控除されていたことが明らかである場合（雇用保険料が控除されていることが証明できる給与明細、賃金台帳等がある場合）は、特例対象者として2年を超える期間についても、給与から雇用保険料を控除していたことが確認できる最も古い日までさかのぼり、雇用保険の資格取得日の訂正ができます（雇用保険法22条5項、平22.3.31　基発0331第2・職発0331第15）。

基本手当の受給に係る待期期間、給付制限期間と所定給付日数

退職理由の違いなどにより、失業保険を受給できるまでの期間と受給日数が変わるそうですが、どのような内容でしょうか。

 基本手当を受給するまでの期間には「待期期間」と「給付制限期間」があります。「待期期間」は離職理由等による違いはなく一律に適用され、「給付制限期間」は離職理由の違いに応じて待期期間満了後1カ月以上3カ月以内の間で公共職業安定所長の定める期間設けられます。所定給付日数については、離職理由、被保険者期間の長さ、再就職に至るまでの難易度等により大きな違いが生じます。

解説

1. 待期期間（雇用保険法21条）

受給資格者が当該基本手当の受給資格に係る離職後最初にハローワークに求職の申し込みをした日以後において、失業している日（疾病または負傷のため職業に就くことができない日を含みます）が通算して7日に満たない間は、基本手当は支給されません。これを「待期期間」といいます。待期期間については、離職の理由等にかかわらず一律に適用されます。

2. 給付制限期間（雇用保険法33条1項）

待期期間の満了後にも一定期間、基本手当が支給されない場合があります。これを、「給付制限期間」といいます。給付制限期間は、退職・解雇の理由など離職理由の違いにより差が生じます。

具体的には、定年退職、倒産・解雇等により離職した場合、雇止め等により離職した場合、正当な離職理由のある自己都合退職（例えば、心身の障害・疾病・負傷等による離職、配偶者等と別居生活を続けることが困難となったことによる離職、事業所の通勤困難な地への移転等による通勤不可能または困難となったことによる離職

Q&A

| 図表 | 8-1 | 基本手当の所定給付日数

1. 一般受給資格者（定年・自己都合退職、懲戒解雇など）

区分 \ 被保険者であった期間	1年未満	1年以上5年未満	5年以上10年未満	10年以上20年未満	20年以上
全年齢	—	90日	90日	120日	150日

2. 特定受給資格者および一部の特定理由離職者（※）

区分 \ 被保険者であった期間	1年未満	1年以上5年未満	5年以上10年未満	10年以上20年未満	20年以上
30歳未満	90日	90日	120日	180日	—
30歳以上35歳未満	90日	90日	180日	210日	240日
35歳以上45歳未満	90日	90日	180日	240日	270日
45歳以上60歳未満	90日	180日	240日	270日	330日
60歳以上65歳未満	90日	150日	180日	210日	240日

（※）一部の特定理由離職者の範囲
①契約期間満了による退職で特定理由離職者に該当した場合であって、受給資格に係る離職の日が平成21年3月31日から平成29年3月31日までの間にある場合に限り、所定給付日数が特定受給資格者と同様になります。
②ただし、正当な理由がある自己都合退職により特定理由離職者に該当した場合は、被保険者期間が6カ月以上12カ月未満（離職日以前1年間）である場合に限り、特定受給資格者と同様になります。

3. 就職困難者（※）

区分 \ 被保険者であった期間	1年未満	1年以上5年未満	5年以上10年未満	10年以上20年未満	20年以上
45歳未満	150日	300日	300日	300日	300日
45歳以上65歳未満	150日	360日	360日	360日	360日

（※）就職困難者とは、①身体障害者、②知的障害者、③精神障害者、④刑法等の規定により保護観察に付された方、⑤社会的事情により就職が著しく阻害されている方などが該当します。

資料出所：ハローワークインターネットサービス
https://www.hellowork.go.jp/insurance/insurance_benefitdays.html

など）をした場合等については、給付制限期間はありません。

正当な理由がなく自己都合退職した場合や自己の責めに帰すべき重大な理由によって解雇（懲戒解雇）された場合、また受給資格者がハローワークからの職業紹介や指示された公共職業訓練等を正当な理由なく拒んだ場合などは、待期期間満了後または拒んだ日から起算して1カ月以上3カ月以内の間で給付制限期間が設けられています。

3.所定給付日数（雇用保険法22条1項・2項、23条）

基本手当の所定給付日数は、図表8-1のとおりです。離職理由、被保険者期間の長さ、再就職に至るまでの難易度等の違いにより大きな差が生じます。

Q3 ハローワークにおける離職理由の確認および判定と離職理由に関する異議申し立てへの対応

当社を退職した元従業員から、離職証明書に記載した離職理由についてハローワークに異議申し立てがなされました。当社の記載した離職理由は正しいと考えていますが、ハローワークでは離職理由をどのように判断しているのでしょうか。また離職理由に関する異議申し立てに対し、当社としてどのような対応が必要となりますか。

A 離職理由については、はじめに事業主の事業所管轄ハローワークで事業主から提出された離職証明書および資料により離職理由確認が行われ、最終的に離職者の住居所管轄ハローワークで離職理由の判定が行われます。

離職者から離職理由について異議申し立てがなされた場合、事業主は必要な資料等をハローワークに提出し、事情説明を行うことになります。

解説

1.離職理由の確認および判定

離職理由の確認および判定についての大まかな流れは、図表8-2

図表 8-2 離職理由の確認および判定の流れ

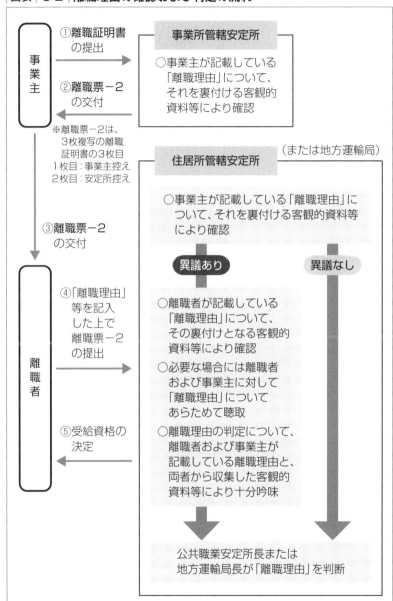

資料出所：ハローワークインターネットサービス
https://www.hellowork.go.jp/insurance/insurance_basicbenefit.html#h3

のとおりです。

2.事業所管轄ハローワークにおける離職理由の確認

　まず、事業所管轄ハローワークにおいて、事業主からの「雇用保険被保険者資格喪失届」および「雇用保険被保険者離職証明書」（以下、離職証明書）の提出を受け、離職票の発行を行います。

　事業所管轄ハローワークは離職票の発行を行う過程で、事業主から提出された資料等を基に離職理由の確認を行います。確認した離職理由は、離職証明書の離職理由欄に「１Ａ」から「５Ｅ」といった記号で区分して表示されます（図表8-3）。

3.離職者の住居所管轄ハローワークにおける離職理由の判定

　離職者が基本手当を受給するためには、離職者の住居所管轄ハローワークに出頭し、求職の申し込みをした上で、離職票を提出し受給資格の決定を受けなければなりません。

　最終的な離職理由の判定については、住居所管轄ハローワークにおいて行われます。

　住居所管轄ハローワークが最終的に判定を行った離職理由については、離職者が受け取る「雇用保険受給資格者証」の「離職理由」欄に２桁の数字の離職理由コード（11、12、21……55）で表されます。

4.離職理由に関して離職者から異議申し立てがなされた場合の事業主の対応

　離職者が基本手当を受給するため住居所管轄ハローワークに出頭し受給資格の決定を受ける際に、事業主と離職者の間で離職理由に関する主張が異なっていることが判明し、離職者から異議申し立てがなされる場合があります。

　例えば、事業主によるいじめがあったことによって離職した場合

図表 8-3 雇用保険被保険者離職証明書（離職理由欄）

⑦離職理由欄…事業主の方は、離職者の主たる離職理由が該当する理由を1つ選択し、左の事業主記入欄の□の中に○印を記入の上、下の具体的事情記載欄に具体的事情を記載してください。

【離職理由は所定給付日数・給付制限の有無に影響を与える場合があり、適正に記載してください。】

事業主記入欄	離　職　理　由	※離職区分
□	1　事業所の倒産等によるもの 　(1) 倒産手続開始、手形取引停止による離職	1 A
□	(2) 事業所の廃止又は事業活動停止後事業再開の見込みがないため離職	1 B
□	2　定年によるもの 　定年による離職（定年　　歳） 　　定年後の継続雇用 { を希望していた（以下のaからcまでのいずれかを1つ選択してください） 　　　　　　　　　　　 { を希望していなかった	2 A
	a　就業規則に定める解雇事由又は退職事由（年齢に係るものを除く。以下同じ。）に該当したため 　　　　（解雇事由は退職事由と同一の事由として就業規則又は労使協定に定める「継続雇用しないことができる事由」に該当したことにより離職した場合も含む。）	2 B
	b　平成25年3月31日以前に労使協定により定めた継続雇用制度の対象となる高年齢者に係る基準に該当しなかったため	2 C
	c　その他（具体的理由：	
□	3　労働契約期間満了等によるもの 　(1) 採用又は定年後の再雇用時等にあらかじめ定められた雇用期限到来による離職	2 D
□	(2) 労働契約期間満了による離職 　　①　下記②以外の労働者 　　　（1回の契約期間　　箇月、通算契約期間　　箇月、契約更新回数　　回） 　　　（契約を更新又は延長することの確約・合意の　有・無（更新又は延長しない旨の明示の　有・無）） 　　　（直前の契約更新時に雇止め通知の　有・無） 　　　労働者から契約の更新又は延長 { を希望する旨の申出があった 　　　　　　　　　　　　　　　　 { を希望しない旨の申出があった 　　　　　　　　　　　　　　　　 { の希望に関する申出はなかった	2 E 3 A 3 B
	②　一般労働者派遣事業に雇用される派遣労働者のうち常時雇用される労働者以外の者 　　　（1回の契約期間　　箇月、通算契約期間　　箇月、契約更新回数　　回） 　　　（契約を更新又は延長することの確約・合意の　有・無（更新又は延長しない旨の明示の　有・無）） 　　　労働者から契約の更新又は延長 { を希望する旨の申出があった 　　　　　　　　　　　　　　　　 { を希望しない旨の申出があった 　　　　　　　　　　　　　　　　 { の希望に関する申出はなかった 　　　a　労働者が適用基準に該当する派遣就業の指示を拒否したことによる場合 　　　b　事業主が適用基準に該当する派遣就業の指示を行わなかったことによる場合（指示した派遣就業が取りやめになったことによる場合を含む。） 　　　（aに該当する場合は、更に下記の5のうち、該当する主たる離職理由を更に1つ選択し、○印を記入してください。該当するものがない場合は下記の6に○印を記入の上、具体的な理由を記載してください。）	3 C 3 D 4 D 5 E
□	(3) 早期退職優遇制度、選択定年制度等により離職	
□	(4) 移籍出向	
□	4　事業主からの働きかけによるもの 　(1) 解雇（重責解雇を除く。）	
□	(2) 重責解雇（労働者の責めに帰すべき重大な理由による解雇）	
	(3) 希望退職の募集又は退職勧奨	
□	①　事業の縮小又は一部休廃止に伴う人員整理を行うためのもの	
□	②　その他（理由を具体的に　　　　　　　　　　　　　　　　）	
	5　労働者の判断によるもの 　(1) 職場における事情による離職	
□	①　労働条件に係る問題（賃金低下、賃金遅配、時間外労働、採用条件との相違等）があったと労働者が判断したため	
□	②　就業環境に係る重大な問題（故意の排斥、嫌がらせ等）があったと労働者が判断したため	
□	③　事業所での大規模な人員整理があったことを考慮した離職	
□	④　職種転換等に適応することが困難であったため（教育訓練の　有・無）	
□	⑤　事業所移転により通勤困難となった（なる）ため（旧(新)所在地：　　　　　　）	
□	⑥　その他（理由を具体的に　　　　　　　　　　　　　　　）	
□	(2) 労働者の個人的な事情による離職（一身上の都合、転職希望等）	
□	6　その他（1～5のいずれにも該当しない場合） 　（理由を具体的に　　　　　　　　　　　　　　　　　　　　　）	

具体的事情記載欄（事業主用）

⑯離職者本人の判断（○で囲むこと）
　事業主が○を付けた離職理由に異議　有り・無し
　記名押印又は自筆による署名（離職者氏名）

離職理由の確認

離職者本人による異議の有無の記載および記名押印

など、事実関係について事業主の主張と離職者の主張が異なる場合です。

離職理由のいかんによって、「特定受給資格者」ないし「特定理由離職者」に該当するか、「一般受給資格者」に該当するかが決定され、その結果として基本手当を受給するまでの給付制限期間の有無や所定給付日数が大きく変動します。

したがって、離職者にしてみれば、事業主が記載した離職理由が正しいかどうかを確認し、自分の考えていた離職理由と違うことが分かれば、異議申し立てをするのは当然のことといえます。

離職者から離職理由に関する異議申し立てがなされた場合、事業主は、離職証明書に記載した離職理由を証明するための客観的資料（例えば、本人が提出した退職届など）や、退職に至った経緯を説明するための申立書（**図表8-4**）などを事業所管轄ハローワークに提出します。

5.留意点

事業主が離職証明書に記載した離職理由について、後になって離職者との間で見解の相違が生じトラブルになる原因の一つとして、事業主が**図表8-3**で示した離職証明書の左下の○囲み部分「⑯離職者本人の判断（○で囲むこと）」(以下、⑯欄)について、離職者本人に異議の有無の記載および記名押印（または自筆による署名）を求めないまま、離職証明書を事業所管轄のハローワークに提出していることが考えられます。

⑯欄については、原則として従業員が退職するまでに、事業主記載に係る離職理由の判断をさせた上、記名押印または自筆による署名を求めることとなっています。しかし、離職者が帰郷したなどやむを得ない場合については、事業主が⑯欄にその理由を記載し、事業主印を押印する方法等で処理を行うことが認められています。

図表 8-4　退職に至った経緯についての申立書

○○公共職業安定所長　殿

　　　　　　　　　　　　　　　　　株式会社○○○○
　　　　　　　　　　　　　　　　　代表取締役　　○○○○　㊞

退職に至る経緯についての申立書

　乙川三郎（以下「乙川」とします）の退職に至る経緯につき、以下のとおり申立て致します。

記

　平成○○年4月1日、前職での5年間の営業経験を踏まえ、本社営業部門の担当者として中途採用しました。1カ月間は担当地域の顧客企業を前任の担当者とともに訪問させ、5月1日より単独で訪問させていました。

　7月15日乙川は主要顧客先であるA社で納品事故を起こし、A社に出入り禁止となりました。当社は乙川をA社担当から外し、業務改善事項を書面にまとめ乙川に渡し注意しました。8月と9月にも同様の納品事故を立て続けに2社で起こしたため、10月1日乙川と面談し本社工場への配転を打診しましたが、乙川は難色を示し、工場へ異動するなら退職すると言いました。

　当社は、10月5日にも再度面談をするのでよく考えるよう伝えました。

　10月5日の面談で乙川に意思確認したところ、本社工場への異動は考えられないとの意向が示されました。当社は、異動を拒むなら君の言うとおり退職するしかないがどうするつもりかと、乙川に意思確認を行いました。

　乙川は10月20日で退職しそれまで年休を取得する旨述べ、10月6日以降は出社しませんでした。10月6日に当社から乙川に、10月20日に退職することにつき承諾する旨の文書を送付しています。

　今般、乙川が離職理由につき「退職勧奨」であると異議申立てを行っていますが、当社は乙川に退職勧奨はしていません。退職については乙川本人から申し出がなされ、当社が承諾したものです。以上を踏まえ退職理由につきご判断いただきたく、宜しくお願い申し上げます。

以　上

事業主において離職証明書に記載した離職理由に関するトラブルを防ぐ意味では、できる限り離職者本人に、⑯欄の該当事項に記載および記名押印等させるという原則に従った対応を行うことが重要となります。

Q4 自己都合で退職する者の離職理由を会社都合にすることの問題点

自己都合退職する従業員から、「できる限り早く、長期間失業保険をもらいたいので、離職理由を自己都合扱いではなく会社都合扱いにしてもらいたい」との依頼がありました。会社としては、退職する従業員に最後の情けをかける意味で、会社都合扱いにしようと思いますが、問題はありますか。

自己都合退職であるにもかかわらず会社都合退職とすることは、事業主が退職者の基本手当の不正受給の片棒を担ぐことにほかならず、雇用保険法10条の4に基づき不正受給した金額の最大3倍の額を退職者と事業主が連帯して返還することがあるほか、悪質な場合刑法246条（詐欺）に該当する犯罪行為となります。
その他にも、助成金が受けられなくなることや、労務管理上悪影響を及ぼすこと、予期せぬ労使紛争に発展することなど、さまざまな問題が起こることが考えられます。

解説

1.基本手当に関する「自己都合」と「会社都合」の違い

雇用保険の受給資格者が基本手当を受給するに当たり、離職理由が「自己都合」となっているか「会社都合」となっているかによって、主に以下①②の点で大きな違いが生じます。

このため、退職する（退職した）従業員から、離職理由について、本当は自己都合退職であるにもかかわらず、会社都合退職にしてほしいとの申し出がなされることがあります。

〈「自己都合」と「会社都合」の違い〉
①給付制限期間（３カ月）の有無
　「正当な理由のない自己都合退職」では３カ月の給付制限期間が設けられますが、「会社都合退職」の場合は給付制限期間は設けられません。
②所定給付日数に関する優遇の有無
　障害者等の就職困難者を除いて、「正当な理由のない自己都合退職」では90〜150日、「会社都合退職」では90〜330日の所定給付日数となっており、「会社都合退職」の場合は「自己都合退職」に比べて最大180日、所定給付日数の優遇がなされます。

2.雇用保険法上の問題

　退職する従業員から、退職後の生活が苦しくなるため早く失業保険がもらいたいといった申し出がされると、事業主においても辞めていく従業員に情けをかける意味で、離職理由を本来の「自己都合退職」ではなく「会社都合退職」とするケースが見受けられます。

　しかし、事業主の上記行為は、法的には不正受給の片棒を担ぐものに他ならず、不正受給が発覚すると、退職者のみならず事業主にも厳しい罰が科されます（雇用保険法10条の４第１項・２項）。

　不正受給が発覚した場合、退職者については、不正の行為のあった日以降のすべての給付が停止され、不正に受給した金額を全額直ちに返還させられ、不正受給した給付金の額の最大２倍相当額を納付させられる（つまり、受給額の「３倍返し」の納付命令を受ける）ことがあります。

　この「３倍返し」については、退職者のみならず、偽りの届け出、報告または証明をした事業主も連帯して責任を負わされる場合があります（雇用保険法10条の４第２項）。

　また、失業等給付の返還または納付を命じられた額について、退

職者および連帯して責任を負った事業主が納付しなければ、財産差し押さえなどの強制処分がなされ、特に悪質な場合は、刑事事件として刑法246条（詐欺）によって10年以下の懲役が科せられます。

3.その他の問題

離職理由の虚偽報告は、上記以外にもさまざまな問題を引き起こす可能性があります。

[1] 雇用関係助成金の一部が一定期間受給できなくなること

雇用保険法62条1項3号および6号に掲げる雇用安定事業として支給される、特定求職者雇用開発助成金（雇用保険法施行規則110条）など、人材の採用を伴う雇用関係助成金の申請を行っている事業主が「会社都合退職」を行った場合、一定期間について助成金を受給できなくなります。

[2] 人事労務管理上の問題を生ずること

本来「自己都合退職」扱いとすべきところ「会社都合退職」扱いとして処理した事実が、退職者を通じて在職中の従業員にも知らされ、やがて社内中に知れ渡った場合、従業員は法令遵守しない会社と判断するでしょう。そうなると、従業員の会社に対する信頼を毀損することになります。

また、在職中の従業員が退職の際に同様の取り扱いをするよう求めて収拾がつかなくなる、あるいは自己都合で退職した者が会社都合退職扱いされなかったことを逆恨みし基本手当受給の際に住居所管轄ハローワークに申告、そこから事業主が過去に行った不正が発覚するといったことも考えられます。

[3] 無用な労使紛争に巻き込まれるリスクを負うこと

本当の退職理由が「自己都合退職」であっても、離職票上に記載された離職理由が「会社都合退職」となっている場合、退職者がこれを利用し、解雇予告手当の支払いを求めて個別労使紛争を起こす（**大同生命保険事件**　東京地裁　昭62.3.3判決　労判509号86頁）、あるいはユニオンへの駆け込み訴えを行うことなどが考えられます。

4.留意点

事業主が虚偽の離職理由を離職証明書（離職票）に記載することは、雇用保険法10条の4により厳しい罰が科されるのみならず、人事労務管理等への悪影響を与え、無用な労使紛争を引き起こす引き金にもなります。

自己都合により退職する従業員から、離職理由を「会社都合退職」扱いにしてほしいという要望があったとしても、事業主としては、それが不正行為であり厳しい罰が従業員と会社に科せられることを説明して理解を求め、離職証明書（離職票）に正しい離職理由を記載するなど適切な処理を行わなければなりません。

 早期退職に関する制度を実施する場合の雇用保険上の注意点

早期退職に関してはどのような制度があり、それぞれの制度について雇用保険上どのような違いが生じますか。

 制度趣旨等の違いにより「早期退職制度」「希望退職の募集」に区分され、それぞれ離職理由に関する取り扱いが異なるため、基本手当の受給に大きな差が生じます。また、「希望退職の募集」を行った場合、事業主は雇用関係助成金の一部が受けられなくなります。

解説

1. 早期退職に関する制度を実施する場合の離職理由の違い

　従業員が定年前に退職する早期退職に関する制度には、①就業規則等に制度が規定され、一定のグループ（一定年齢以上の従業員全員など）を対象に恒常的に行われるもの（以下、早期退職制度）、②企業の業績悪化に伴い人員削減をするため一定期間を定めて行うなど臨時的に行われるもの（以下、希望退職の募集）の二つの形態が存在します。

　「早期退職制度」と「希望退職の募集」とは、同じ早期退職に関する制度であっても、雇用保険上の取り扱い（基本手当の受給に関する取り扱い）がまったく異なることに注意が必要です。

　「早期退職制度」により退職した場合については、受給資格者区分が「一般受給資格者」となるため、基本手当の受給に当たり、被保険者期間が通算して12カ月以上（離職前2年間）必要とされるほか、給付制限期間（3カ月）が設けられています。

　一方、「希望退職の募集」により退職した場合については、受給資格者区分が「特定受給資格者」または「特定理由離職者」となるため、被保険者期間が通算して6カ月以上（離職前1年間）あればよいほか、給付制限期間も設けられず、所定給付日数についても雇用保険加入期間等によっては手厚い取り扱いを受けることができます。なお、詳細は所轄のハローワークにお問い合わせください。

2. 助成金に関する取り扱い上の注意点

　人材の採用を伴う雇用関係助成金の申請を行っている事業主が「希望退職の募集」を行った場合には、一定期間について助成金を受けられなくなる場合があります。

　例えば、高年齢者や母子家庭の母など就職が特に困難な者をハ

ローワーク等の紹介により、継続して雇用する労働者として雇い入れる事業主に対して支給される「特定求職者雇用開発助成金」を例に説明します。

　この助成金の支給対象事業主から除外される要件の一つとして、「(特定求職者雇用開発助成金の)対象労働者の雇入れの日の前日から起算して6カ月前の日から1年間を経過する日までの間に、雇入れ事業主が、当該雇入れに係る事業所で雇用する雇用保険被保険者(短期雇用特例被保険者および日雇労働被保険者を除く。)を事業主都合によって解雇(勧奨退職等を含む)したことがある場合」と定められています。具体的には、離職者の雇用保険の資格喪失原因が「事業主の都合による離職」に該当するとハローワークで判定された場合がこれに当たります。

　つまり、希望退職の募集により、資格喪失原因が「事業主の都合による離職」に該当する離職者が1人でも出た場合、一定期間は特定求職者雇用開発助成金が受けられなくなります。

　企業が希望退職の募集を行った場合、ハローワークにおいて資格喪失原因を「事業主の都合による離職」と判定するケースが多く見受けられますが、この場合、特定求職者雇用開発助成金の支給対象から除外される可能性が高くなります。

　特定求職者雇用開発助成金は多くの事業主が頻繁に活用している助成金であり、助成される額も少なくないことから、事業主において「希望退職の募集」を行う場合には、実施するタイミングなどに注意を払う必要があります。

休職期間満了後に退職する従業員の未払いとなっている被保険者負担分社会保険料について

私傷病休職中の従業員が、1年間の休職期間満了により退職することとなりました。休職期間中の社会保険料被保険者負担分については、本人に対し会社指定口座に振り込むよう伝えていましたが、最初の2カ月分の振り込みがあっただけで、残りは未払いとなっています。回収できていない被保険者負担分の社会保険料を、退職金から一括して控除することは可能でしょうか。
また、そもそもこのような問題が起こることを防ぐ手段はないでしょうか。

 労基法24条に基づく賃金控除協定に定めがあれば、他の法律に反しない範囲で退職金から一括して社会保険料を控除することができます。また、このような問題を生じさせない工夫の一つとして、従業員本人の同意を前提に、傷病手当金の受取代理人制度を活用することが考えられます。

解説

1.私傷病休職者の社会保険料についての一般的な取り扱い

社会保険料（健康保険料・厚生年金保険料）について、事業主は被保険者（以下、従業員）負担分を含め納付する義務を負っています（健康保険法161条2項、厚生年金保険法82条2項）。事業主が従業員に対し通貨で報酬（以下、給与）を支払う場合、従業員の負担すべき前月の保険料を給与から控除することができます（健康保険法167条1項、厚生年金保険法84条1項）。

従業員が、私傷病により長期間にわたり休職となった場合、事業主は支払うべき給与がないため、従業員が負担すべき社会保険料を控除することができなくなります。

このような場合の取り扱いとして、毎月一定期日までに社会保険料相当額を会社指定口座に振り込みをするよう請求する方法が一般的によく使われています。しかしその結果、休職者が復職できずそ

のまま退職となった場合に、滞納している社会保険料を納付しないまま退職するトラブルが起こり、会社として対応に苦慮する場面が見受けられます。

2.社会保険料の退職金からの一括控除に関する注意事項

　休職者が滞納している社会保険料の納付に応じないまま休職期間満了で退職した場合の保険料について、原則的には訴訟を提起することにより回収することが一つの方法として考えられます。

　しかし、訴訟を提起するには時間とコストが掛かることから、あまり現実的ではありません。

　そこで、現実的な方法の一つとして、退職金との相殺により滞納していた社会保険料の一括控除を行うことが検討されます。その場合には、以下の注意が必要です。

　社会保険料について賃金から控除できるのは、前述のように前月分の保険料に限られている（健康保険法167条１項、厚生年金保険法84条１項、昭２.２.５　保発112）ことから、前々月分以前の社会保険料を含めて退職金から一括控除することは、労働基準法（以下、労基法）24条に定める賃金全額払いの原則の例外である「法令に別段の定めがある場合」に違反します。

　したがって、社会保険料を退職金の中から一括控除するためには、労基法24条１項に規定されている過半数労働組合または過半数代表者との書面による協定（以下、賃金控除協定）に、会社が立て替え払いをしている被保険者負担分の社会保険料を退職金から控除できる旨を定め、締結する必要があります。

　なお、賃金控除協定を結んだとしても無制限に行い得るものではなく、他の法律との関係から一定の制限を受けます。

　民事執行法152条２項で、退職金について「退職手当及びその性質を有する給与に係る債権については、その給付の４分の３に相当

する部分は、差し押さえてはならない」と定められており、民法510条で「債権が差押えを禁じたものであるときは、その債務者は、相殺をもって債権者に対抗することができない」と定められていることから、従業員との同意なく退職金支給額の4分の1を超えて、退職金から社会保険料を控除することはできません。

3.傷病手当金の受取代理人制度の活用について

休職中の従業員が事業主に対し社会保険料の支払いを滞納してしまう一つの要因として、蓄えも給与収入もない状況で、毎月の社会保険料振り込みが大きな負担となっていることが考えられます。

このようなことを防ぐ意味で、傷病手当金の受取代理人制度をうまく活用することが一つの手段として考えられます。

傷病手当金の受取代理人制度とは、傷病手当金の受領について、本人が代理人を指定しその代理人に受領させるものです。この制度を利用し、休職中の従業員の同意の下、会社が代理人として傷病手当金を受け取り、その中から社会保険料を徴収した上で、残額を休職中の従業員に渡すという、従業員にとっても会社にとっても負担を軽減する仕組みをつくることができます。実務上も、上記の取り扱いを行っている企業をしばしば見受けます。

ただし、傷病手当金の受取代理人制度を利用し、事業主において代理受領した傷病手当金から社会保険料を徴収することの可否については、法的見解が分かれています。

まず、このような取り扱いを行うことについて、健康保険法61条の受給権保護の規定「保険給付を受ける権利は、譲り渡し、担保に供し、又は差し押さえることができない」との関係で問題があるという指摘があります（全国社会保険労務士会連合会編『社会保険の実務相談 平成28年度』110頁・中央経済社）。

一方、上記取り扱いの可否に関する厚生労働省保険局保険課への

照会では、被保険者負担分の保険料の支払い方法に関し、給付される傷病手当金を受取代理人制度により事業主が受領しその中から支払う方法を採ることについて、被保険者が同意していれば、健康保険法61条の受給権保護には抵触しないとの回答を得ました。ちなみに、厚生労働省の回答は、「前々月の保険料を事業主が納付した場合、被保険者の負担すべき保険料については、被保険者は、事業主に対し、私法上の債務を負う。その支払い方法は話合で決めることになる」という通達（昭29.9.29　保文発10844）に沿ったものとなっています。

4.留意点

　事業主が傷病手当金の受取代理人制度を利用し、被保険者負担分の社会保険料の支払いを受けることについては、上記のように見解が分かれており、慎重な判断が求められます。

　仮に厚生労働省保険局保険課の立場をとり、企業において、傷病手当金の受取代理人制度を利用し、被保険者負担分の社会保険料の支払いを受ける場合、実務上少なくとも以下の三つの事項を行っておくべきです。

①傷病手当金を受給する従業員に対し、受取代理人制度の内容の説明をすること
②事業主が受取代理人となること、および被保険者負担分の社会保険料については事業主が代理受領した傷病手当金から支払いを行うことの２点について、書面により明確に同意を得ておくこと
③信頼関係を損なうことのないよう、傷病手当金の受給額、社会保険料額などを記載した書面を作成し交付すること

Q7 解雇に関する係争中の者に対する健康保険・厚生年金保険の資格喪失について

先日解雇した従業員との間で係争状態となっていますが、社会保険の資格喪失手続きに関しては、どのような取り扱いがなされますか。
もし、裁判所で解雇無効の判決が出たとすると、すでに社会保険の資格喪失を行っていた場合、どうなるのでしょうか。

 事業主から資格喪失届が提出されると、労働法規等に明確に反しない限り、保険者において被保険者資格の喪失処理がなされますが、解雇無効の判決が出ると遡及して資格喪失の処理が取り消されます。

解説

1. 解雇に関する係争中の者に対する社会保険資格喪失

　事業主は社会保険の資格喪失に関し、健康保険については資格喪失後5日以内（健康保険法48条、同法施行規則29条）、厚生年金保険についてはその事実があった日から原則として5日以内（厚生年金保険法27条、同法施行規則22条）に、資格喪失届を提出します。解雇が行われた場合であっても、この手続きに変わりはありません。

　事業主から資格喪失届が提出された場合は、保険者において、労働関係主管当局に意見を聞くなどし、解雇をしたことが労働法規または労働協約に明らかに反するものと認められない場合は、たとえ労働委員会への不当労働行為救済申し立てや裁判所への仮処分申請等が行われていても、事業主の提出した資格喪失届に基づき、資格喪失の処理が行われます（昭25.10.9　保発68）。

2. 資格喪失後に解雇無効となった場合の取り扱い

　被保険者が解雇され係争中であっても、事業主から資格喪失届が提出されれば、保険者において健康保険・厚生年金保険の資格喪失

の処理が行われますが、その後、裁判所または労働委員会が解雇無効の判定を行い、その効力が発生（裁判所の仮処分決定は告知（民事訴訟法119条）、裁判所の判決は言い渡し（同法250条）、労働委員会の不当労働行為救済命令は交付（労働組合法27条の12第4項））したときは、健康保険・厚生年金保険の資格喪失の処理が取り消されます（前掲通達）。

解雇された者の解雇後の社会保険については、医療保険は市区町村の国民健康保険に加入し、年金は国民年金の第1号被保険者になっているケースがよく見受けられます。

健康保険・厚生年金保険の資格喪失処理の取り消しを受けることにより、解雇された者の「国民健康保険・健康保険」および「国民年金・厚生年金」については、以下の取り扱いがなされます。

[1] 国民健康保険・健康保険に関係する事項

①健康保険被保険者証が事業主を通じ本人に返還されます。
②解雇された者が国民健康保険の被保険者となっていた場合、解雇無効の効力が発生するまでの間に本人が支払った国民健康保険料は返還され、受給した保険給付に関しては清算等をすることになります。また、健康保険についてはその逆で、解雇無効の効力が発生するまでの間に本人が支払うべき健康保険料が徴収され、保険給付の請求等をすることとなります。
③解雇された者が無保険者であった場合、解雇無効の効力が発生するまでの間の健康保険料が徴収され、自費で診療を受けていた場合は療養費の請求をすることとなります。
④健康保険料の徴収は、事業主からもなされます。

[2] 国民年金・厚生年金に関係する事項

年金に関しても、解雇された者が、解雇無効の効力が発生するま

での間に国民年金の第1号被保険者として保険料を支払っていた場合はこれが返還され、その間の厚生年金保険料が徴収されます。厚生年金保険料の徴収は、事業主からもなされます。

判例索引

■本書掲載の判例・決定を言い渡し日付順に掲載した。
■掲載誌欄は、当該判決等が掲載されている刊行物である。略号は以下のとおり。
　労民集＝労働関係民事裁判例集　　　　　　**民集**＝最高裁判所民事判例集
　労経速＝労働経済判例速報（経団連）　　　**労判**＝労働判例（産労総合研究所）
　判時＝判例時報（判例時報社）

判決日	事件名	裁判所	形式	掲載誌	本書掲載頁
昭29 1.21	池貝鉄工事件	最高裁一小	判決	民集8巻1号123頁	150
昭29 11.26	売買代金返還請求事件	最高裁二小	判決	民集8巻11号2087頁	60
昭29 12.28	日本炭業（解雇）事件	福岡地裁	決定	労民集5巻6号661頁	153
昭35 3.11	細谷服装事件	最高裁二小	判決	民集14巻3号403頁	156
昭40 12.16	平仙レース事件	浦和地裁	判決	労判15号6頁	290
昭43 12.17	電話料金請求事件	最高裁三小	判決	民集22巻13号2998頁	81
昭45 5.29	損害賠償請求事件	最高裁二小	判決	判時598号55頁	60
昭47 11.16	茨城交通事件	水戸地裁	判決	判時705号112頁	224
昭48 12.12	三菱樹脂本採用拒否事件	最高裁大	判決	労判189号16頁	141, 205
昭49 6.19	日立製作所事件	横浜地裁	判決	労判206号46頁	181
昭49 7.22	東芝柳町工場事件	最高裁一小	判決	労判206号27頁	251
昭50 4.25	日本食塩製造事件	最高裁二小	判決	民集29巻4号456頁	147, 174
昭52 1.31	高知放送事件	最高裁二小	判決	労判268号17頁	147, 171
昭52 12.19	泉屋東京店事件	東京地裁	判決	労判304号71頁	234
昭54 7.20	大日本印刷事件	最高裁二小	判決	民集33巻5号582頁	139, 180
昭54 10.29	東洋酸素事件	東京高裁	判決	労判330号71頁	176
昭55 5.30	電電公社近畿電通局事件	最高裁二小	判決	労判342号16頁	139, 181
昭55 7.10	下関商業高校事件	最高裁一小	判決	労判345号20頁	70
昭57 2.25	フォード自動車（日本）事件	東京地裁	判決	労判382号25頁	167

判決日	事件名	裁判所	形式	掲載誌	本書掲載頁
昭57 10.7	大和銀行事件	最高裁一小	判決	労判399号11頁	116
昭59 3.30	フォード自動車（日本）事件	東京高裁	判決	労判437号41頁	167
昭59 12.18	都タクシー解雇事件	広島地裁	決定	労民集35巻6号644頁	225
昭60 5.24	硬化クローム工業事件	東京地裁	判決	判時1160号153頁	231
昭60 5.31	昭和電工事件	千葉地裁	判決	労判461号65頁	290
昭61 3.13	電電公社帯広局事件	最高裁一小	判決	労判470号6頁	52
昭61 5.29	洋書センター事件	東京高裁	判決	労判489号89頁	209
昭61 10.14	かなざわ総本舗事件	東京高裁	判決	金融・商事判例767号21頁	189
昭61 12.4	日立メディコ事件	最高裁一小	判決	労判486号6頁	251
昭62 3.3	大同生命保険事件	東京地裁	判決	労判509号86頁	319
昭62 8.24	持田製薬事件	東京地裁	決定	労判503号32頁	168
昭62 12.9	ニュートランスポート事件	静岡地裁富士支部	決定	労判511号65頁	292
昭63 2.22	持田製薬事件	東京高裁	決定	労判517号63頁	168
昭63 12.12	岡山電気軌道事件	岡山地裁	決定	労判533号68頁	54
平元 3.3	山崎保育園事件	大阪地裁	決定	労判536号41頁	54
平元 6.29	大阪フィルハーモニー交響楽団事件	大阪地裁	判決	労判544号44頁	151
平元 12.14	三井倉庫港運事件	最高裁一小	判決	労判552号6頁	175
平2 7.27	三菱重工業（相模原製作所）事件	東京地裁	判決	労判568号61頁	231
平3 7.31	南海電気鉄道事件	大阪地裁堺支部	決定	労判595号59頁	217
平4 9.30	ケイズインターナショナル事件	東京地裁	判決	労判616号10頁	77
平5 10.13	日本メタルゲゼルシャフト事件	東京地裁	決定	労判648号65頁	231
平6 3.15	フットワークエクスプレス事件	京都地裁	判決	労判664号75頁	219

判決日	事件名	裁判所	形式	掲載誌	本書掲載頁
平7 3.23	川中島バス事件	長野地裁	判決	労判678号57頁	224
平7 8.15	富士タクシー事件	新潟地裁	判決	労判700号90頁	215
平8 7.26	中央林間病院事件	東京地裁	判決	労判699号22頁	217
平8 7.31	日本電信電話（大阪淡路支店）事件	大阪地裁	判決	労判708号81頁	218
平8 7.31	ロイヤル・インシュアランス・パブリック・リミテッド・カンパニー事件	東京地裁	決定	労判712号85頁	151
平8 9.26	山口観光事件	最高裁一小	判決	労判708号31頁	229
平9 2.20	医療法人清風会（光ケ丘病院）事件	山形地裁酒田支部	決定	労判738号71頁	228
平9 5.26	長谷工コーポレーション事件	東京地裁	判決	労判717号14頁	73
平9 8.29	学校法人白頭学院事件	大阪地裁	判決	労判725号40頁	54
平9 10.31	インフォミックス（採用内定取消）事件	東京地裁	決定	労判726号37頁	182
平9 12.19	倉田学園降職事件	高松高裁	判決	労民集48巻5・6号660頁	211
平10 1.5	興和事件	大阪地裁	決定	労経速1673号3頁	138
平10 3.17	富士重工業（研修費用返還請求）事件	東京地裁	判決	労判734号15頁	75
平10 4.9	片山組事件	最高裁一小	判決	労判736号15頁	290
平10 5.20	レブロン事件	静岡地裁浜松支部	決定	労経速1687号3頁	138
平10 9.25	新日本証券事件	東京地裁	判決	労判746号7頁	75
平11 7.9	北海道龍谷学園事件	札幌高裁	判決	労判764号17頁	291
平11 9.21	北産機工事件	札幌地裁	判決	労判769号20頁	291
平11 10.4	東海旅客鉄道（退職）事件	大阪地裁	判決	労判771号25頁	290
平11 10.15	セガ・エンタープライゼス事件	東京地裁	決定	労判770号34頁	165
平11 10.18	全日本空輸（退職強要）事件	大阪地裁	判決	労判772号9頁	292
平12 1.21	ナショナル・ウエストミンスター銀行(三次仮処分)事件	東京地裁	決定	労判782号23頁	138

判決日	事件名	裁判所	形式	掲載誌	本書掲載頁
平12 2.28	メディカルサポート事件	東京地裁	判決	労経速1733号9頁	213
平12 6.23	シンガポール・デベロップメント銀行（本訴）事件	大阪地裁	判決	労判786号16頁	138
平12 12.18	東京貨物社（退職金）事件	東京地裁	判決	労判807号32頁	22
平13 3.6	わいわいランド（解雇）事件	大阪高裁	判決	労判818号73頁	189
平13 8.10	エース損害保険事件	東京地裁	決定	労判820号74頁	166
平13 8.31	アメリカン・スクール事件	東京地裁	判決	労判820号62頁	209
平13 9.12	富士見交通事件	東京高裁	判決	労判816号11頁	230
平13 11.21	渡島信用金庫（懲戒解雇）事件	札幌高裁	判決	労判823号31頁	214
平14 1.31	上野労基署長（出雲商会）事件	東京地裁	判決	労判825号88頁	160
平14 3.15	乙山鉄工事件	前橋地裁	判決	労判842号83頁	138
平14 4.16	野村證券（留学費用返還請求）事件	東京地裁	判決	労判827号40頁	74
平14 6.19	カントラ事件	大阪高裁	判決	労判839号47頁	292
平14 8.9	オープンタイドジャパン事件	東京地裁	判決	労判836号94頁	143
平14 10.22	ヒロセ電機事件	東京地裁	判決	労判838号15頁	168
平14 11.5	東芝（退職金残金請求）事件	東京地裁	判決	労判844号58頁	22
平14 11.26	日本ヒルトンホテル（本訴）事件	東京高裁	判決	労判843号20頁	269
平14 12.20	日本リーバ事件	東京地裁	判決	労判845号44頁	22
平15 2.25	日本工業新聞社事件	東京高裁	判決	労判849号99頁	217
平15 5.6	東京貨物社（解雇・退職金）事件	東京地裁	判決	労判857号64頁	22
平15 5.9	山本泰事件	大阪地裁	判決	労判852号88頁	22
平15 6.16	東京金属ほか1社（解雇仮処分）事件	水戸地裁下妻支部	決定	労判855号70頁	150
平15 7.10	ジャパンエナジー事件	東京地裁	決定	労判862号66頁	178

判決日	事件名	裁判所	形式	掲載誌	本書掲載頁
平15 9.19	リンクシードシステム事件	東京地裁八王子支部	判決	労判859号87頁	226
平15 9.30	トヨタ車体事件	名古屋地裁	判決	労判871号168頁	22
平15 10.10	フジ興産事件	最高裁二小	判決	労判861号5頁	208
平15 12.11	小田急電鉄（退職金請求）事件	東京高裁	判決	労判867号5頁	22, 232
平15 12.22	東武トラベル事件	東京地裁	判決	労経速1862号23頁	224
平16 1.26	明治生命保険（留学費用返還請求）事件	東京地裁	判決	労判872号46頁	75
平16 3.26	独立行政法人N事件	東京地裁	判決	労判876号56頁	291
平16 6.9	パソナ（ヨドバシカメラ）事件	大阪地裁	判決	労判878号20頁	183, 204
平16 6.16	千代田学園（懲戒解雇）事件	東京高裁	判決	労判886号93頁	217
平16 6.23	オプトエレクトロニクス事件	東京地裁	判決	労判877号13頁	140, 183
平16 12.17	グラバス事件	東京地裁	判決	労判889号52頁	160, 219
平17 1.13	近畿コカ・コーラボトリング事件	大阪地裁	判決	労判893号150頁	264
平17 1.28	宣伝会議事件	東京地裁	判決	労判890号5頁	185, 202
平17 1.31	日本HP社（セクハラ解雇）事件	東京地裁	判決	判時1891号156頁	218
平17 2.9	ジェイティービー事件	札幌地裁	判決	労経速1902号3頁	224
平17 9.14	K工業技術専門学校（私用メール）事件	福岡高裁	判決	労判903号68頁	226
平18 1.25	日音（退職金）事件	東京地裁	判決	労判912号63頁	22, 232
平18 1.31	りそな銀行事件	東京地裁	判決	労判912号5頁	225
平18 2.7	光輪モータース（懲戒解雇）事件	東京地裁	判決	労判911号85頁	224
平18 4.26	X市事件	大阪地裁	判決	労経速1946号3頁	216
平18 10.6	ネスレ日本（懲戒解雇）事件	最高裁二小	判決	労判925号11頁	227
平18 11.29	東京自転車健康保険組合事件	東京地裁	判決	労判935号35頁	138

判決日	事件名	裁判所	形式	掲載誌	本書掲載頁
平18 12.26	CSFBセキュリティーズ・ジャパン・リミテッド事件	東京高裁	判決	労判931号30頁	138
平19 5.17	横浜商銀信用組合事件	横浜地裁	判決	労判945号59頁	138
平19 8.30	豊中市不動産事業協同組合事件	大阪地裁	判決	労判957号65頁	225
平20 12.5	上智学院（懲戒解雇）事件	東京地裁	判決	労判981号179頁	225
平21 4.24	Y社（セクハラ・懲戒解雇）事件	東京地裁	判決	労判987号48頁	216
平21 5.21	メイコー（仮処分）事件	甲府地裁	決定	労判985号5頁	138
平21 11.27	東京電力（諭旨解職処分等）事件	東京地裁	判決	労判1003号33頁	223
平22 5.18	京都新聞COM事件	京都地裁	判決	労判1004号160頁	266
平22 6.2	コーセーアールイー（第1）事件	福岡地裁	判決	労経速2077号15頁	189
平22 9.10	学校法人B（教員解雇）事件	東京地裁	判決	労判1018号64頁	227
平22 12.27	富士通エフサス事件	東京地裁	判決	労判1022号70頁	223
平23 2.15	JALメンテナンスサービス事件	東京高裁	判決	判時2119号135頁	264
平23 2.16	コーセーアールイー（第1）事件	福岡高裁	判決	労判1023号82頁	187
平23 2.23	東芝（うつ病・解雇）事件	東京高裁	判決	労判1022号5頁	146
平23 3.18	クレディ・スイス証券事件	東京地裁	判決	労判1031号48頁	176
平23 5.25	ライフ事件	大阪地裁	判決	労判1045号53頁	294
平23 7.15	泉州学園事件	大阪高裁	判決	労判1035号124頁	176
平23 8.17	フェイス事件	東京地裁	判決	労経速2123号27頁	25
平24 9.20	本田技研工業事件	東京高裁	判決	労経速2162号3頁	264
平25 4.9	本田技研工業事件	最高裁三小	決定	労経速2182号34頁	264
平25 4.25	東芝ライテック事件	横浜地裁	判決	労判1075号14頁	264
平26 6.3	N航空客室乗務員解雇事件	東京高裁	判決	労経速2221号3頁	138

著者紹介

浅井　隆（あさい　たかし）

　弁護士（第一芙蓉法律事務所）

　1990年弁護士登録、2001年4月武蔵野女子大学講師（非常勤）、2002年4月〜2008年3月慶應義塾大学法学部講師（民法演習・非常勤）、2005年4月〜2009年3月慶應義塾大学大学院法務研究科（法科大学院）講師（労働法実務・非常勤）、2009年4月〜2014年3月同教授、現在は非常勤講師。

　主な著書に、『最新 有期労働者の雇用管理実務』（共著、労働開発研究会）、『最新裁判例にみる 職場復帰・復職トラブル予防のポイント』（編著、新日本法規出版）、『企業実務に役立てる！ 最近の労働裁判例27』（編著、労働調査会）など多数。

小山博章（こやま　ひろあき）

　弁護士（第一芙蓉法律事務所）

　2007年慶應義塾大学大学院法務研究科修了、2008年弁護士登録。経営法曹会議会員。第一東京弁護士会労働法制委員会基礎研究部会副部会長。

　主な著書に、『チェックリストで分かる 有期・パート・派遣社員の法律実務』（共著、労務行政）、『労務専門弁護士が教える SNS・IT をめぐる雇用管理－Q&A とポイント・書式例－』（編著、新日本法規出版）、『最先端の議論に基づく人事労務担当者のための書式・規定例』（編著、日本法令）、『ローヤリング労働事件』（共著、労働開発研究会）など多数。

森本茂樹（もりもと　しげき）

　特定社会保険労務士（森本社会保険労務士事務所）

　青山学院大学大学院法学研究科（ビジネス法務専攻）修了、1998年12月社会保険労務士登録、2007年2月特定社会保険労務士付記。松下電器産業株式会社（現パナソニック株式会社）、水島信用金庫、モーニングスター株式会社、都内社会保険労務士事務所勤務を経て、2004年1月森本社会保険労務士事務所開業。社会保険労務士として、これまでに約500社の企業に関与。主として集団的労使紛争の解決、人事評価制度の構築および見直しを専門とする。

印刷・製本／株式会社 ローヤル企画

退職・解雇・雇止め ―適正な対応と実務―

2017年1月21日　初版発行
2021年4月9日　初版第3刷発行

著　者　浅井隆　小山博章　森本茂樹
発行所　株式会社 労務行政
　　　　〒141-0031　東京都品川区西五反田3-6-21
　　　　　　　　　　住友不動産西五反田ビル3階
　　　　TEL：03-3491-1231
　　　　FAX：03-3491-1299
　　　　https://www.rosei.jp/

ISBN978-4-8452-7251-8
定価はカバーに表示してあります。
本書内容の無断複写・転載を禁じます。
訂正が出ました場合、下記URLでお知らせします。
https://www.rosei.jp/static.php?p=teisei